21世纪中国纪实文学大系

2002卷

顾问：钱谷融
主编：桂国强

百年一梦

文匯出版社

总序

21 世纪是一个非同寻常的世纪。尽管这个世纪至今仅仅走过了十多年的历程，但在与人类朝夕相处的地球上，却已经发生了诸多惊天地、泣鬼神的重大事件，令世界格局发生了错综复杂的变化，给全世界留下了难以泯灭的记忆。

对于正在不断崛起的中国而言，21 世纪无疑是一个机遇与挑战并存、成就和困难共现的世纪——这已在中国社会的各个层面展现出来。

在刚刚过去的十多年里，中国正式加入 WTO，成功举办 2008 年北京奥运会和 2010 年上海世博会，国际地位显著提高；中国全面实施西部大开发战略，青藏铁路顺利开通，“西气东输”工程全线推进，高速铁路亦成功运行，国家建设硕果累累；中国高度重视科学发展，包括航天科技、农业科技、石油勘探等在内的科学技术取得了举世瞩目的辉煌成就；中国的新农村建设卓有成效，农业税费制度改革进一步推进，农村义务教育经费保障机制有力推行，农民的生活不断改善；中国的两岸关系有所突破，厦门金门实现直航，两岸春节包机适时通航，大陆居民赴台旅游更加便捷，两岸“大三通”已然实现……勤劳而智慧的中国人准确把握机遇，用自己的行动赢得了世界的尊重。

当然,在新世纪已经过去的十数年里,中国也面临着诸多挑战,遭遇了不少困难。譬如：2003 年的“非典”，2004 年的“禽流感”，2008 年的四川汶川大地震及这一年全球金融危机给中国带来的负面影响，2010 年的青海玉树地震，2011 年湖北、湖南、江西等地出现的大面积干旱……此外，还有环境污染、食品造假、海峡那边陈水扁的“台独”闹剧等等，凡此种种，都给中国的前进之路带来了挑战。

成就也好，挑战也罢，时至今日，都已在新世纪所发生的重要事件中显现出来。这些事件，有些已经成为历史，有些却还在延续。历史是一面镜子，对于后人，可以起到“以史为鉴”的作用；现实是当下的存在，研究它可以积累经验，帮助我们寻找到人类发展的正确路径——基于此，我们有必要将这些已经过去的或仍在延续的事件以及与这些事件有着密切关联的人物——用一种最为世人接受的文字形式记录下来，为今天和明天留下一份可供借鉴与启迪的珍贵资料。

我们之所以选择纪实文学作为承担“记录”重任的文字形式，是因为这种文体乃涉猎文学和新闻两大领域的一种独特的艺术样式，是兼具新闻真实和历史真实品格的艺术真实，它在很多方面弥补了现实新闻报道无法反映的空白，达到了相当的深度和广度——正是由于它能比一般的新闻报道更深地切入现实、切入人心、全景式地反映变革过程中某些本质的东西，因而，随着时间的推移，也就更能凸显其无可争辩的文献史料价值和文学欣赏价值。

新世纪以来，中国的纪实文学蓬勃发展。国家综合实力的提升，国际多边交往的频繁，国民生活水平的提高……都为纪实文学提供了丰富的创作素材，激发了纪实文学作家和各类媒体记者的创作热情，从而创作出一批又一批展示波澜壮阔历史画面、描绘跌宕起伏现实场景的精品力作，为反映中国的现实、记录中国的历史、繁荣中国的文学立下了不朽的功勋。

现在，呈现在读者面前的就是新世纪以来（自2000年开始）中国优秀纪实文学的精选、精编本。入选的文章中，有的获得中国报告文学奖，有的获得鲁迅文学奖，有的则荣获了各种类别的年度新闻奖……由于诸多事件的发生、发展都会经历一定的时间，有些还会延续几年甚至更长；从创作规律来说，一篇成功纪实文学作品的采访、创作和发表也需要相当的时间，很难保证当年的文章能与当年的事件完全同步。因此，在对文章的选择中，我们首先考虑的是能够反映该年度的重要事件及其相关人物，至于其具体的发表时间，则应当服从于事件和人物。

我们计划一年精编一本，每本都能比较客观、全面、及时地反映该年度中国所发生的重要事件及与之相关的重要人物，从而能凸显其独特的史料价值；我们同时又希望，书中所精选的纪实文学作品能给予读者朋友有益的启迪和思考，充分享受阅读的愉悦，从而真正领略纪实文学的艺术魅力。

迈着稳健而充满活力的步伐，向着明确而富有挑战的目标，中国依然在前进，中国的大地上依然在发生着历史性的深刻变化。因此，用文字记录中国、展示中国，依然是我们今后相当一段时期内义不容辞的重要任务。我们将不辱使命，勤奋工作，努力选编好一年一度的《21世纪中国纪实文学大系》，为广大读者奉献上兼具史料和文学双重价值的精神产品。

（主　编）

2002年纪实文学概述

纪实文学的纪实性所拥有的文献价值，将有可能把现实生活中发生的重大事件以文字的形式重现出来。我们描绘2002年的中国表情，纪实文学是一个难以舍弃的工具。

一

如果将视线聚焦于2002年，人们将不难忘记这一年发生的一系列事件：上海赢得2010年世博会主办权，南水北调工程启动，三峡大移民，中国海军舰艇编队首次环球远航，莫斯科人质事件，中国足球挺进世界杯……这些醒目的历史痕迹，几乎标记着一寸寸的时间刻度，而纪实文学的文献特征，似乎就在于忠实地记录这些历史事件演进的时刻表。

纵览2002年的纪实文学，在攫住历史现实的同时，能够看出，吴建民夫妇的《我与世博有缘》、何建明的《国家行动》、杨匡满的《莫斯科七昼夜》、梅洁的《大江北去》等作品的问世，都尝试着在亲历间凸显情感体验，在细微的情节处把握人物的性格特征，在风靡的现象表层中推演历史发生的轨迹，在穿透的现实间获得深度剖析的可能。

记录时间真实之外，纪实文学所还原的更是情感的真实。在莫斯科人质事件中，50多名蒙面武装歹徒劫持了800多名正在莫斯科东南部轴承厂文化宫听音乐会的观众和工作人员，该事件成为继美国“9·11”事件之后最大规模的一次恐怖行动。作者置身莫斯科，在莫斯科秋天的濛濛雨水中，不断跟踪事件的进展，全文自始至终穿插着情感线索：机场大厅播放新闻时的急切感、作者亲临现场时的紧张与兴奋……整部作品笔触有张有弛，通过不同的叙述口吻，呈现出莫斯科七昼夜所见证的触目场景。同样，在《我与世博有缘》中，中国驻法国大使吴建民把参与中国申办2010上海世博会全过程的体验和读者分享。申博成功的宴会上，“星光厅的穹顶悄悄打开，一丝凉意袭来，脖子上感到凉飕飕的，大厅里响起了惊呼声，所有的人都抬头仰望：啊，满天的星斗，闪烁着柔和的银光，似乎在和我们分享这美好的时光”。

二

王朋的《目击飞船回家——“神州三号”飞船返回舱搜索回收纪实》、郝敬堂的《中国第一骑——国宾护卫队风采》等，也是以情感线索贯穿始终。可以说，纪实文学最为打动读者的，是于情感的波动中体验作者亲历的现场感，以引发读者的互动。

当然，场面的感染力是很多作者都会注意到的，而细节的描绘也是纪实文学最为关键的一个要素。《圆梦之旅——中国海军舰艇编队首次环球远航》中，作者不但看到了水上的无限风光，也把视角深入到精彩纷呈的水下世界。他用细节生动描绘了出访舰艇编队离开秘鲁的前一天两舰潜水员例行水下探摸的整个过程。舒云的《健康的钥匙送给你——洪昭光健康讲座启示录》，开篇处抛出医生洪昭光所开启的健康之门引发的轰动效应，进而从他个人的生活经历入手，旁涉看病、医病，答疑、讲座等角度，着力于语言与行为两个层面，一步步呈现洪昭光身体力行、与人为善的大爱精神品质。与何建明作品关注当代人内心生活的写法相类似，尽管舒云处理的题材是健康问题，但这里的健康已经远远不是医学意义上的概念，而是涉及诸如幸福、慈善、公平等概念。

三

经过多年的改革和发展，这一年，一些领域开始回望、思考。2000年，我国开始在全国范围进行农村税费改革试点。安徽作为全国唯一在全省范围内率先进行农村税费改革试点的省份，到2002年，已经取得了初步的成效。在《亲历安徽农村税费改革》中，我们可以看到安徽人的探索精神和改革勇气。而开始于1998年前后的“中国制造”浪潮在这一年活力四射，物美价廉的中国商品开始向全世界发威。《中国制造》分析总结了2002年中国制造业的比较优势。再看宝钢。经过那么多风风雨雨，2002年出版的《世界钢工业动态》在为全球世界级钢铁企业排座次时，宝钢名列第四。成绩来之不易，李春雷的《宝山》通过一系列典型事件，透视了“国人从传统的工业心理到现代化意识艰难的嬗变和阵痛的过程”。

四

除此之外，对现实生活事件的深度剖析，于批判中彰显文学的锋芒，亦是2002年纪实文学的书写视点。众所周知，世界杯所引发的球迷及米卢现象、风靡全球的洪昭光健康讲座等成为浮动于这一年度的热议焦点，作品以现象切入的方式，来凸现现象所彰显的国民心态。其中，张海涛的《足球范儿——我们球迷这些年》，从中国球迷的执著追求入笔，或涉足个人情绪，或灌注社会评述，语言犀利、诙谐、幽默，直击疯狂的“痴迷”心态。而《米卢现象》则抓住中国足球外籍教练米卢的“神奇”，以反讽的笔调，鞭辟入里，反思中国足球的发展瓶颈所在。心理问题也是这一年社会热议的话题，《清点中国人的心理安全》对近些年的心理问题作了一番梳理，意在引导读者关心自己的心理安全、排解压力和焦虑。

2002年的纪实文学作品在数量上是一个庞大的存在，这种写作的冲动，体现了时代对文学道义与良知的呼唤，也从一个侧面显示出纪实文学在中国当代文学写作中举足轻重的地位。

（撰稿人：杨扬、翟月琴）

目录

我与世博有缘

2002年12月3日，国际展览局第132届大会以54票对34票的压倒多数，决定将2010年的世博会举办权给上海。本文作者1998年11月到巴黎就任中国驻法国大使起就开始接触世博会，参与了中国申办2010年上海世博会的全过程。

三个“第一”

21世纪第一个10年，中国是两次人类盛会的主办国，一次是2008年的奥运会，一次是2010年的上海世博会。我自始至终参与了上海世博会的申办工作，这是我的幸运。

我任驻法国大使不久，1999年，上海提出要申办2010年的世博会。这是中国第一次提出要办世博会，也是继申办奥运会之后又一个重大的举动，标志着我国进一步融入世界经济的愿望和开放的程度。

根据国际展览局（国展局）的规定，只有国展局成员国才能举办世博会，非成员国可以参展，但不能举办冠以“世博会”名称的展览会。世博会的举办权由国际展览局全体成员大会决定。

中国不是国展局的成员，因此必须先“入会”，才谈得上申请举办世博会。1993年，国展局正式接纳我国为成员国，为我国申办世博会铺平了道路。

我们加入国展局后不久，就争取到了1999年世界园艺博览会的主办权，地点在昆明。上海和云南有着省市互助关系，相互联系密切。在昆明筹备世界园艺博览会期间，上海市领导得以近距离观察，对于世博会带给昆明的经济和社会效益做了调研，坚定了他们举办2010年世博会的信念。最后，上海市政府向中央提出申请主办2010年世博会的设想，获得了国务院批准。1999年9月底，时任上海市市长的徐匡迪邀请国展局主席和秘书长在出席了昆明世界园艺博览会后赴上海访问，并向他们表示，上海有意申请举办2010年世博会，获得了对方的肯定和鼓励。

1999年12月8日，国际展览局在巴黎召开第126次大会，中国首席代表、时任中国国际贸易促进会副会长的刘福贵在会上宣布，中国将申办2010年世博会。中国成为第一个口头宣布申办2010年世博会的国家。

2001年5月2日，我代表中国政府向国展局秘书长洛塞泰斯递交了由唐家璇外长签署的中国主办2010年世博会的申请函，成为第一个正式递交申请函的国家。

根据国展局的规定，申办国必须在国展局大会表决决定2010年世博会主办国前两年，向国展局提交申办报告。报告内容包括世博会的主题、地址、规划、对参展国的优惠条件、展馆的后续利用、参观人数估计等。申办报告内容繁杂、具体，还要译成英、法两种文字。

2002年1月30日，我又代表中国政府向国展局秘书长递交了中国的申办报告。报告的前几页是江泽民主席、朱镕基总理分别签署的支持函。政府的支持是世博会成功的保证。外交部、财政部、公安部的部长以及质检总局局长、海关总署署长也分别致信，对上海主办世博会做出各方面的具体承诺。当我把中、英、法三种文字写成的报告交到国展局秘书长洛塞泰斯的手中时，他微笑着告诉我："这次你们又得了第一名！"中国是第一个递交申办报告的国家。

这三个"第一"完成了中国申办的程序，也开始了我和世博会的不解之缘。

形势严峻

申办世博会与申办奥运会不同，申办奥运会只陈述一次，而申办世博会要陈述四次，从2001年到2002年，每半年陈述一次。2002年是关键的一年，因为在12月3日的国展局全体大会上就要投票决定胜负。7月2日举行的131次大会尤其重要，大部分国家的投票态度基本上在9月和10月决定，131次大会上陈述的成功与否对代表们的态度会有很大影响。

一个国家是否有资格主办世博会主要取决于三个条件：一、世博会的主题是否有意义，是否与当前人类面临的问题有关；二、申办国同国际展览局成员国的双边关系如何，双边关系好，对方就会投你的票；三、对参展国是否有利。

在6个申办国中，由于意识形态方面的偏见，中国受到的外来阻力和困难最多。特别是在2002年上半年，竞争的气氛越来越浓，针对我们的各种“说法”也越来越多，所谓“人权”、“民主”问题仍然占主导，其他方面，只要有空可钻，必定会出现各种针对我们的流言飞语。

在2001年11月的130次大会上，徐匡迪市长用流利的英语做了精彩的陈述。他紧扣“城市，让生活更美好”的主题，突出大城市发展中的问题，表示希望通过主办以“城市，让生活更美好”为主题的世博会，与世界各国探讨现代城市的发展之路。徐市长表示，上海将给发展中国家以优惠，使他们都能参加世博会。徐市长在会下约见了许多国家的代表，他那真诚、谦和的态度给各国代表留下了深刻的印象。在这次大会上，中国代表团的陈述获得了好评。国展局的许多代表认为我们的主题选得好，在当今世界，一批发展中国家进入了工业化时代，伴随而来的城市化带来许多问题，需要各国合作共同找出解决的办法。

可是徐市长回国不久就辞去了上海市市长的职务。顿时，巴黎谣言满天飞，有的报纸乱加猜测说，徐市长在巴黎承诺太多，引起中央政府的不满，所以受到了“撤职”处分。市长是城市形象的代表，市长的个人魅力很重要，现在徐市长突然辞职，不能不引起各种猜测。国展局秘书长洛塞泰斯焦虑地问我：“这是怎么回事？你们不知道临阵易将是要付出代价的！”

我对外界的谣言并不相信，但是心里也很着急，我们正处于申博的攻坚阶段，申办城市的市长却换了，新市长接手后，会有一段熟悉过程，申办工作在他日程上的地位会下降吗？申办工作能保持连续性吗？已有的协调机制还继续有效吗？大部分参与申办的同志觉得这一人事变化很突然，搞不清是怎么回事，心里七上八下，最担心的是这件事影响上海的申博势头。

幸好，过了不久，我国报纸上刊登了徐匡迪出任中国工程院院长的消息。我们还从国内获悉，徐匡迪是因为年龄原因辞去上海市市长职务的。了解了这些情况后，我们便能理直气壮地对国展局的代表们做工作了。我们把有关情况告诉他们，他们都能理解。我们还针对报上的谣传指出，徐市长的承诺是上海市政府的共同承诺，新市长会以同样的诚意来实现这些承诺，而且接任的新市长从开始就参与申博的事务，对工作是熟悉的，保持连续性是没有问题的。这一小小的“风波”终于平息下来。

3 月，国展局的考察团访问上海。那时，徐匡迪已调到北京，但是一直没有公开露面。我们了解到考察团成员对徐市长辞职仍然心存疑虑。我想，能不能通过考察团的访问，彻底打消人们的疑虑呢？关键是让徐匡迪同志出面会见一下考察团，让考察团放心，徐市长没有“挨整”。我向国内提出了建议，国内采纳了，有关方面安排徐匡迪参加吴仪国务委员宴请国展局考察团的活动。考察团回到巴黎后，高兴地对我说，见到徐市长了，他仍关心上海申博的事。他们信服了，认为中国政府仍然重视申博工作，其承诺是真诚的。考察团成员私下还主动向国展局的代表们谈到他们见到徐市长的情况。

最后，考察团的报告对上海的评价很积极。这对上海申办世博是很大的有利因素。我们心中的一块石头落了地。

北京申办奥运会成功后，在巴黎出现一种针对我们的观点：中国有了奥运会，还要申办世博会，“不能把好事都给中国”。还有人（显然是非亚洲申办国）提出，2005 年的世博会将在日本爱知县举行，2010 年世博会该轮到其他地区了，不能把 21 世纪头 10 年的两个世博会都放在亚洲，要提倡“地区平衡”的原则。这些似是而非的言论广泛传播，对我们很不利。

在关键的 131 次大会前一天，法国《世界报》广告版上刊登了俄罗斯的一位“观察家”亚历山大·甫罗霍洛夫写的长篇文章，大谈莫斯科举办世博会的优势，特别强调俄罗斯是民主国家，实行市场经济，主张欧洲一体化，已有许多欧洲国家表示支持莫斯科主办世博会。他说，是否支持莫斯科主办世博会不仅是一个政治和经济问题，也关系到世博运动的公平性。他影射说：“中国负责申办世博会的是一位共产党政治局委员，这说明我们的中国同志对此是多么重视。”其意十分明显：俄罗斯是“民主”、“自由”的国家，中国是共产党“一党专政”的国家；俄罗斯受到了法国、英国、德国和美国的支持，2010 年世博会在莫斯科举办对欧洲、对世界都有利。可以看出，俄罗斯的竞选战略是强调意识形态，争取的主要对象是西方国家。

在我们的对手中，俄罗斯确实有较大的优势。他们在 130 次大会上的陈述很出色，一开始就由卡西亚诺夫总理通过卫星向大会发表演说，表示俄罗斯政府对莫斯科申办世博会的大力支持。屏幕上的俄罗斯政府首脑面对着台下数百名代表、记者，侃侃而谈，很有现场感，大家感到颇为亲切。接着，莫斯科市市长卢日科夫介绍了其世博会的主题：“资源、技术、创意”。他列举了莫斯科引为自豪的世界级的科学家、文学家、音乐家，中心意思是，“资源、技术、创意”这三样莫斯科都有了。卢日科夫讲完后，屏幕上出现了两个宇航员，他们从太空向与会者问好，并提醒大家:“2010年是人类登上太空50周年。届时，在第一位宇航员加加林的祖国，在科学之都莫斯科举办世博会，更加有意义。”莫斯科的陈述紧凑、生动，突出了俄罗斯的资源和科技优势，给代表们留下了深刻的印象。

2002年上半年，莫斯科游说的势头很猛，他们对国展局考察团的访问也做了充分准备。考察团回来后，对莫斯科评价很高。

当时俄罗斯国内形势不太稳定，普京处境困难。一些欧盟成员国对普京很同情，决定在申博问题上支持他一下。法国就是其中之一。法国同我们的关系很好，但是他们认为，中国已获得了奥运会的举办权，这次应对俄罗斯“照顾”一下。和法国一样看法的欧洲国家还不少。另外有些东欧国家出于传统关系，倾向于支持波兰。因此，我们争取欧洲的选票十分困难。

竞争的国家多，票数自然就分散。在国际组织的竞选中，往往遵循一条潜规则：同一地区的国家相互支持。墨西哥声称，2010年是拉美独立200周年，世博会在一个拉美国家举办有特殊意义。墨西哥是拉美地区的大国，又打出这张“王牌”，自然得到了不少拉美国家的支持。

我们从一开始就十分重视游说工作。江泽民主席亲自写信给各国元首，寻求支持；外交部要求各驻外使馆对驻在国有关领导，甚至对最高层做工作；上海方面多次组团到各成员国游说。这些工作加深了有关国家对上海申博的理解，但是不到表决的时刻，多数国家不会斩钉截铁地说:“好，我们一定支持你们。”他们的表态往往是可进可退、留有余地的。当时，我们对到底能拿到多少票，心里没底。

我们认识到，6个申办国各有优势，但优势不是绝对的，我们面临的形势是严峻的，要取得胜利，需要做大量的工作。

出谋划策

各国政府根据什么来决定其投票立场？申办国与国展局成员国的双边关系固然很重要，但是最根本的是申办国本身的条件。国展局大会的四次陈述就是为申办国提供一个公平的竞争平台，每个国家有 30 分钟的时间来介绍其办世博会的理念、主题、园区的设计、招展的优惠条件等。

这 30 分钟怎么充分利用？怎样才能吸引听众？现在有了多媒体设备，各国的陈述都做得有声有色，活泼生动。“陈述”一词已经“名不副实”，因为在 30 分钟里，真正的陈述可能只占一半的时间。其他时间有电影，形象地介绍申办国的条件；有小型歌舞表演，展示申办国的文化；也有短剧，让几个年轻人在台上对话，宣传申办国的优势……总之，“八仙过海，各显神通”。

30 分钟陈述内容的设计需要艺术，各种形式如何穿插，占几分钟，什么是高潮，什么是重点，都必须考虑到，使得陈述既内容充实，又有条不紊。

2002 年 7 月的 131 次大会是第三次陈述，在四次陈述中占有举足轻重的地位，因为大多数国家在大会后两三个月要决定投票态度。申办国在 131 次大会上的表现对他们会有影响。为了了解国内对 131 次大会的准备情况，以便加强前后方的配合，我特意把一年一度回国述职休假的时间安排在 5 月份。

大使回国述职兼休假的时间是一个月，我每次回国总是忙忙碌碌，马不停蹄。要参加一周学习班，听各部委对国内政治、经济、安全等形势的介绍；向外交部等各有关部委的领导汇报工作，接受指示；到有关省市参观，了解中法合作的情况……

5 月 10 日中午，我和施燕华乘飞机到上海，吃完午饭立即驱车去上海市政府开会。从衡山宾馆到市政府不算远，但是路上车辆拥堵，停停走走。一路上，陪同人员不断接电话，我听到他手机里传来焦急的声音:“到哪里了？”“市领导都到了，等你们呢！”唉，这路已经够宽的了，怎么有这么多车呢？幸好我们的车装有警笛，司机不断鸣警笛开路，有时还能起点作用。

到达市府时，已过预定的开会时间，我们下了车就大步流星地直奔会场。

市府大楼一间大会议室里，围着长方形的会议桌坐满了人，除上海市领导和负责申办的领导外，还有特地从北京来开会的贸促会、外交部等单位的领导。靠墙的椅子上还坐了一圈工作人员。人们在小声地交谈，会场的气氛有点像电影里的作战室，只是墙上没有大地图。

我和施燕华在桌旁的两张空椅子上坐下，市领导立即宣布开会。他三言两语讲了会议的目的后，便让大家审查准备在 131 次大会上放的两部影片。

第一部影片的主线是介绍国展局考察团对上海的考察。5 分钟的影片，有不少是各级领导会见考察团的镜头。影片重点在于考察团在上海与中国领导人、官员、企业界、群众的交流，以考察团为主，同时也体现上海的多元文化。

第二部影片用虚拟仿真技术介绍世博会场馆设计和布局，展示设计以人为本的思想。

我一边看影片，一边在思考：陈述时间一共只有30分钟，两部影片就要占10分钟，不好好利用，很可惜。要让这30分钟取得最佳效果，影片内容必须高度浓缩，信息明确。

第一部影片应传递什么信息？以什么为主线？我觉得我们的陈述不需要去谈考察团怎么样，也没必要去赞扬考察团，否则有讨好之嫌。重要的是介绍自己，突出我们的优势。

我们的优势是什么？改革开放带来的巨大变化。这是任何国家都没法相比的。应该把第一部影片用来介绍上海的变化。这意味着影片要重新制作。

5月10日离131次大会只有52天的时间，这两部影片显然已经经过很多领导审查了。现在提意见是否为时已晚，让人为难？推翻这两部影片，重新制作，会给具体工作人员增加极大的负担，时间上允许吗？究竟要不要坦率地提出我的意见？我心里很矛盾。

我同坐在旁边的外交部副部长王光亚商量，征求他的意见。他支持我直截了当地提出自己的看法。

会议主席看到我与王副部长交头接耳，猜想我一定有看法，于是就点名让我发言。我直率地说，看了之后不太满意。我心想，把两部影片全部推翻，未免太“残酷”，必须抓主要矛盾。于是我主要谈了对第一部片子的看法。

我说，这部片子的对象是出席131次大会的各国代表，目的是要说服他们投票支持中国上海举办世博会，其内容一要突出上海的变化，上海有主办世博会的能力；二要说明举办世博会不仅对上海、对中国有好处，对世界也有好处，但影片只说明了对上海、对中国的好处，而没有说明对世界有什么好处，这样怎么能说服人家投你的票呢？

我脑子里出现了上钢三厂的大烟囱，便提议在影片中增加上海市领导到居民楼与群众交谈的镜头，让观众看到世博会规划中拟改造的居民区，以及居民迫切希望改善居住条件的愿望。形象的语言留下的印象会更为深刻。

我的发言起到了抛砖引玉的作用，与会的同志都大胆地提出了各种意见。思路明确了，市领导当场决定：第一部影片要重拍，第二部影片取消。

中国主办世博会对世界有什么好处？首先，对广大的发展中国家有什么好处？在讨论市领导在 131 次大会上的讲话内容时，两点内容引起了我的注意：一、如果上海主办 2010 年世博会，将会有 6 000 多万人参观；二、中国政府将对发展中国家提供援助，使他们能参加上海世博会。

上海世博会究竟能吸引多少人参观？只有 6 000 多万？ 1970 年日本大阪世博会最后统计是 6 500 万观众，打破了 1964 年纽约世博会保持的世界纪录。但是 1970 年后多数是专业性的世博会，参加人数在 2 000 万上下。世界进入 21 世纪，人们期待通过一次盛大的世博会振兴世博运动，这对进一步推动各国之间的交流、促进世界经济全球化和建立和谐世界会有积极作用。

比起其他申办国，上海在预期观众人数方面占有绝对优势。中国东部地区经济发展迅速，人口密集，交通发达。世博会的主要观众来自主办国，在上海办世博会，光国内观众就可能超过 6 000 万，加上中国经济对外商的吸引力，外国参观的人也不会少，难道我们不能打破大阪的纪录？我请上海的同志再估算一遍。后来他们根据每年到上海旅游人数的增长率，算出 2010 年参观世博会人数至少可达到 7 000 万。

要使世博会真正具有“普遍性”，发展中国家的参与必不可少。但是大部分非洲国家没有经济能力到上海来办展览，他们的参与一般都靠主办国的援助。徐匡迪市长已经承诺要给他们援助，新市长不但应重申，而且应该更具体。有了具体数字才能使发展中国家放心。我们能否拿出具体数字？

经过各部门的协商、研究，决定宣布给发展中国家 1 亿美元的援助，用于他们参展的全部费用。

7 000 万参观人数和 1 亿美元援助成为上海市长在 131 次大会上陈述的亮点。数字是最能说服人的。

上海在宣传片和演出的结尾都用一句话来结束：“上海如有一份幸运，世界将添一片异彩。”中文很好，富有诗意，但译成外文却又长又别扭。中国文化比较含蓄、抽象，西方文化则比较注重功利，比较直截了当。我觉得应该照顾到外国人的理解水平，作为结束语，必须简短、响亮、易记。我提议用“RENDEZ VOUS A SHANGHAI EN 2010！（2010 年相约在上海！）”作为结束语，意思也很明确，既包含我们的希望，要求成员国投我们一票，又表明我们对取胜很有信心。

共同的目标，民主的讨论，最能集中大家的智慧。三个小时不知不觉过去了，会议结束时，大家都很高兴，因为对中国代表团参加 131 次会议总的设想定下来了，心里踏实了，再苦再累也值得。

我当主持人

131 次大会前，国内决定让我当申博陈述的主持人。这对我来说，是件新鲜事儿。在国展局的陈述大会上，每个代表团都有这么一个角色，起初，我们把他称作"串词"，顾名思义，就是把各人的讲话串起来，成为一个整体。"主持人"的作用就是承上启下，突出陈述者的讲话内容。

我这个"主持人"不是主持娱乐节目的，不需要插科打诨，取悦观众。我主持的是中国代表团申博的陈述；我面对的是特殊的群体：听我讲话的都是高级外交官。

我参加过前两次陈述大会，有机会旁观各代表团的陈述，有组织严谨、内容充实的；有过分注重形式而忽略实际内容的；也有过分强调哲理、讲话冗长乏味的。他们的主持人，有的是有名的电视节目的主持人，训练有素，游刃有余，缺少的是激情；有的是高官或大使，很有风度，讲话得体，但显得严肃有余，活泼不足。他们的应变能力都很强，在台上遇到一些小的技术故障，能即时发挥，让技术人员有时间排除故障，而会场不出现难堪的沉默。

我从前两次大会上领悟到主持人的作用，也从各国主持人身上学到了很多东西。

首先，我觉得必须找准自己的位置。主持人是"敲边鼓"的，是"配角"，不能越俎代庖。"配角"也可以搞得有声有色，每年奥斯卡电影奖项里面就有"最佳配角"奖，通过他们杰出的表演，影片更加精彩。

国展局 131 次大会在塞纳河附近的国际铁路联盟大厦举行。7 月 2 日下午是各国陈述的时间。这时，6 个申办国变成了 5 个，阿根廷遭遇了金融危机，5 月份宣布退出竞争。剩下的 5 个申办国是：中国、俄罗斯、波兰、墨西哥、韩国。

陈述次序由各申办国代表抓阄决定。我们抓到第二个，大家很兴奋，认为这是好兆头。在国际会议上，迟到早退的现象很严重，所以人们一般不愿意第一个或最后一个发言。我在纽约常驻联合国代表团工作时，联大一般性辩论，第一个人开始发言时，会场常常有一半是空的。国展局大会的情况比联合国好些，但也逃不了这个规律。等到第二个发言时，会场人数多了，气氛也好了。所以第二是个好"阄"，有利于我们陈述的效果。

第一个陈述的是韩国代表团，以副总理为首，阵容浩大，会场后面站着的全是韩国人。韩国陈述组织得不错，看来是下了大工夫的。但是他们超过了规定的30分钟，两次被主席打断提醒，所以最后草草收场，显得有点虎头蛇尾。

韩国的陈述结束了，国展局主席宣布休息5分钟，让下一个申办国调整检查技术设备。上海负责音像的同志熟练地安装好了设备，屏幕上出现了上海申办世博会的主题：城市，让生活更美好。

主席要求大家尽快就座，然后宣布继续开会，请中国代表团陈述。

作为主持人，我是代表团中第一个"亮相"的。应该给人以什么印象呢？五国竞争，形势仍很严峻，这时需要表现出信心。我站起来，扣好西服上装的扣子，不慌不忙、步履稳健地走上了主席台。到了讲台前，我不急于开口，环顾了一下会场，把人们的眼光集中到台上来。台下安静了。

我只有不到3分钟的时间做开场白，介绍第一位发言人吴仪国务委员。怎么介绍？90年代初我做外交部发言人时体会到，讲话语言必须生动、得体，人们才会喜欢听，才会心悦诚服。

当时吴仪是国务委员。国务委员在法语中是Conseiller d'Etat，这在法国是"审计院"。就是在英语国家，好像也没有State Councilor（国务委员）的职务。我觉得在介绍她的职务时，不能就事论事，要传递一个信息：中国政府对上海申办世博会很重视。这次大会，俄罗斯是总理带队，韩国是副总理带队，如果听众把国务委员误解为"国务部长"或"审计院院长"，就会觉得中央政府对上海申办世博会支持不够，只来了一个部级领导。因此我解释了国务委员的职责。我说："中国政府高度重视上海申办世博会，组成了由25位部长和上海市市长在内的跨部级申办委员会，由吴仪国务委员来领导。国务委员协助总理工作，管好几个部，实际上是一位'超级部长'。"这么一点，听的人就明白了，原来国务委员在政府中的地位很高啊！

在西方文化中，公开演说总要有点幽默的语言来吸引听众。我同施燕华商量。她提出可以用"妇女半边天"这句话，一方面有中国文化的特色，另一方面也包含了中国男女平等的意思。我觉得这个主意很好，虽然"妇女半边天"在国内已是老生常谈，在国外，人们仍会觉得很新鲜。

讲完吴仪是“超级部长”后，话锋一转，我说：“中国有句老话，‘妇女能顶半边天’。吴仪女士作为参加此次大会的中国代表团的团长，既代表了中国女公民，也代表了中国男公民。因此这就不是半边天了，而是整片天。”我听到了台下的笑声。我的目的达到了，当吴仪国务委员走到讲台前，会场上鸦雀无声。

吴仪同志用流利的英语向国展局大会发表了5分钟的讲话。她一开始就说：“江泽民主席和朱镕基总理委托我在此重申：中国政府坚定地支持上海申办世博会！如果上海有这一殊荣，世博会历史上将有一次成功、精彩、难忘的盛会。”吴仪展望了中国经济发展的良好前景，指出巨大的商机非常适宜世博会的交流与合作，所有参展方都将从中受益，共赢共荣。她强调了中国13亿人民的支持，说：“我们认为，在最大的发展中国家举办一次世博会，本身就是对国际展览事业的杰出贡献，可以更好地体现国际展览局一贯倡导的普遍性原则。”吴仪的讲话赢得了热烈的掌声。

怎么介绍唐家璇外长？我向国展局秘书长洛塞泰斯介绍中国代表团组成情况时，他向我透露，在国展局历史上，这是第一次由一位现任外交部长出席国展局大会。我立刻意识到这是很好的切入点。在四句话的介绍中，我还强调了我们对非洲的重视，以争取非洲国家的选票。

我说：“在世博会151年的历史上，第一次由一个国家的现任外长出席国展局大会，这就是唐家璇外长。唐外长在他的工作中既重视发达国家，也重视发展中国家。他每年要出访30多个国家，表明中国的朋友遍天下，而每年他第一次出访的地区总是非洲。”

我的这句话为唐外长讲话的重点做了铺垫。他除了重申中国政府保证在财力上给予上海世博会充分的支持外，具体承诺“为广大的发展中国家提供总额为1亿美元的参展优惠”，其中当然包括非洲国家。这正好说明外长对非洲的重视是具体的。

接下来是上海市市长、贸促会会长以及两名大学生的发言。他们各有侧重。上海市市长预计有7 000万人参观上海世博会，将是世博历史上最盛大的一次世博会；贸促会会长代表中国工商界表示全力支持上海申办世博会；两位大学生用法语谈她们对世博会的憧憬。

陈述人的发言结束了。作为主持人，我可以有两个选择：讲两句客套话就此结束整个陈述，或作一简短的总结，突出上海的优势。为了加深印象，我总结了上海的几大优势："一、上海申办世博会得到了中国政府和人民的全力支持；二、2010年世博会如能在上海举办，将打破世博会参观人数的历史纪录，届时将有至少7 000万中外观众；三、'城市，让生活更美好'的主题是全世界都感兴趣的好主题，因为所有的城市都面临这个问题……"

这时，咚，咚，咚，主席敲杯子了，"请中国代表注意，你已经超时了！"

我想，不讲完四大优势，是不完整的，况且在外交上，主席只能提醒，而不能禁止我继续讲。于是我立即说："我就结束！"但我仍从容不迫地继续说，"我们围绕该主题进行交流，可以让全世界受益；四、中国所追求的目标是将上海世博会办成一届有利于全世界的世博会，不仅有利于发达国家，也有利于发展中国家。在全球化进程中，很多发展中国家被边缘化了，这种情况决不会出现在上海举办的世博会上，中国将拿出1亿美元帮助发展中国家参加上海世博会。"最后，我提高嗓门说，"2010年相约在上海！"

当我从台上走下来时，场内一片鼓掌声，我们代表团的人都很受鼓舞。

后来，我了解到，在我快讲完第三点时，30分钟到了，韩国代表团急了，派人到主席那里交涉，说："中国代表团超时了，你怎么不打断他，不公平！"实际上，主席看我快讲完了，超过一两分钟问题不大，所以没打断我。经韩国代表抗议，主席只好敲杯子了。我看我们大约超过2分钟，韩国超时近10分钟，所以受到了两次警告。从这件事，也可感到竞争的激烈。

在会后的招待会上，许多代表跑来对我说："你们的陈述最好！"黎巴嫩代表胡拉维女士性格热情开朗，一看见我，就从老远走过来，抓住我的手说："大使先生，您可以到好莱坞当明星！"

非洲代表最高兴，许多非洲国家的大使走过来拍拍我的肩膀说："Bravo（干得好）！""只有中国经常想到我们非洲。"

事后，韩国大使对我说："听了你们的陈述之后，我知道我们要输了。"

决战前夕

法国南部地中海海岸，从军港土伦经过电影城戛纳到旅游城市尼斯的一段，湛蓝的海水清澈见底，阳光明媚、海风和煦，历来是法国人疗养休闲的首选地。他们为这段海岸取了个美丽的名字："蓝色海岸"。现在，沿着"蓝色海岸"的山坡上，矗立着一栋栋漂亮的别墅，欧洲的富豪、俄罗斯的新贵都在这里置地买房。当严冬来临时，他们便"挥师南下"，避开欧洲大陆阴暗潮湿的气候，到"蓝色海岸"尽情享受"日光浴"。

毗邻尼斯，有一个袖珍公国——摩纳哥。地理上，摩纳哥海岸属于"蓝色海岸"的一部分。占地约2平方公里的摩纳哥，处于阿尔卑斯山脉的南端，整个国家地势峻峭，几乎是建在一块大花岗岩上。从13世纪立国以来，这个国家历经沧桑。第二次世界大战以后，摩纳哥政府把发展旅游和文化产业作为重点，推动了经济迅速发展。现在，蒙特卡洛广播电台、蒙特卡洛电视台在欧洲收视率位居前列；它的国际电视节以及文学、绘画等各种大奖都颇有国际影响；每年一次的"一级方程式汽车大赛"和灯红酒绿的赌场使摩纳哥的人均收入大大提高。现在，摩纳哥以一流的国际会议中心吸引着各国、各种组织到这里开会，会展业成为该国经济的又一个支柱。

12月初，宁静的摩纳哥热闹起来。国展局132次大会将在这里召开。不仅88个成员国每个国家至少要派一名代表参加，5个申办国也派来了阵营强大的陈述代表团、后勤支援人员及宣传声援团，旅馆房间很难订到。

中国申博代表团只好分住在几个旅馆里。主要成员下榻在摩纳哥蒙特卡洛大酒店。和摩纳哥许多五星级大酒店一样，蒙特卡洛大酒店建在地中海沿岸的山坡上，临海一边的客房能看到碧波荡漾的地中海。

酒店大堂后门是一个小花园。在这隆冬季节，花园内各种花草植物仍然郁郁葱葱，红色的三角梅在微风中摇曳，似乎在欢迎我们。花园的一边是一条石阶，我和施燕华拾级而上，顶上是一个平台，从平台上可以看到地中海。夕阳西下，把一半海水映得通红。海水轻轻地拍打着悬崖，如一群少女在窃窃私语。

我们向地中海望去，海面上有三艘小帆船，白色的帆布上用英、法两种文字写着："Yeosu，Yes，Oui（投丽水一票）！"我们不得不佩服韩国人锲而不舍的精神，同时也感到了竞争的"火药味"。

蒙特卡洛大酒店离132次大会会址格里马迪国际会议中心很近，步行10分钟就能到，这省去了我们许多交通费。

决战前夕，12月2日是紧张而繁忙的一天。我"见缝插针"，到各国代表们的驻地去转转，找机会进一步做工作，并摸清最新情况。各国代表们集中住在一个旅馆，与申办国代表团严格分开，他们的房间号是保密的，他们住的旅馆里也不允许有任何申办的宣传品。要对代表们做工作，只有相机而行，“守株待兔”，在大堂里等着，一看到“对象”出现了，立即上去“搭讪”。

大堂里有我们的参赞，也有韩国、俄罗斯等申办国的外交官。他们三三两两聚在一起，神情淡漠地小声聊着天，眼睛却不断地朝大门或电梯口方向瞟。大堂里很安静，但空气里弥漫着紧张气氛。

我的运气较好，午饭后我到代表驻地，正好有几位非洲国家的大使从外面回来。我主动上去跟他们打招呼。我是大使，韩国外交官不便同我“抢”。可以看出，他们显得无可奈何，甚至有些紧张。过了几分钟，韩国大使来了。他彬彬有礼地加入了我们的谈话。显然他是闻讯赶来的。

132 次大会例会在格里马迪国际会议中心王子厅举行。会场外有一条宽阔的走廊，5 个申办国按国展局的分配，都在走廊里设置了小展台，用大屏幕电视不断播放申办城市的电视片。展台上摆着各种富有民族特色的小纪念品，送给前来参观的代表。

各展台前挤满了人，各国负责展台的年轻姑娘们笑容可掬地向来宾介绍她们申办城市的特产。这时我想到了一个主意。我想，最后的拉票工作不仅要直截了当地宣传上海的优势，还可以用间接的方式，采取一些行动拉近与对象国的距离，树立亲和的形象，使公众对上海产生好感。于是我向上海市市长建议到其他各国的展台参观，他欣然同意。

我陪他来到波兰展台。我们饶有兴趣地看了电视录像，还接过波兰姑娘盘中的水果糖，剥开糖纸吃了起来。这一举动吸引了不少记者来照相。事后我听到反映说：上海市市长到其他申办国展台参观，说明中国人很自信、很大度。波兰人也很高兴，觉得我们尊重、重视他们。小小的行动得到了意外的收获。

下午彩排后，几位领导回到旅馆房间，一遍又一遍地念稿。为了使陈述的效果更好，他们决定用英语陈述。在大庭广众用英语演说，而且要发音准确、讲得流利、富有感情，对平时不讲英语的人来说是挑战。听说吴仪国务委员在国内时，天天带着英文稿，一上车就口中念念有词，一遍又一遍地练。李岚清副总理还把我和施燕华叫去，听他念稿，纠正发音。有的词太难念，就用音节少的同义词取代。领导们认真的态度使我们非常感动。

吃晚饭时，领导们还在谈论怎么把陈述做好。3日上午的陈述非常重要，必须有良好的精神状态，晚上要睡个好觉。有人问，除了安眠药，法国有没有安神的药?我想起在使馆宴请法国人时，多数法国人晚上不喝咖啡了，他们喝草药泡的茶，尤其是椴树叶泡的茶，据说椴树叶有较强的安神作用。我立即请负责后勤的张国斌派人去采购一些椴树叶茶。不久，张国斌把椴树叶茶送到了每位领导的房间。听说还挺有效。为了争取胜利，每一件事都是重要的。

晚饭后，东道国阿尔贝亲王举行欢迎招待会，会见各国代表团团长。我们正好遇见莫斯科市市长卢日科夫。他对李岚清副总理说:“你们几乎稳操胜券！”随后他又嘟囔了一句，“你们原来说，要我们支持你们申办奥运，你们支持我们办世博会。”李岚清副总理微笑着表示:“不论结局如何，我们都是朋友。我们是友好竞争。”

所有的代表都来了，5个申办国出席招待会的人最多，也最活跃。“醉翁之意不在酒”，对申办国来说，这是决战前最重要的一次游说机会。

我们的“联络员”都在场而且很活跃。我和上海市市长分别有重点地找了一些代表谈。我找了十多位代表谈，有的态度很积极，有的看见我朝他那边走，就故意避开我的视线，找别人搭话或去酒台取饮料了。

有一个亚洲国家的态度始终不明了，我想摸摸清楚。我找了该国的大使，他避而不作正面回答，只是说:“我们是邻居。”我也不客气，直截了当地问:“您说‘邻居’是什么意思?”这位老兄诡秘地笑笑，走开了。我摸到了“底”，他将投韩国的票。因为谁都清楚，最后一轮将是中国和韩国两家之间相争。否则，他会像其他一些国家那样，如实地告诉我，他们已答应支持某国，一旦某国出局，他们将支持中国。我们邻国的这位大使不表态，就是不支持中国。

一位申办国的大使对我说:“你们胜利的话，我会很高兴。”这也是一种表态，他在暗示我，他们出局后会投我们的票。

从招待会出来，已是晚上10点多。一天紧张的活动，神经绷得很紧，现在该放松一下了。我和施燕华走出旅馆大楼，到院子里散步。

院子里很宁静，天空没有星星，不久飘来一大片乌云，下起毛毛细雨。雨点打在脸上，没有丝毫的寒气。我不禁想起9年前，1993年9月23日晚上，8点20分，国际奥委会主席萨马兰奇在摩纳哥的路易二世体育馆宣布悉尼取得2000年奥运会的主办权。这一意想不到的结果使中国代表团始而震惊，继而伤心流泪，最后甚至感到愤怒。几年的辛苦付之流水，怎么不令人悲伤！那天也和今天一样下着毛毛细雨，北京申奥代表团下榻的地方就是蒙特卡洛大酒店！

当国展局决定接受摩纳哥政府的邀请，到摩纳哥举行 132 次大会时，我的不少同事心里觉得“别扭”，为什么偏偏又在摩纳哥？当我们订不到最好的巴黎酒店，却订到了蒙特卡洛大酒店时，大家心里就更嘀咕了：这样的巧合是否预示一种不祥的征兆？难道历史还会重演吗？

但是我认为，历史不可能重演。9 年前，中国在这里遭遇失败，是因为中国的实力还不够强大，许多西方大国不愿看到中国崛起。9 年后的今天，中国经济实力大大增长，中国在崛起，无人可阻拦。我国融入世界经济的程度也大大高于 9 年前，同西方各国形成了“你中有我，我中有你”的相互依存关系。翻开最近几个月的报纸，就可发现，世界上各大报刊刊登中国经济发展的消息多了，批评中国人权问题的消息减少了。形势变了，上海申办世博会大有成功的希望！

“种桃道士归何处，前度刘郎今又来。”重返蒙特卡洛大酒店，我思绪万千，但我相信，上次我们失败了，这次定能胜利！

回房间时，我似乎是想让施燕华放心，也似乎是对自己说:“明天将是大晴天！”

最后的冲刺

12 月 3 日清晨，我起来到院子里锻炼。空气中飘浮着小水珠，水珠滴在脸上，分不清是雾水还是雨水。我深深吸了口气，清新的空气带着一点幽香直袭肺腑，驱散了一夜的睡意。

回到房间，我洗了个热水澡，然后对着镜子刮胡子。镜子里的我，神情坚定，像战士准备出征。是啊，再过四个多小时，就轮到我们陈述了，申博到了最后冲刺的时刻。这时，我不禁浮想联翩。

我从事外交工作已有 41 年，很快要退出外交第一线了。回顾这 41 年，从翻译到大使，从民间外交到官方外交，从多边到双边，从外交调研到新闻发言人，不断变换工作，不断接受新的挑战。不管做什么工作，不管平台大小，我都尽自己最大努力做好，做出成绩来。我喜欢挑战，乐于拼搏。没有拼搏，就不会有进步。人生能有几回搏？申办世博会将是我外交生涯中的最后一次拼搏，要全力以赴！

今天是个不寻常的日子。上午是5个申办国的陈述。按照国展局的规定，陈述的次序由申办国抓阄决定。我们抓到的是最后一名，12时35分开始陈述。这是最不利陈述的时间段。代表们听了一个上午的会，到12时35分，脑子累了，肚子饿了，会场上进进出出的人多了，会场气氛将大受影响。

阴天、与失败联系在一起的旅馆、最后一名陈述……种种迹象都不吉利，这增加了代表团中不少人的紧张心情。

五国的陈述在上午9时30分开始。每个国家陈述完毕后，有5分钟的间歇，让陈述国贵宾退场，同时使下一个陈述国有时间做技术准备。在墨西哥、俄罗斯、韩国陈述完后有约20分钟时间的休息，然后是波兰和中国。

我们在大会休息快结束时到达会场。在经过格里马迪国际会议中心前的小广场时看到，身穿鲜艳的民族服装的韩国女青年仍在载歌载舞欢迎大家。位于二楼的会场皮埃尔王子厅外，是五国的展示台，争奇斗艳，各有特色。上海台的背景是动态的浦江两岸夜景，展台一侧是绿色的激光琴，悠扬的《茉莉花》旋律，悦耳、抒情，用音乐描绘了人与自然的和谐，人们对美好生活的向往。

李岚清副总理、吴仪国务委员等领导在第一排贵宾席就座后，一大群记者蜂拥而来。在咔嚓咔嚓的照相机前，领导们谈笑风生，显得很自信。他们还交叉着手臂，互相握紧邻座的手，表示团结一致，争取胜利的决心。

波兰的陈述结束了，他们的副总理和一大帮人离开了会场。会场上人来人往，乱哄哄的。国展局主席对着话筒反复地说："请大家入座，会议将继续进行！"人们慢慢安静下来，我们的技术员在会场的另一端高举双手，来回挥动，向我示意他们已准备好。

"现在，我请中国代表团陈述！"

主席的话音刚落，我就从座位上站起来，从容地向台上走去。

我向台下扫视了一下，为的是把大家的目光吸引到台上。这时大银幕上出现了上海申办世博会的字幕和形如三口之家的上海世博会标志。

在我准备陈述的串词时，我想到的是，一是开头要好，要在一两秒钟之内"收心"，把大家的注意力集中到我们的陈述上来；二是介绍陈述人时，要突出重点，引起大家的兴趣；三是显出大国风度。

怎么开头？我们的优势是文化，中国五千年的文明史是我们的精神财富。我想起在常驻联合国代表团工作期间，每当我国代表在大会或安理会引用简明生动的古话来说明一个观点时，总会有不少人夸奖说："这是中国智慧（Chinese wisdom）！"

由于大部分与会者讲法语，我在串词中主要用法语讲，有时讲几句英语，适当照顾一下英语国家，让大家都觉得受到尊重。我一开始就赞扬了其他四个申办国。我说："我们从事申办2010年世博会工作已经两年了。这两年对我们来说是学习的两年，我们学到了很多东西。孔子在2500年前说过：'三人行，必有吾师焉。'我们刚才听了四个申办国家的陈述，他们都讲得很好。"这样的话别的申办国没有说过，显然有点出乎代表们的意料。

然后，我语调一变，放慢了语速，用坚定的口气说："然而，毋庸置疑的是，上海是大家最好的选择。优者必胜！"

台下传来了轻轻的笑声，似乎对我的讲话技巧有所领悟，或者有所赞许。

我们的陈述主要由两部分构成：音像部分和演说部分。音像部分包括申博的宣传片和演说时插入的背景画面。演说部分主要是李岚清副总理、吴仪国务委员、上海市市长从不同角度谈中国政府的支持和上海的优势。

宣传片是张艺谋导演的，几经修改、压缩，使其既有艺术性，又符合我们申博的要求。

影片开始，是一个小姑娘用清脆的童声唱江南民歌《茉莉花》。整个影片没有一句解说词，让画面说话。为了帮助观众理解，我在放映前做了简短的介绍，特别要说说《茉莉花》这歌曲，因为在上海展台上，在影片里，都反复播放这歌曲，外国人不可能理解其寓意。

茉莉花茶是外国人喜欢的饮料，我就从茉莉花茶说起："茉莉花是上海老百姓喜爱的花卉，以茉莉花为原料的花茶举世闻名。那首以'茉莉花'命名的歌曲在上海更是家喻户晓，妇孺皆知。《茉莉花》的歌声将把大家带向中国，带向上海。上海是一个正在发生巨大变化的城市。在那里，传统与现代和谐共存，东西方文化交相辉映，是文明对话的典范。你们会看到上海人民热爱生活，富有生活情趣，更热切期盼2010年世博会能给上海增光添彩。"

巨大的银幕上出现了一个可爱的小女孩，她身后是美丽的茉莉花朵。"好一朵茉莉花，芬芳美丽满枝芽……”孩子天真的表情、甜美的童声特别富有感染力。接着，朝气蓬勃的青年、身穿民族服装的少数民族、上海市民……男女老少都唱起了同一首歌。《茉莉花》是整个影片的主旋律。乐曲把大家引到故宫、天坛、秦朝的兵马俑、上海的城隍庙以及现代化的建筑。在影片的结尾，小女孩用稚嫩的声音说：“再过八年，我长大了，我要在上海欢迎你们！”眼睛里充满了期待。

短短5分钟的影片，对人们有很大的震撼力，这就是艺术的力量。

几位领导的演说同样精彩。他们都用英语讲，不必翻译。让我吃惊的是，两天前，他们异口同声地说要念稿子，但是到了台上，尽管他们手里都有稿子，眼睛却不看一眼。他们抬着头，面向听众，讲话声音不高不低，吐字清楚，语调抑扬顿挫，声情并茂。我坐在台下听着他们的讲话，心里深受感动。为了这一刻，他们练了不下一百遍！想想他们每天的工作负荷，他们只能在车上、飞机上、睡觉前练习。为了这一刻，他们甘当小学生，不耻下问。有时为了纠正一个发音，他们不厌其烦地念上好几遍，琢磨发音的部位。他们出色的陈述展现了我们开放的形象。

三位领导的发言各有重点。李岚清副总理代表中国政府郑重宣布：“如果中国申办成功，将兑现所有的承诺，举办一届成功、精彩、难忘的世博会。”中国政府是上海申办世博会的坚强后盾，这位深受尊敬的副总理铿锵有力的承诺，使人们对此深信不疑。

上海市市长是代表上海人民讲话的，他的主题是上海人民期待2010年世博会在上海举办。有一句话很感人：“此时此刻，我的脑海中铭刻着无数中国孩子的眼睛，他们对我说：‘把世博会带回家吧。’……请别让他们失望！选择上海就是选择‘城市，让生活更美好’，选择上海就是选择未来！”

吴仪国务委员最后讲话，她是代表们熟悉的人物。她身穿浅蓝色套装，十分自信地走上讲台。她的讲话也是整个陈述的总结。她画龙点睛地列举了上海的优势，并说：“中国人民翘首以待各位的选择。他们对世博会的热情和渴望，可能远远超出你们的想像。”最后她伸出双臂，向代表们呼吁：“给中国一个机会！”

我看了一下表，我们的陈述总共花了27分钟，比规定的时间短了3分钟！

台下爆发了热烈的掌声，我感觉到了代表们的倾向，我对成功更有把握了！我们的陈述，重点突出，内容精练，配合默契，一气呵成。这是其他国家没法相比的。

当我从座位上站起来准备离开会场时，许多代表过来向我们表示祝贺。熟悉世博会事务的国展局名誉主席菲利普森对我说：“5 个申办国中，你们的陈述最精彩！”国展局新闻委员会主席胡拉维激动不已，握着我的手说：“影片中那个女孩真可爱，她说要在上海欢迎我们，许多女士都流泪了。”

在赛跑线上，我们暂时领先，但还没到终点，究竟花落谁家，要到下午表决时才见分晓。

我们胜利了！

午饭过后，接到江主席办公室的电话说，江主席在等待表决结果，要我们在第一时间向他报告。短短几句话，体现了中央对申办世博会的重视，对我们的殷切期望。我立即把这一任务交给了卢沙野。沙野是一位年轻的参赞，有很强的责任感，交代给他的任务，会尽力去完成。

我不敢怠慢，顾不上休息，又直奔会场做代表们的工作。这时，乌云已散，太阳露出了笑脸，仿佛对我们的陈述表示满意。

下午 2 时 15 分，吴仪等领导站在会场门口与代表们握手致意，意在提醒他们别忘了投中国一票！有意思的是，我们的对面是韩国代表团的领导，他们也是笑容可掬地向代表们鞠躬、握手。还没表决呢，两国在会场门口就开始“较劲”了。

会议厅的大门只开了两扇，门口查得很严。每个国家有三个代表，凭胸卡入场。申办国有若干贵宾卡，进去的人可以稍多一些。每个国家只允许一个人带手机入场，我请卢沙野带手机，这样表决结果一出来，他就可以到场外打电话报告国内了。

国展局是一个很小的国际组织，没有自己的会议厅，每次开会都要租会议厅。租的会议厅没有像联合国大会那样的表决器，所以还必须另外租无线表决器。

下午 2 时 30 分，主席宣布开会。这时原先放讲台的地方，放了一条长桌，桌上放着电脑和其他机器。主席台中间，放着两大筐黑色的投票器。

代表们入座后，主席宣布发投票器。由坐在长桌后的一位技术人员按照法语国名第一字母的顺序唱名，唱到哪个国家，那个国家的代表就走到前面取走一个投票器。他拿到投票器后，还要转身在台前停一下，让大家看到他的脸。这是为了防止冒领。

投票器是编号的，按了投票器的电钮，在长桌上相应的机器上会反映出来。如果有人忘了按电钮，技术人员就会提醒："××号没有投票。"如果此人仍不按投票器，就视为弃权。

唱名开始了，代表们一个一个上前去领投票器。有的人动作较快，有的人慢吞吞的，有的人甚至要喊两遍才想起要站起来去领投票器。89个成员国中，出席会议的一共有88国。88个人领投票器，花了一个多小时的时间。

漫长的等待。焦虑，紧张。

"赞比亚……津巴布韦！"唱名终于完毕。

技术人员开始解释投票器的用法，宣布监票人，共两名监票人。投票器上有5个号，按字母顺序排，中国是一号，韩国二号。赞成哪个国家，就按那个国家的键。代表们按了投票器的键，屏幕上就会有显示。

我、贸促会代表刘福贵、上海的代表周汉民，代表中国投票。我们三人坐在座位上，可以觉察到我的同事们的紧张情绪。刘福贵建议，周汉民投第一、二轮，他自己投第三轮，我投最后一轮。

第一轮投票时，可能有些代表还不熟悉投票器，或者是因为紧张，或者因为政治原因，有三个国家没有投票，一个国家弃权。我们遥遥领先，得到36票。韩国是28票。波兰仅得2票，被淘汰。

第二轮投票结果在大屏幕上一显示，就听到韩国代表团欢呼起来，接着会场外也传来了欢呼声。

怎么回事？我们睁大眼睛看屏幕，中国38，韩国34。没错，韩国仍在我们后面啊。他们为什么这么高兴？最初我们有点纳闷，后来才想到，第二轮中，韩国从28票增加到34票，增加了6票，而中国只增加了2票。他们以为，在第三、第四轮中，会超过我们，不禁提前欢呼起来。

沉住气，谁笑到最后，笑得最好。

第三轮，我们与韩国的距离拉开了，中国44，韩国32。这时，中国座位上的三张脸舒展开来了。

最后时刻，当技术人员宣布开始第四轮投票时，我的手指使劲按下一号的赞成键。

大屏幕上的数字在快速跳动，下午3时35分，历史性的时刻，屏幕上的数字凝固了。中国54，韩国34。我们胜利了！周汉民从座位上跳起来，激动地对我说："大使，今天是我夫人的生日！"这是多好的生日礼物！这是最宝贵的生日礼物！

加拿大代表坐在我旁边，他自始至终都把手放在一号键上，每次按键，还让我看一下。他第一个站起来同我握手，接着，我们座位周围的代表也都伸过手来，祝贺我们获胜。

代表们起立鼓掌，祝贺中国胜利。会场外一片沸腾。记者、华侨、上海企业声援团……互相拥抱，高呼口号，唱《歌唱祖国》，用一切方式来表达自己激动的感情。《欧洲时报》的杨咏桔，颇有先见之明，早在年初回国时就想到了申博，在国内买了一面五星红旗。当她从包里拿出红旗时，许多人来抢，急得她直嚷嚷："这是我们的！这是我们的！"

会议结束后，是胜利国的记者招待会。《欧洲时报》两名女青年举着五星红旗站在我们背后。我情不自禁地伸出两个手指，作"V"字状，意为"胜利"。这是五星红旗的胜利，是炎黄子孙的胜利！

思想的翅膀飞到了1910年，在我的家乡南京，我们的先辈举办了"南洋劝业会"，大获成功。人们盼望这样的博览会能继续办下去。上海《申报》一篇文章的结尾说："正不知第二次劝业博览会当在于何时也。"现在，中华民族的百年梦想就要实现，我们可以告慰祖先："一届名副其实的世博会将于2010年，南洋劝业博览会100年后，在上海举行！"

我觉得自己很幸运，在整个申博过程中，中央领导在每个关键时刻，都做出了英明决策，具体部署，使我们的行动方向明确；外交部高度重视，指示各驻外使馆大力支持申博工作；上海各部门有关人员忘我的工作，使申博工作得以有条不紊地展开；驻法使馆上下一致，全力以赴，配合上海搞好申博工作。通过这项复杂的大型外交任务，我们取得了经验，增长了才干。这对我来说，是一次难忘的经历。

回到蒙特卡洛大酒店，张国斌把我带到了一个大厅，内部庆祝会将在这里举行。大厅里张灯结彩，不知他从哪里弄来了大红灯笼、彩带，还搭了一个"舞台"，动作真快！这就是驻法使馆的效率！

大厅里欢声笑语，人们笑逐颜开。我看到上海申博办公室的同事们在那里，便先走过去同他们握手。我同他们有战友之情。申博以来，他们精神压力很大，超负荷工作，没有他们任劳任怨的工作，今天的胜利是不可能的。此时此刻，他们紧锁

上图：在原周家渡居民区建设成的世博园区。下图：浦东周家渡居民庆祝“申博”成功。（图片来源：新华社）

的眉头舒展了。

在大厅一侧站着使馆的厨师、招待员们，从他们疲乏的脸上，我知道他们为申博付出了多大的心血。我紧紧握住他们的手说：“你们辛苦了！”他们回答说：“大使，你不是说过吗，为国家的大事出力是高层次的享受！”

中共中央、国务院、中央办公厅联名发来贺电，表彰了前方代表团的工作，并

上海世博会会徽

上海世博会吉祥物“海宝”

表示慰问。我们使馆的留守人员闻讯十分激动，立即发了一份约有30人（许多是家属）签名的贺信：“热烈祝贺申博成功！向前方将士道声辛苦！”前后方心连心，都为了同一个目标。第二天，使馆后勤人员驱车800多公里，于半夜返回使馆时，留守人员和家属集合在院子里欢迎。张国斌的夫人抱着病体，也赶到使馆欢迎“前方将士”凯旋回馆。人们像久别重逢的亲人，虽然只有几天没见面，却有说不完的话。申博这项大任务，把大家凝聚在一起。

我主持庆祝宴会。讲话中，我想起了1993年在这个旅馆申奥失败的情景。我说：“1993年9月，也是在这个地方，我们申奥没成功；今天，我们在同样的地方，申博成功了。这说明，近十年来，在中央的领导下，我们的经济实力迅速发展，国际社会不得不承认我们。”没有强大的祖国作后盾，外交人员施展的余地就不可能有这么大。我还说：“申博是一项系统工程，这几年来，中央各部、上海各部门、驻外使馆等为了申办世博会，齐心协力，做了很多工作。胜利属于大家，胜利属于祖国！”

各单位纷纷登台献艺，专机机组的姑娘们歌喉优美，民航驻法代表处杨总扮演的杨子荣威风凛凛，上海团的合唱热情奔放……在大家的热烈掌声中，李岚清副总理上台用意大利文和中文唱了《我的太阳》，全场轰动。

我们不得不提前退场，去参加答谢宴会。

答谢宴会在蒙特卡洛体育中心星光大厅举行。我在大厅门口迎接客人，来的客人很多，一共有500多人。俄罗斯副外长和大使、韩国申博委员会主席、现代集团总裁郑梦九等都前来祝贺。大厅里气氛友好热烈。

一位代表握着我的手说:“虽然你们是共产党国家，我不喜欢你们的制度，我还是要祝贺你们！”

有的代表对施燕华说:“你们的陈述真诚感人，胜利自然属于你们。”这样的反映，我也听到多次，我想我们陈述感人的地方在于真诚，也在于把现在和未来结合起来——孩子们的希望就是代表未来。

申博的胜利说明了我国国际地位日益提高，很多国家为我们的胜利感到高兴。波兰大使特地写了一封信给我，除祝贺我们胜利外，专门提及了我们双方在竞争中的友好关系。我隐约感到，他们对我们到波兰展台参观颇为感动。

法国总统希拉克通过使馆给江泽民主席发了一封贺信，在第一段中就说:“上海被选为2010年世博会主办城市，法国代表团对国展局的这一决定作出了贡献。”暗示法国最终把票投给了中国。

这是千载难逢的历史性的时刻，要把它留下来。我灵机一动，请桌上的中外客人在菜单上签名留念。国展局主席和秘书长欣然提笔写下他们的感言。主席诺盖斯写道:“热烈欢呼上海的伟大胜利！我希望在2010年上海世博会之后，这一胜利继续对各方面产生影响。祝贺你们！”秘书长洛塞泰斯举笔沉思片刻，写下了:“国际社会殷切的希望今天实现了。2010年上海世博会对中国、对国展局、对世界都有利。”

他们的话代表了不少人的心声。在我收到的众多贺信中，有来自澳大利亚、阿曼、乌拉圭、巴西、卡塔尔等国大使的，也有许多法国大企业总裁的来信，他们都表示，办世博会将有利于中国经济迅速发展，有利于中国与世界各国的合作。中国的胜利就是世界的胜利！

宴会进行到一半，星光厅的穹顶悄悄打开了，一丝凉意袭来，脖子上感到凉飕飕的。大厅里响起了惊呼声，所有的人都抬头仰望：啊，满天的星斗，闪烁着柔和的银光，似乎在和我们分享这美好的时光。

（选自上海文艺出版社《我与世博有缘》，2009年8月出版，

作者：吴建民、施燕华）

“中国水”的百年梦想

2002年12月27日，南水北调工程开工典礼在北京人民大会堂举行。从毛泽东1952年在黄河边生发出“北方向南方借点水”的想法，到南水北调工程开工，一个长达50年的关于“中国水”的梦想，终于尘埃落定。

构建水资源的“中国网”

水是生命之母，地球上有了水，才有了自然界的缤纷灿烂，才有了人类世界的风情万种。水，支撑了我们这个世界的千古文明。

在漫长的历史进程中，自人类为了生存而开发水并利用水，水利活动便产生了。

中国古代最辉煌不朽的水利工程当属都江堰。2 000多年前的水利专家李冰父子，以令人不可思议的水利科学建造的都江堰，最终哺育了一个天府之国——成都；隋代开凿的从扬州至北京通州的运河，应该说是中国最早的调水工程了。

让水为人类的生存和富庶服务自有人类便开始了。

我们再来看近代以来的调水工程——从20世纪七八十年代开始，中国为解救山西、青岛、天津等地水资源短缺而修建的跨流域调水工程比比皆是：引黄入晋工程、引黄济青工程、引滦入津工程、引黄济津工程等等。

在国外，历时20年于1974年建成的澳大利亚雪山调水工程，建有16座大坝，总库容85亿吨。

1985年建成的美国加利福尼亚州调水工程，工程输水干线长达805公里，建在费瑟河上的奥罗维尔坝高达234米，保证了以洛杉矶为中心的1 700万人口的生产与生活用水，解决了美国人口最多的加州中部和南部的缺水问题。

还有加拿大的魁北克调水工程、巴基斯坦的西水东调工程等等。

但就世界各国目前调水工程的受益人口、输水干线长度、工程的规模和技术难度、所建水库的库容以及移民人数而言，这些工程无一可与中国正在实施的南水北调工程比拟。

中国南水北调工程分东、中、西三线。

东线工程：从长江下游的江苏省扬州附近抽引长江水，利用京杭大运河及与其

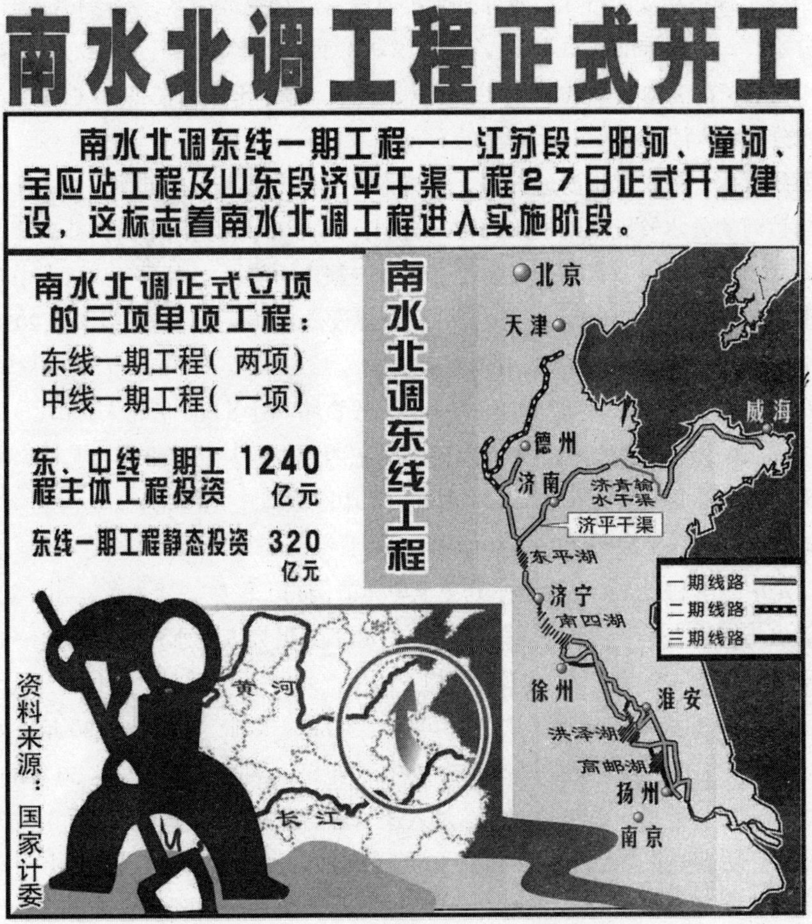

（周大庆、熊德／编制，图片来源：新华社）

平行的河道逐级提水北上，并连接起调蓄作用的洪泽湖、骆马湖、南四湖、东平湖。出东平湖后，分两路输水，一路向北，经隧洞穿越黄河，自流至河北、天津，输水主干线长 1 156 公里；一路向东，经济南输水到烟台、威海，输水线路长 701 公里。工程分三期进行。2002 年年底，东线一期工程已开工。2009 年一期工程完工后，可向黄淮海平原和胶东地区的天津、河北、江苏、山东半岛年供水 89 亿吨，以解决津浦沿线和胶东地区的城镇工业用水和农业用水。规划 2030 年工程全部完工后，年均可向这一地区供水 148 亿吨。

中线工程：从汉江丹江口水库加坝扩容后，沿线挖渠引水，经唐白河流域，过江淮分水岭，沿黄淮海平原西部边缘，在郑州以西穿过黄河，沿京广铁路西侧北上，跨越淮河、黄河、海河流域，自流到北京、天津。输水干线总长 1 421 公里（含从河北徐水分水至天津工程段 154 公里）。

西线工程：在长江上游通天河、支流雅砻江和大渡河上游筑坝建库，开凿穿过长江与黄河的分水岭巴颜喀拉山的输水隧洞，调长江水入黄河上游，补充黄河水资源的不足，以解决涉及青海、甘肃、宁夏、内蒙古、陕西、山西等黄河上中游六省区和渭河关中平原的缺水问题。工程分三期建设，2011 年开工一期工程，2050 年工程全部完工后，年可调水总量为 170 亿吨。

在规划的 50 年间，南水北调工程静态总投资将高达 5 000 亿元人民币。

中国版图上南北流向的三条调水路线与东西流向的长江、淮河、黄河、海河纵横交叉，最终形成一个世界上罕见的水资源“中国网”。

这是当今世界上最宏伟的跨流域调水工程！

这是中国水利史上乃至世界水利史上史无前例的工程！

这也是世界上一个人口最多、人均水资源不到世界人均水资源四分之一的国家保持良好生态与可持续发展的最紧迫的工程！

工程从 21 世纪初相继动工到 2050 年全部完成，规划、实施长达 50 年；而工程从 20 世纪 50 年代初发轫到 20 世纪末，勘探、论证、规划也用了长达 50 年的时间。这是中国一个关于水的百年梦想。这是人类从落后蒙昧到成熟文明的百年！跨越两个世纪的一百年，世界已发生和将发生翻天覆地的巨变！而在中国大地上，亦将出现一个以江河之水编织的蓝色之网，所有的生命将在这片田园般的“中国水”中呼吸，同时拔节、成长……

毛泽东与“中国水”

古往今来，世界上任何一个创举（包括政治家的抉择）最初必出自某一个体生命的奇想、梦想、狂想，抑或是发现、发明、创造，最后形成一个群体乃至国家共同的意志和行为。如果意志和行为符合文明前行的规律，那么最终将会造福人类，反之，将祸国殃民。

我想说的是，再过5年、10年、20年、50年……直到21世纪上半叶结束时，16亿中国人（届时中国人口将增加到16亿）在享受四横三纵的水资源成果时，肯定有爱发奇想的人会问：是谁在一百年前第一个想到了在中国搞“南水北调”？

那我们现在就来告诉未来人：这个人是毛泽东！

江河泛滥、洪水成灾，这是历朝历代政治家治国安邦必须要操心的大事。作为无产阶级政治家的毛泽东更是如此。早在1950年毛泽东得知江汉平原十年九涝时，就下决心兴建荆江分洪工程。当时的情况是：国内战争创伤亟待恢复，抗美援朝战争又刚刚开始，国家的财力、物力极其困难。在这种情况下，为江汉平原人民生命财产安全，毛泽东依然痛下决心治理洪涝灾害。工程开工时，毛泽东题词祝贺：“为广大人民利益，争取荆江分洪工程的胜利。”

南水北调这一构想也是毛泽东于1952年第一个提出的。50年来，经过一代又一代中国水利专家的成百上千次调查、勘探、论辩、规划、设计，经过一届又一届共和国政要们讨论、决策，再讨论、再决策，直到20世纪末和21世纪初叶，北中国不调水已不能继续生存和发展时，工程终于开工了。这时，我们就想，毛泽东在50年前，在北中国也是一片江河水乡且不断暴发洪涝灾害时，他何以要提出南水北调？是诗人的浪漫，是政治家的胆略，还是一个伟人的预言？

有一个场景值得我回味，它可以让我们触摸到些许历史的真意。这个场景是高我八届的中学时代的校友、湖北襄樊四中毕业生、丹江口水利枢纽管理局原宣传部副部长、著名记者常怀堂提供的。作为记者的常怀堂，一生心怀良知，秉笔直书。他曾为大柴湖移民、丹江口水库泥沙淤积严重等重大问题，不断给新华社写内参，引起过中央政府高度重视。

我看到好几个地方写50年代初毛泽东提出南水北调的报道，要么太简略，要么让人摸不着头脑，或者难以让人置信。唯独常怀堂发表在《法制与经济》上的独家调查，让我读后感受到一种可亲可信，让我回转身来，让心灵在瞬间穿越半个世纪的时空隧道，回到滚滚滔滔的黄河边上，触摸到一个历史的瞬间，一个伟人产生思想的场景。现在，我向读者转述这个场景——

1952 年，毛主席视察黄河，坐在波涛滚滚的黄河边上，指着奔流不息的黄河，问黄河水利委员会主任王化云："南方水多，北方水少，如有可能，借点水来也是可以的吧？"

王化云立即感到，毛主席提出的这个问题，是一个重大的科研课题，不是轻易回答得了的。但主席向自己提出了这个问题，就必须要有一个回答。

于是，他灵机一动，决定把这个科研课题交给长江流域规划办公室来解决。他对毛主席说："可借长江水，长江是不可替代的。第一，长江水量充足，有水可借。第二，长江支流汉江水量也充足，也有水可借。第三，汉江的支流丹江，就在河南省境内，靠近北方，借水比较方便些。"

听了王化云的汇报，毛主席笑了笑，说："没想到你王化云竟是一个踢皮球的高手，一下把这个皮球踢给林一山了。"说到这里，毛主席停了一下，又对王化云说，"你说的不是没有道理。南方水虽多，能借点到北方的也只能是长江了。有道理，有道理。"

1953 年 2 月，毛泽东乘长江舰由武汉去南京。他让林一山上舰讲讲长江可不可以向北方借水的事。毛主席问林一山："北方水少，南方水多，能不能把南方的水调一部分到北方？"林一山回答说："可以。"毛主席又问："这个问题你想过没有？"林一山说："没想过。"毛主席再问："你研究过没有？"林一山说："没有。"

听了林一山的回答，毛主席问："这是为什么？"林一山忙向毛主席解释说："我不敢这么想。"毛主席笑了笑说："堂堂的长江流域规划办公室主任，怎么没有这点胆量呢？那好，你就先谈一些情况。"

林一山忙把随身带的一本地图打开，摊在毛主席面前。毛主席一边看地图，一边用铅笔指着地图上的白龙江说："这里的水能不能调到北方？"林一山说："不行。"

“为什么不行？”毛主席问。

“这是因为，”林一山解释说，“秦岭以南的水，由西北向东南流入四川盆地，越往下游，水量越大，但地势低了，引水工程既不经济，且不可能。越往上游，工程越小，但水量也小，引水价值不大。”

听了林一山的解释，毛主席觉得言之有理，也没再往下问了。

过了一会儿，毛主席又将铅笔指向嘉陵江干流上的西江水问：“这里行不行？”

“不行。”林一山指着地图说。

“为什么不行？”毛主席又问。

“这里的情况同白龙江的情况差不多，所以不行。”林一山说。

毛主席又将铅笔指着汉江问：“汉江行不行？”

林一山忙说：“汉江有可能。”又接着解释说，“汉江与黄河、渭河隔着秦岭平行向东流水，越往东地势越低，水量越大，而引水工程规模却越小。”

毛主席边听边指着地图，用铅笔在汉江上游至下游的一些江段画了许多杠杠，每画一个杠杠就问这里行不行，那里行不行。林一山一一作了回答。

当毛主席用铅笔指向丹江口一带时，林一山忙说：“这里可能最好。”

“这是为什么呢？”毛主席立即问。

“1950年2月，我组织了一些技术专家查勘了襄阳以下的碾盘山坝址线。该坝址线原为美国人史笃伯所选定，作为解除汉江洪灾的主要工程方案。”林一山停了一下，接着说，“经过我们几次的勘察和方案比较，史笃伯的坝址方案不能解除汉江洪灾的威胁，其防洪作用很小。因而我们选定了丹江口水利枢纽作为汉江流域规划的主体工程，并论证了它是汉江流域规划最理想的第一期工程。”

“很好，很好。”毛主席当即对林一山说，“你回去以后立即派人再勘察，一有资料就立刻给我写信。”

后来，林一山在回忆时说，当时向毛主席汇报时还没有认识到丹江口水利枢纽是“南水北调”的主要水源枢纽。明确该枢纽工程为“南水北调”的主要水源，是在毛主席的战略思想启发下得出的重要结论。

1954年的夏初，长江、汉江又出现有水文记录以来的大洪水。告急的电报，一份又一份飞向北京。

毛泽东对这场洪水造成的危害非常痛心，他果断地说："不除掉长江洪水这个心腹之患是不行的！"

这年冬，毛泽东要林一山去北京。在北京，他询问了林一山三峡工程同国民经济有关的各种问题，特别仔细周到地询问了兴建三峡工程的技术可能性和时机问题。

林一山胸有成竹地向毛泽东汇报说："三峡工程我们自己干并不太难，因为这是一个应用科学问题。虽然应用科学我们也不算先进，但外国人能做的我们也能做到。只要我们完成了汉江丹江口工程，也就是南水北调主体工程，有了那样的建坝经验，再提高一步就可以自己建大三峡工程了。如果要求时间快些，则可请苏联派专家帮助。美国工程师萨凡奇设想能够修三峡，那么有苏联专家帮助，我们也应该可以修。"

毛泽东听后非常高兴，并告诉林一山，有资料就要向他报告。

几个月后，来华的苏联专家听了林一山的汇报感到很满意，认为"长办"的工作准备充分，可以立即开始设计。不久，林一山把自己编写的报告《南水北调》寄给了毛泽东。

1958年3月，毛泽东在成都召开的政治局扩大会议上讲了这样一段话："打开通天河、白龙江，借长江水济黄，从丹江口引汉济黄，引黄济卫，同北京连起来了。"

林一山回忆说："看了毛主席的这段讲话，证明毛主席看了我写给他的信。"

1958年3月7日，周恩来总理赴成都出席政治局扩大会议，在会议上作了《关于三峡水利枢纽和长江流域的规划报告》，扩大会议完全同意周总理的报告，并正式做出了关于三峡工程的决议。同时在这个会议上，中共中央做出了兴建丹江口水利枢纽工程的决定。

不久，中共中央下发了《关于水利工作指示》，强调指出："全国范围较长远的水利规划，首先是以南水北调为主要目的，应加速制定。"

自此，"南水北调"一词第一次出现在中央文件上。

此后，中国科学院和原水利电力部迅即组成了全国性的南水北调研究组。

1959年，长江水利委员会编制完成了《长江流域综合利用规划要点报告》，确定了南水北调是长江综合开发利用的重要任务，并规划出南水北调西、中、东三条路线……

我们从常怀堂的“独家调查”中，不难看出毛泽东与南水北调的关系，与三峡工程的关系，与“中国水”的关系。

我们也不难发现，几十年来，三条调水路线除中线丹江口工程于1958年开工兴建之外，其余两线始终处在探索、规划、论证之中。从调水意义而言，丹江口也只是一个半截子工程。

我们同时也可以感觉出，汉江丹江口工程在极端困难的年代上马，从某种意义上说，也是要为日后长江三峡工程积累经验，准备人才。事实上，丹江口大坝工程为后来长江上的第一个水利工程葛洲坝水利枢纽输送了大批专家，而葛洲坝工程又为其后20年上马的三峡工程培育出了一批足以担当世界最大水坝工程建设的专家和技术力量。由此，三峡大坝横空出世。

写到这里，我们应该、也可以把丹江口大坝视为三峡大坝的母坝！因此，所有的牺牲与奉献又有了别一种意义。

在21世纪，“四横三纵”的中国水资源格局将成为中国发展的强大保障，这时，我们来回忆“中国水”与一个领袖、“中国水”与一批中国水利专家、“中国水”与汉江丹江口工程之间的机缘，我们会深深感触：这一切原本都潜涵着一个民族命运的百年秘笈……

艰辛而漫长的《总规》之路

事实上，南水北调的整体工作从未停止过。1972年至1979年，水利部门一直在做东线工程的考察和规划。从1980年开始，东、中、西三线全面进入规划研究阶段。1987年9月，水电部对长办提出的《南水北调中线规划报告》进行初步审查。从这一年开始，围绕关于汉江能否给北方调145亿吨水的质疑，以及加坝调水还是不加坝调水，以及汉江中下游工程补偿问题，以及库区移民补偿偏低问题，以及东线工程先上马还是中线工程先上马的争论，以及资金筹措、调水运营机制和调水源头环境、生态、污染等等错综复杂的问题，在上至中央政府、国家计委、国家南水北调办公室、水利部、长江委（也称长办），下至东线、中线七省市（湖北、河南、河北、江苏、山东、北京、天津）各级政府，以及一大批国家水利、经济专家之间，展开了艰苦细致、科学民主的研究、争辩，再研究、再争辩，然后规划、论证、审查，再规划、再论证、再审查，几十次、上百次地轮回之后，直至形成长达百万言的《南水北调工程总体规划》（人们简称为《总规》），这一时间长达22年！

一届又一届的县长、市长、厅长、省长，一届又一届的处长、司长、部长、总理、总书记，一代又一代的专家、学者、权威……一个眼下和未来的“中国水”问题，不知成为多少中国人心中最沉重的话题。下面，我简述这个艰辛而漫长的历程——

1988年6月9日，国务院总理李鹏在审查南水北调工程报告时批示：“南水北调必须以解决京津华北用水为主要目标，按照谁受益谁投资的原则，由中央和地方共同负担。”

1990年5月29日至6月5日，国务院在北京组织召开长江委提出的《长江流域规划报告》审查会，南水北调被列入《规划》。会议期间，湖北省张怀念副省长发言提出，北方缺水，确需调水，问题是怎样调，什么时候调，要求调水前一定要按《水法》规定先期实施相应的补偿工程，如先建三峡工程，再从三峡调水到丹江或加高丹江口水库大坝增加蓄水量，汉江下游实施渠化工程等。若不采取补偿就先调水，带来的矛盾将难以解决，群众的思想工作难以做好，是不可取的。

中线调水对汉江中下游的影响第一次被坦率地提了出来。

1990年11月，长江水利委员会库区处分别到郧县、丹江口市、淅川等库区县市开展南水北调中线工程淹没实物指标调查，县（市）乡两级移民部门、有关县（市）直单位和乡镇抽调干部400余人，配合长委会开展工作。到次年1月调查结束，历时近两个月。

1991年4月，全国七届人大四次会议通过的《中华人民共和国国民经济和社会发展十年规划和第八个五年计划纲要》，正式列入南水北调工程项目，并确定于“八五”期间开工建设。

1992年，中共中央总书记江泽民在中国共产党第十四次代表大会上提出：“集中必要的力量，高质量高效率地建设一批重点骨干工程，抓紧长江三峡水利枢纽、南水北调、千万吨级钢铁基地、西煤东运新铁路通道等跨世纪特大工程的兴建。”

南水北调工程与其他几项大型建设列为中央议事日程。

1993年7月20日至23日，国家计划委员会、水利部在北京召开南水北调工程座谈会。国家计委陈耀邦副主任和水利部钮茂生部长主持了会议。国务院办公厅，中国国际工程咨询公司，中、东线有关七省市和长、淮、海、黄委四大流域机构、主管部门的负责人共70余人参加了会议。钮茂生部长提出：南水北调工程势在必行，中、东、西线工程不能相互代替，各有各的供水范围。根据整个情况，请大家研究先上哪个方案，有什么问题需要解决。总的精神是团结治水，有水的地方要多作贡献。

陈耀邦副主任在会议总结讲话时提出：必须认真、谨慎地做好南水北调决策的准备工作。中、东线有不同的供水范围，都是需要的，是不可相互代替的。水利工程不能搞效益搬家，南水北调工程要充分考虑水源区的利益。例如丹江口水库到底能调多少水，很重要的一条是要考虑到汉江中下游现有的用水和发展需要，同时也要考虑补偿措施，如汉江渠化梯级开发、两沙运河等工程。如果中线能调150亿立方米的水，对于解决京、津、冀、豫的缺水问题，确实是一个比较好的方案。但是丹江口水库到底能调多少水，现在还有不同的看法，还没有论证清楚，而这个问题又是决策的关键。近期要抓紧做好前期工作，做好移民的调查和规划，落实工程资金，尽快提出运行管理方案。

1993年10月28日至29日，陈耀邦和钮茂生到丹江口市考察，在听取湖北省副省长苏晓云汇报后，陈耀邦说:“这里，我主要讲三句话。第一句：事关大局，积极行动。华北缺水严重，已影响到工农业生产、城市生活，北方要求调水的呼声很高，丹江口大坝已做好了基础准备工作，长江委也提出了周密、细致的规划方案。上中线工程，已是人心所向，迫在眉睫，我们争取这项调水工程跨流域，但不跨世纪。丹江口水库如果不是南水北调的水源地，我们就不会考虑到湖北，因为全国有好多重点工程项目想上。湖北不搞南水北调工程，汉江流域只能维持现状，可能是一盘死棋。现在到湖北调水，国家必须向湖北重点倾斜。加高大坝后，汉江中下游防洪标准提高了，对各方都有好处，对湖北还是利大于弊，因为从现在的方案看，对湖北基本无影响，即使有影响，可以建梯级，修运河，还可以从三峡引水过来。有人担心忧虑，我看没有必要。移民问题大些。移民要奔小康，不能在新移民区又搞新的贫困区，再去扶贫，那样就是劳民伤财。我赞成移民一次性安置好。中线调水工程，各方的利益都要考虑。全国要一盘棋。中线是解决华北最好的方案，争取尽快报中央决策，早决策，早动工，早收益。第二句：周密筹划，尽早动工。从长江委和各有关省市已做的工作看，南水北调中线工程已到决策的时候了。要立即搞移民试点，上下都要支持这个工程，不要国家在这里试点，地方该搞的项目也不搞了。库区水土保持问题，跟农经司朱司长商量一下，可以列入重点支持的范围。第三句：团结协作，为民造福。中线工程的水源区和受水区要互相支持，团结协作，拧成一股绳，这样，再大的问题和困难都能解决。调出地区、调入地区都要照顾。从湖北调水，要研究解决湖北的问题，搞加法，不搞减法。”

钮茂生部长听取汇报后指出：“湖北省委、省政府对南水北调中线工程做了大量工作，态度是积极的，主动的，而且是负责的，提出的要求是合情合理的，水利部尽力支持。兴建这项工程，是利大于弊，对湖北来讲，也不例外。我们不会牺牲湖北的利益而保别人的利益，不能顾此失彼。南水北调中线工程是人心所向，势在必行。现在的形势是国务院催我们，各有关省、市催我们。中线工程不是上不上的问题，而是抓紧时间争取早上的问题。”

1995 年 6 月 6 日，国务院召开了第 71 次总理办公会，专题研究南水北调问题。会议认为：南水北调是一项跨世纪的重大工程，一定要慎重研究，充分论证，科学决策。主要供水目标是京、津、华北地区。

同年 11 月 22 日至 24 日，南水北调工程论证委员会在北京召开南水北调工程论证工作第一次会议。国务院、有关部委和有关省（市）负责人，南水北调工程论证委员会成员，顾问组成员，专家组成员及有关论证工作人员，长江水利委员会、黄河水利委员会、淮河水利委员会、海河水利委员会及有关勘测设计单位，共 210 位代表参加了会议。

1996 年，国务院批准成立南水北调工程审查委员会，副总理邹家华任主任，姜春云、陈俊生、钱正英任副主任，委员共 89 人，南水北调工程进入审查阶段。这年 3 月 29 日至 31 日，审查委员会在北京召开第一次会议。

1997 年 3 月，经国务院批准，南水北调审查委员会在北京召开第二次全体会议，邹家华、陈俊生、钱正英以及国家计委、水利部等有关部委负责人、多学科专家 100 多人参加了会议。会议取得了一些积极成果，在重大问题上取得了共识：建设南水北调工程是必要的；经过长期的酝酿和论证，南水北调目前形成东线、中线和西线

南水北调江苏三阳河、潼河、宝应站工程开工典礼现场。（孙参/摄，图片来源：新华社）

南水北调济平干渠工程开工典礼现场。（吴增祥/摄，图片来源：新华社）

三项工程，这三项工程的共同目标都是解决北方地区的缺水问题，但各项工程所处的地理位置不同，有各自的合理供水范围，不能相互代替，根据国家财力的可能和经济发展的需要，按照中、东、西顺序来组织实施；赞同中线工程加坝调水145亿立方米方案作为中线工程的实施方案……

1998年2月，南水北调工程进行第三次审查后工作告一段落，但国家计委上报的审查报告国务院没有批准。

1999年6月，江泽民总书记在黄河治理开发工作座谈会上指出："为从根本上缓解我国北方严重缺水的局面，兴建南水北调工程是必要的，要在科学调研、周密计划的基础上抓紧制定合理的、切实可行的方案。"温家宝副总理也多次向水利部新任部长汪恕诚询问南水北调的进展情况。

同年12月24日，汪恕诚听取了江、淮、黄、海四大流域机构的汇报，传达了中央领导关于加快南水北调工程前期工作步伐的指示，要求加快前期工作进程。

2000年3月，国家环保总局组织对中线工程及沿线环境保护情况进行现场调研。

2000年9月6日、27日，国务院召开专题办公会，朱镕基总理、温家宝副总理分别听取了水利部关于南水北调工程总体规划要点的汇报，并作了重要讲话。概括起来是：

一、南水北调工程已摆上了国务院领导的议事日程。水利部在汇报会上讲到"南水北调工程不能再久拖不决，东线的应急工程和中线工程都应在'十五'期间开工建设"时，朱总理插话强调："要加紧南水北调工程的前期工作，尽早开工建设。"

温副总理在讲话中指出，南水北调工程酝酿了很长时间，最近，党中央、国务院把它提到了议事日程上，中央的决心很大，因此在建议稿中加了"加紧"和"尽早"这四个字，这是中央反复讨论后加的，因为这件事情很迫切，地方要求十分迫切，特别是北方用水地区。

二、中央领导同志十分关心汉江中下游的生态及库区移民问题。朱镕基强调：务必做到先节水后调水、先治污后通水、先环保后用水。南水北调工程的规划和实施要建立在节水、治污和生态环境保护的基础上。特别是对于调出水的地区，要充分注意调水对其生态环境的影响，一定要在周密考虑生态环境保护的条件下，才能实施调水工程。

温家宝在讲话中强调：生态问题还要论证，不能讲得太满。特别是中线的生态问题。东线生态问题还不是很大，西线还提不到议事日程。中线对汉江地区的气候、生态都有什么影响，还要论证。他还说：移民是个难题。丹江口水库移民27万人的数字不小。现在不光要考虑现有人口，还要考虑其子孙怎么办。移民问题经常论证的只是现在人口解决了没有，而没有论证子孙后代解决了没有。移民问题要论证子孙后代问题，也就是要有基本生产资料。

三、中线工程实施方案有了较大的调整。1998年2月第三次审查委员会审定的规模是：加坝调水145亿立方米，最终调水220亿至230亿立方米。水利部汇报时提出，中线工程多年平均调水宜为130亿至140亿立方米，推荐在丹江口水库大坝加高的基础上，对中线工程分两期建设，逐步扩大调水规模的方案。

国家计委、中国国际工程咨询公司负责人在汇报会上发了言，钱正英、张光斗等知名专家也发表了自己的看法和意见。

这是一个接近最终方案的方案！

这是一个凝聚了无数人智慧和心血的方案！

这次会议上，朱镕基关于“先节水、后调水，先治污、后通水，先环保、后用水”的重要讲话，随即在《人民日报》见报，并配发了评论员文章。

总理专题办公会之后不久，水利部副部长、国务院南水北调办公室主任张基尧即到中线工程沿线作实地考察。10月24日，张基尧一行到达丹江口市。在与湖北省就中线工程有关问题进行座谈后，他发表了语重心长的讲话。他的讲话很长，我这里节录一段。

他说:《人民日报》的评论员文章是朱总理逐字逐句修改的，一些陆续见报的专家意见也得到了朱总理的首肯。朱总理强调指出，南水北调工程的实施势在必行，但各项前期工作一定要做好，关键在于搞好总体规划。

张基尧还说：南水北调工作目前面临着前所未有的大好时机。党中央、国务院十分重视南水北调工作，江泽民同志和中央其他领导同志对南水北调问题多次作过重要指示。十五届五中全会通过的《中共中央关于制定国民经济和社会发展第十个五年计划的建议》强调，要加紧南水北调工程的前期工作，尽快开工建设。经过几十年的前期工作，南水北调工程已经具有一定的技术基础，大部分工程技术问题已经解决。改革开放20多年来，特别是“九五”计划以来，我国的综合国力有了很大提高，已经具备了建设南水北调工程的经济技术和社会条件。目前，水利部与各方面的意见已趋一致。所以各方面应该求大同、存小异，共同努力把中线工程尽早促上去。时不我待，错过了这个大好时机，中线工程何日能上马，就不好说了……

2000 年 12 月，国家计委、水利部在京联合召开南水北调工程前期工作座谈会。会议根据中央十五届五中全会精神和朱镕基总理指示，按照中线工程 2002 年开工建设、2010 年通水到北京的工作目标，安排了各项前期工作任务。

水利部部长汪恕诚在大会发言中讲了三个问题。一是实施远距离跨流域调水是 21 世纪中国水利一大特点；二是南水北调工程是最大的水资源配置工程，应成为调水工程成功的典范；三是要求齐心协力，紧密配合，力争南水北调早日开工建设。汪恕诚强调：尽快开工建设就是大局。各省市既是南水北调工程的受益者，更是工程的主人，一定要顾全大局……

2001 年 9 月，温家宝副总理在考察南水北调东线工程时强调：实施南水北调，节水是前提。目前北方地区一方面水资源紧缺，另一方面浪费水的现象十分严重。因此，在调水前必须首先抓好节约用水，这是一个根本性的措施。调水的规划要立足于节水，只有节水才能少调水，避免和减少投资浪费及水资源浪费。如果不搞节水，无节制地敞开用水，就是建成了南水北调工程，也解决不了北方用水紧张的问题，反而会助长浪费水的不良行为。要强化全民节水的观念，采取各种有力措施，推动工业节水、农业节水、生活节水，在节水的基础上科学调水。

温副总理说：搞好南水北调，治污是关键。南水北调东线工程要经过现有河湖引水到北方，而目前这些河湖水污染状况比较严重。能否解决好污染的防治问题，关系南水北调工程的成败。人们对东线工程的担心，主要是对治污不放心。治污搞不好，长江水引到北京都成了污水，这个工程就失败了！调水沿线地区要把南水北调工程作为一个契机，高度重视并切实担负起水污染防治工作的责任，加大工作力度，减少污染排放。要像治污规划中提出的那样，把调水工程建成一条清水廊道，保证调到北方的水质良好，符合饮用水标准。

温副总理又说：保护生态是南水北调的重要目标。南水北调必须统筹兼顾，规划设计不仅要考虑北方地区用水的需要，也要考虑对南方调水地区的生态影响。东线调水要考虑对长江口的影响，中线调水要考虑对汉江中下游的影响，以利于保持生态平衡。同时，要搞好调水工程沿线的绿化，不仅要建成清水廊道，还要建成绿色廊道，使这个工程真正成为造福北方干旱地区人民，也造福沿线地区人民的生态建设工程。

温副总理还说：水资源有两种属性，一种是自然属性，一种是商品属性。建设水利工程，利用水资源为人类服务，必须按自然规律办事。人类改造自然，首先要认识自然，遵循自然规律，利用自然为人类服务，但绝不能违背自然规律。恩格斯说过："我们不要过分陶醉于我们对自然界的胜利。对于每一次这样的胜利，自然界都报复了我们。"如果说在水资源问题上尊重自然规律我们有了一定的认识，那么在尊重价值规律方面的认识上还有很大的差距。过去我们只把水作为自然资源，对水的商品属性认识不足，用水往往是免费或价格太低，因而存在大量的浪费水现象。我国人均水资源少，北方地区就更紧缺。最稀缺的东西价格却最低，这是违背价值规律的。粮食、能源、水三大战略资源，对一个国家来说至关重要。粮食、能源不足还可以进口，而水却不能靠进口来解决，因而水是最珍贵的。解决水资源的问题，关键要按价值规律办事，建立符合市场经济规律的水价机制。要做细致的工作，要转变用水观念，确实把水作为一种商品，用水必须付费。排污是一种消费，也必须付费。要实行基本生活用水和享受型用水的不同价格。定额管理，超额累进加价。对洗车业、桑拿浴等高消费的用水实行高水价。这样既可以保证一般群众的基本生活，又能对高耗水加以限制。居民要把用水消费同购买其他商品一样，列入生活开支。排污也是一种消费行为，同样要支付费用。建立这种新的机制，就能使用水和排污成为居民的重要消费支出，从而促进供水和治污产业的发展。

……

为了"中国水"，一个共和国的副总理已经无数次地苦口婆心！

2002年是中国水利史上最不平凡、也最难忘怀的一年——

这一年的5月8日至9日，温家宝副总理一行17人抵达丹江口市，在对库区丹江口市、郧县以及引水渠首陶岔考察完毕之后，温副总理发表了重要讲话。他说：第一，一定要充分认识南水北调工程的重大战略意义。第二，搞好移民安置是南水北调中线工程成功的前提，也是一项艰巨的任务。第三，搞好生态建设和环境保护，确保丹江口水库永远是一库清水，这不仅是湖北省的任务，而且也是汉江上游有关各省的共同任务。第四，要重视汉江中下游的生态保护，实现南北双赢。第五，要借南水北调工程之机，促进汉江中下游以至湖北经济的发展。温副总理最后说："我继续做这个文章，你们也要继续做这个文章。"

是年 6 月，水利部在北京召开南水北调中线工程项目建议书审查会。

7 月，国家环保总局以急件形式向水利部发出关于加强南水北调（中线、东线）工程环境影响评价管理工作的函件。函件中对中线工程上游水源区与丹江口库区水环境与生态环境影响分析与预测，对工程输水线路布局与施工方式、减少沿线城市污染、保护基本农田，对丹江口库区移民环境容量不足、应以外迁为主后靠为辅，对中线工程给汉江中下游环境影响与配套建设项目的评价等等，提出了九条意见。

8 月 1 日，国家计委、水利部在京联合召开南水北调工程筹资与改革水价工作座谈会。国家计委投资司、农经司、地区司、价格司，水利部办公厅、规计司、经调司、水规总院、调水局，北京、天津、河北、河南、江苏、山东、湖北七省市计委、

2002 年 12 月 27 日，巨型铲挖机在江苏扬州宝应县的南水北调东线工程潼河工地上投入施工。（孙参 / 摄，图片来源：新华社）

水利厅和物价局的负责人参加了会议。会议重点是研究提高水价、促进节水和建立南水北调工程建设基金等问题。国家计委主任曾培炎在座谈会上讲话说：南水北调前期工作基本完成，国家计委和水利部已基本形成共识，现在需要加快立项工作。整个南水北调工程还有一些问题尚需要以后甚至是建设阶段研究解决。当前国家计委打算将拟开工的三个项目按基建程序报国务院审批。今年在国务院通过总体规划的基础上，中线的丹江口大坝加高工程无论如何要开工，争取用九年时间完成中线和东线工程。

8 月 23 日，朱镕基总理主持召开国务院第 137 次办公会，听取南水北调工程总体规划的汇报，会议审议并通过总体规划。

10 月 9 日，朱镕基总理主持召开国务院第 144 次总理办公会，批准了丹江口大坝加高工程的立项申请。

10 月 10 日，江泽民总书记主持召开中共中央政治局常务委员会会议，审议并通过了经国务院同意的《南水北调工程总体规划》。

12 月 23 日，国务院正式批复《南水北调工程总体规划》。

12 月 27 日，南水北调工程开工典礼在北京人民大会堂举行。朱镕基总理宣布南水北调工程开工！

从毛泽东 1952 年在黄河边生发出“北方向南方借点水”的想法，到 2002 年 12 月朱镕基在人民大会堂宣布南水北调工程开工，一个长达整整 50 年的关于“中国水”的梦想，终于尘埃落定！

（选自北京十月文艺出版社《大江北去》，2007 年 10 月出版，作者：梅洁）

国家行动：三峡大移民

自 1992 年 4 月 3 日七届全国人大五次会议上那一庄严的表决之后，历经十余年的移民工作伴着三峡工程建设的进度迅速展开。2003 年，三峡工程将下闸蓄水、永久性航闸通航，并实现首批机组并网发电，因此国家要求 2002 年 12 月 31 日前完成 135 米淹没水位线以下的移民全部搬迁任务和库区清理工作。在这之后的几年里，库区还将进行 175 米淹没水位线以下的移民工作。三峡百万移民堪称“世界级难题”，这一伟大壮举震撼世界，是中华民族史上特殊的“国家行动”。

三峡工程开工

1992 年 4 月 3 日，对于许多人来说也许是个没有什么特殊意义的日子，但对居住在万里长江上至四川江津（后改属重庆市），下至湖北宜昌的全长 662.9 公里一带的千百万人来说，可是一个惊天动地的日子。因为这一天，在北京人民大会堂召开的七届全国人大五次会议通过了《关于兴建长江三峡工程的决议》。

在中国全国人民代表大会的历史上，还从未有过像三峡工程这样引人注目的表决，因为它太激动人心了，同时又争论得太激烈了。

人民大会堂的会议大厅里爆发出了雷鸣般的掌声——《关于兴建长江三峡工程的决议》以 1 767 票赞成、177 票反对、664 票弃权、25 人未按按钮的结果，获得通过了！

那场面太令人难忘和激动了！无论是主席台还是大厅的普通坐席上，许多人相互击掌庆祝，有的紧紧拥抱在一起，有的在兴奋地抹着泪水。梦想 70 多年，调查 50 余载，论证 40 个春秋，争论 30 个冬夏，三峡长梦终于成真。

作为那次“两会”的历史性见证人之一，我同样感到激动，但也同样有种感觉：我们的那些决策者中间有相当数量的人仍在担心三峡工程可能带来的种种问题。这些问题，外界都猜想可能是工程技术方面的，其实恰恰相反。三峡工程的技术问题，对我们这样一个水利大国和修建水电站非常在行的国家来说，已经不是什么大的问题了。因为在这之前，三峡大坝的不远处，中国建起了另一座大水电站——葛洲坝。由于葛洲坝的坝址地形、地势、河流等因素远复杂于三峡坝址，加上葛洲坝本身也是一座重量级大坝水电站，早在中央决定建设葛洲坝时就提出了要将它作为三峡工程的“实战准备”。所以，业内人士早有定论：既然我们能建葛洲坝，三峡大坝就不在话下。专家们包括那些社会学家们甚至有相当多的政治家们更担心的是移民问题，一百多万人要搬出自己祖祖辈辈的家园，到陌生的地方去生存，这谈何容易！更何况，伴随这一百多万人的还有那些城市、乡镇，那些工矿企业、学校、医院……那些你想都想不到的其他！

今天的移民，移的单单是一个活脱脱的人吗？不是。今天的移民，移的其实是堆积成的物质大山，移的是望不到尾的精神列车，移的是见不着底的欲望之海，还有思想、愿望和扯不断的顾虑与怀旧情结……

百万三峡移民因此被称为“世界级难题”。

“万众一心，不怕困难，艰苦奋斗，务求必胜！”1994年金秋时节，江泽民总书记再次来到三峡库区，面对滚滚东去的长江，他以深情和期待的目光，向百万三峡移民发出总动员。

12月14日，李鹏总理在三斗坪坝址工地上，按动了三峡工程正式开工的电钮——世界再次以敬佩的目光注视着中国的伟大征战！而当代中国人以充满自信的气概破解“世界级难题”的壮举也全面拉开帷幕……

一个直辖市的诞生

外界也许并不清楚，假如不是三峡移民，中国不会出现第四个直辖市。

重庆人太幸运了！重庆人得感谢三峡，重庆人更得感谢三峡移民。重庆是三峡移民最多的一个市（占移民总数的80%以上，接近100万），重庆又是为三峡移民付出代价最为沉重的城市。

重庆的命运连着移民。重庆的今天和未来与新一次的伟大移民连在一起，那便是百万三峡移民。

在重庆市“直辖”之前，大家都知道“天府之国”的四川省乃中国第一大省，大到其人口最多时达1.119亿，是英国和法国的总和。在西方世界看来，这是不可思议的事。60亿的全球人口，光中国四川一省就达1亿之巨，这在中外行政区划史上恐怕也是独一无二的。

四川省需要“分解”。然而，习惯了“多子多孙”和“天大地大权力大”等传统理念的中国人，能接受这种“分家”吗？四川省的态度起关键作用，因为“分家”和“分权”带来的复杂问题，如果没有主要当事者的配合，一切后果都可能是“捣糨糊”。

时任四川省省委书记谢世杰和省长肖秧同志，为重庆成为直辖市作出了不可磨灭的功绩。如果没有这两位当家人的宽阔胸怀，重庆也许到现在还尚未“成家立业”。

江总书记、李总理：

你们好！

十四大以来，四川在党中央、国务院的正确领导下，经过广大干部和群众的努力，无论经济建设、社会文明、民主法制，各个方面都有了明显的进步。在工作实践中，我们深深体会到中央路线、方针、政策的正确，同时也感受到你们对四川的关怀和帮助，这是四川进步的根本原因。每念及此，无不万分感激，决心竭尽全力，奋发图强，不负重任。

由于四川地广人多，历史上由四川、西康两省和重庆市合并而成，大体相当日本的人口，要全面深入、及时了解情况，掌握进度，实属不易。加之四川是一个多民族的地区，经济、社会以及地理差异极大，很不平衡，就在西昌卫星发射基地，还存在母系社会。尽管我们随时想努力把中央各项指示更好地加以贯彻，但时有顾此失彼，力不从心，忙不过来。我们思考再三，建议中央将四川省一分为二：四川省和重庆市，改重庆市为直辖市，将三峡库区的涪陵、黔江、万县、达县四个地市划入重庆。新四川约八千万人口，新重庆约三千万人口。这样做的好处是，可以避免一个省过于庞大，过于复杂，新的四川可以着重支持四川西部少数民族地区的发展；新的重庆可以担负四川东部三峡库区的移民。就整体而言，对于加强四川的全面发展，是有好处的。同时还可以在新成立的重庆市，探索适应社会主义市场经济体制的政府机构的改革和城乡结合的新路子，作为中央的试验区。以上设想，妥否，请指示。

再次问好！

谢世杰　肖　秧

1995 年 12 月 9 日

这是一封我们党和政府高级领导之间的信件，但同时又是一个地方党组织和一级政府向党中央、国务院的一份请示报告。它是重庆成为直辖市的第一份正式的历史文字材料，极其珍贵。由于谢世杰、肖秧两人的推动，加快了重庆成为直辖市的步伐。

重庆人应该向这两位领导人致敬，尤其应该记住积劳成疾而不幸早逝的肖秧同志，他为重庆直辖市的设立，表现出了一个政治家的博大胸怀。

次年 9 月，党中央、国务院经过缜密考虑，正式决定设立重庆直辖市，除达县地区外，基本按照谢世杰、肖秧的建议，将原四川省的万县市、涪陵市和黔江地区划给重庆，加之重庆原先的 11 区 10 县（市），面积 8.2 万平方公里，人口超过 3 000 万。

一切均为水到渠成之事，只欠国家最高权力机构"通过"的东风了！

1997 年 2 月 19 日，中国人民的儿子、中国四个现代化的总设计师邓小平同志因病去世。在这一天，中国国务院做了一件特别巧合的事：把邓小平生前的最后一个心愿——设立重庆直辖市的议案提交到了全国人大常委会。

这个提案其实是李鹏总理给全国人大的一封信。

同年 3 月 14 日下午，第八届全国人民代表大会第五次会议闭幕式上，《关于设立重庆直辖市的决定》提交代表们表决。其结果是：出席代表 2 720 人，赞成 2 403 票，反对 148 票，弃权 133 票，未按表决器 36 人。

委员长宣布："通过！"

人民大会堂顿时爆发出雷鸣般的掌声，重庆的人大代表们从座位上站立起来，一个个激动得欢呼不已。

人大的表决是下午 3 点 55 分，而 4 时许的重庆市内已经鞭炮齐鸣，市晚霞秧歌队的20名老年秧歌队队员作为第一批欢呼的队伍走上了大街……重庆沸腾了！

这个日子是山城重庆的历史转折。

当市民们纵情欢呼的时候，新重庆市领导们则在接受一个艰巨而光荣的任务："实际上建立重庆直辖市，是以三峡库区移民为基础的，如果没有这个任务，就没有直辖市的产生，希望你们把移民工作放在很重要的位置上……"

挂牌那天，李鹏代表党中央和国务院神情严肃地再次向首届重庆直辖市领导们一字一句地说着上面这段话。

城市举迁烽火

如果不深入三峡库区，就不会知道真正的移民工作重点在哪儿。到了库区走一走，才知道移民的最大战役是在那些城镇的搬迁过程中。

据统计，三峡水库淹没线以下的县（市）城13个，建制镇或者场镇114个。湖北的秭归、巴东和兴山县城，重庆的巫山、奉节、万县、开县、丰都和云阳县城基本全淹，还有涪陵、忠县和长寿县城大部分淹没。这就是说，以上县（市）城内的居民都是移民对象。过去的街道、码头、工矿企业、商店、学校和医院等一切城市基础设施将随之搬迁。

没有比这更波澜壮阔、更激动人心的大搬迁了！我三下三峡，亲眼目睹了库区城市的建设与搬迁过程，那种场面只有身临其境，才会有情不自禁的冲动。

那一天与素有"中国诗城"之称的奉节县陈县长见面，正好是他刚刚从旧县城赶回来的路上。陈县长顾不得拍一拍身上的灰尘，颇为兴奋地指着身后如长龙般的车队对我说："每天我们要派出200辆的大卡车，从旧县城向新县城搬迁。这已经搬迁了三个月！估计还得用个把月，才能把旧县城的人和物全部搬迁到新城。"

三四个月！每天200辆大卡车！你见过这样的大搬迁吗？这不是一场波澜壮阔、激动人心的战争又是什么呢？

陈县长还告诉我一个数据："在过去的三年多时间里，由于新县城正在建设之中，居民们大部分仍住在旧城，学校先搬迁到了新县城，每天从老县城接孩子们到新县城上课的车辆就有50辆之多！"

我无法想象，在这样一个小小的县城，一个江边的小县城，在山体岩壁上盘旋着的公路上，每天要进行如此规模的如此长久的大搬迁，该是一种什么样的大战役？而作为战役指挥者的陈县长他们所要付出的心血和代价又是怎样的呢？

奉节是三峡库区全淹县城之一。奉节的淹没，对我这样的文化人来说，是个极大的痛苦。

正因为奉节文化底蕴的深厚，昭示百万三峡移民伟大工程的“三峡库区第一爆”选择在奉节县政府所在地永安镇。

“三峡库区第一爆”选择了四个标志性建筑：一是镇政府大楼，始建于1991年的六层钢筋水泥建筑，当初曾被一些媒体说成库区“著名的高级楼堂馆所”，它象征奉节的权力机构；二是县教委大楼，这座庄严大方的大楼，位于县城唯一的只有篮球场那么大的广场边，这座庄严大方的大楼，奉节人称之为“希望之楼”；还有城边的奉节火电厂和自来水厂这两个与当地居民生活息息相关的公益性建筑。

爆破的那一天，奉节县城的百姓心情异常复杂。

爆破时间定在2002年1月20日下午1时40分。

首先爆破的是那栋政府大楼。指挥者选择政府大楼为“第一爆”中的首爆，其用心显而易见。

上午10点，爆破点外方圆100米内的群众开始疏散。当地公安出动了300多名干警，后来又临时增加了几十名保安人员。但即使这样，仍然有不少群众不愿离开。特别是那些政府机关工作人员，他们尽管已经在10天之前就接到通知搬家，可似乎谁也不愿接受这一事实。六层高楼，在三峡库区的十几个老县城中，那是绝对一流的楼房，奉节人曾为它自豪。当地第一次进城的百姓，总是要看一看这座政府大楼。能把孩子送到那大楼里工作，是许多奉节人的梦想。

下午1点40分整。爆破指挥者按动了电钮，随着“轰隆”一声巨响，六层大楼顷刻间被夷为平地，21米高的政府大楼仅在两三秒间就变成了一堆瓦砾……与此同时，广场边的教委大楼也消失在人们视野之中。

2点25分。火电厂和水厂同时引爆，同样“温柔”地倒下。

据说“三峡库区第一爆”仅用了168公斤炸药，曾经让奉节人引以为豪的四大建筑就这样在瞬间永久地消失在大江边上。这回留给奉节人的只有无限的追思，没有半点诗意。但“第一爆”对三峡建设和移民工程的意义而言，比诗更浪漫、更动情。

“诗城”奉节真的要搬迁了！

奉节人为寻找一个理想的县城新址而苦苦奋斗了十余年。因为长江水利委员会的“绿皮书”告示：奉节在兴建三峡工程中，全县被未来上涨的库水淹没的有17个乡镇，97个村；县城属于全淹；与县城遥遥相望的白帝城将成为一座水中孤岛。

老城没了，新城该建何处？去过奉节的人一眼就能看到，奉节老县城紧贴长江，两岸尽是高山峡谷，无论逆江而上，还是顺水行舟，见不着哪儿还有一块比现在的奉节县城更平坦的贴江之地！更何况，新县城必须建在未来水库175米水位线之上。

奉节县的领导们把未来新县城的选择权交给了全县103万人民。民意的结果是：新县城应该“不脱离长江，不脱离历史文化背景，不脱离白帝城风景区”。这“三不脱离”代表了奉节的全部历史和优势，人民的意愿一点也没有错。

但何处寻找这“三不脱离”呢？已经有几届县领导为此伤透了脑筋。

最后，奉节人和有决定权的“长江委”总算有了一个双方妥协的方案——新城建在宝塔坪一带。这个方案的决定与全国人大将要通过的《关于兴建长江三峡工程的决议》有关，否则，有人估计还要“拉锯”十年八年。

1993年12月8日，奉节人在得到省建委的批文之后，立即投入了新城的正式开工。奉节人急啊，如不把新县城建好，一旦长江蓄水，整个老县城将淹在水中，那时几十万人上哪儿去？上山？山上咋个吃咋个睡？还是背井离乡搬到别人的地盘？那奉节还有没有了？即使后人答应，祖宗答应吗？

干哪！大干快上，早日建设起新城，奉节才会在整个三峡移民建设中不落伍！

然而奉节人万万没有想到，正当他们热火朝天地在宝塔坪建设之时，“长江委”的总地质师崔政权率领一批工程技术人员又一次来到奉节。他们在宝塔坪一带转悠了十余天，直转得奉节人心里发毛。最后果真麻烦又来了——

“我们现在正式告诉你们：把新县城建在宝塔坪是绝对的错误，至少新县城的中心不能是宝塔坪！原因只有一个：这里的地质条件地形条件都不具备。这是不可改变的铁的事实。”

事情闹到了省里和中央。

最后，大家一起坐下来议定。“既然奉节的情况特殊，那么我们也不能死抱着陈旧的思维方式。城市建设的最终目的是为了什么？三峡库区的城市建设又是为了什么？因此，建议大家要从这些着眼点来思考问题……”领导不愧高瞻远瞩，指点迷津。

在新的思路下，大家很快有了新的统一的认识：既然奉节地理特殊、情况特殊，那么新城的建设不一定非要找块找不到的集中地，那就根据可能，将奉节新县城建在既满足奉节人所希望的“三不脱离”范围，又不影响百年大计千年大计的符合科学和长远发展的地质条件好的地段。于是，地质条件好的朱衣—离老县城最近的莲花池—已经建设成一定规模的宝塔坪的“三点一线”的新奉节城思路，便这样被确定下来。

“谢谢领导的英明决策！”喜从悲来的奉节人紧握北京来的领导之手，感激之情溢于言表。

悬在奉节人心头十余年的新城建设方案终于可以使他们放开手脚大干了。1997年3月1日，作为奉节主城区的三马山小区正式动工兴建。此时距三峡工程大江截流仅有八个月，奉节人自知比库区兄弟县晚了三年，但他们没有因此气馁，而是奋起直追。2002年夏，当我来到奉节时，已经看到那犹如散落在长江边的珠子般的新城，绵延15公里，气势磅礴、独有一景，不由惊叹这奉节不愧是诗的故乡。

世界第一难

什么事最难？我们可以列出十个、百个，比如上大学难、生孩子难、找工作难、恩爱百年难……但到过三峡库区或者从事过移民工作的人才知道，千难万难，都难不过移民工作。深入三峡库区，到了移民第一线之后，我才真正明白为什么有人将三峡移民工作称为“世界级难题”。

外界人士之所以将它比作“世界级难题”，更多的也许是着眼于三峡移民的数量以及可能带来的种种社会问题。即使如此，这“难题”要冠上“世界级”也足够分量。但有一点，无论外国的专家还是政要，他们绝对不会理解和懂得中国的三峡移民工作还有许多远远超出他们想象的问题。那就是中国百姓特有的民情民风，而且不少还是过去一直被颂扬的美德呢！如对故土的爱恋、对土地的依赖，讲究亲情、注重家庭。然而所有这些却给移民工作带来了更大的困难，这样的国情只有中国人自己知道……

根据工程设计，三峡水库必须在 2009 年之前全部完工，在这之前的三峡工程建设有几个大阶段：1994 年正式施工，1997 年大江截流，2003 年第一次蓄水、首次发电及永久性船闸开通，2009 年大坝建成，发电机组全部安装完毕和全面发电。这是工程技术的进度表。百万移民是与之紧密相关的另一项工程，同时又是完全不同的人文工程。对任何一个水库来说，引水是它的终极目标。移民工程则不同，它虽然也必须有时间表，可它不可能有终极目标。移民之所以被称为“世界级难题”，其根本意义也在于此。

移民的时间表必须跟着工程建设的时间表走，然而它又必须有自己更超前的时间概念。历史上有多少教训已经让决策者吃过“水赶人走”的苦头。人必须远远地将水甩在后面，才是成功的水利工程，才是成功的移民事业。

可 17 年的三峡工程并没有给百万移民工作留下多少空隙时间。

移民外迁，家搬人走，是一夜间的事。

库区人民有些措手不及，至少心理准备远远不够。更何况，还有许多事情没有想通想透，结婚的日子是选在移民之前还是移民之后？生孩子是选在搬家之前还是等移民后再说？年轻人想的是这些。老人想得更多：儿子的婚事到底早办好还是等安好新家再办？死了后是埋在自己的故土还是到新的家乡去火葬？

时间已经一天比一天少了，你想好了得走，你没有想好也得走。三峡建设，国家决策，全民必须服从！舍小家，顾大家，当个移民很光荣！那些听起来像口号，可对库区百万移民来说，却又是实实在在的战斗动员令，又是紧紧张张的离家远迁的限时令。

不走不行。晚走也不行。赖着拖着更不行。

不行也得容我想一想嘛！你问为啥要容我想一想？因为我还有好多好多的事想不通，还有好多好多的事想跟政府说一说、算一算。

移民提出的理由和想法，比决策者和专家们考虑与谋划的要多出十倍百倍。

“倒计时”却并没有将这些问题和因素考虑在其中。

它，每天照样快速地走着自己的步伐。

一切的任务和问题，统统留给了我们的干部和移民们。

三峡工程决定了它必须是大量移民的伟大工程。

于是国家在这样不可更改的客观事实面前，开始考虑尽量少让淹没区的移民们背井离乡。中国人可以忍辱负重地生活在自己的土地上，那种对故土的恋情甚至超越任何一种人间的情感。“就近后靠”的思路正是鉴于上面的因素——完全是一个为民着想的思路。

然而三峡地区本是山高水险之地，可耕地面积人均不足一亩，三峡水库所淹没的正是老百姓们原先耕种的好地方，大片的沃土荡然无存，本就缺少耕地的库区更加无地可耕。土地是农民的命根子，没有土地的农民只能沦为孤苦的难民。难民多了，国家还能稳定？政权还能巩固？其实根据卫星航测，三峡库区可耕地面积至少达到1 000万亩，真正淹没的仅几十万亩。不过老百姓的担心也不是没有道理，因为可耕地面积和实耕地面积之转换需要一个漫长的过程，即一块山冈乱石坡，你要让它成为有粮可收的耕地，没有三五年恐怕难成现实。

迁！迁出库区！国家经过反复论证和思考，决定二期甚至三期的移民尽可能地外迁到他乡。

开始是在本县本市本省解决，后来本县本市本省也不好解决了，就决定迁移到其他省去。

选哪个省？自然首先想到了人口少土地多自然条件还比较好的黑龙江和新疆。

组织外迁移民吧！于是经过千动员万动员，总算组成了首批赴新疆的移民约两千余人，去黑龙江的也有几千人。

“新疆是个好地方，满地的葡萄香又香，还有那姑娘美如花……”巫山等地的两千多位移民，怀着美好的向往不远万里，到了新疆。果然不错，因为他们去的时候是8月，正是新疆最美的季节，姑娘也确实挺美。移民们感到特别新鲜，看惯了峡江的水和山，再看看新疆的天和云，真的让移民们心都开了花。

可是这两千余人不到第二年的开春时节，无一例外地回到了库区。怎么回事？不是好好的嘛！咋都回来了？

龟儿子，啥好嘛！回来的移民们拍着身上的寒气，说：那不是我们南方人待的地方！冷得出门撒尿冻成冰棍不说，我们一年四季干惯了活哪有闲得着的时间，可新疆倒好，一整个秋冬全都窝在炕上连个家门都不出，那日子老子没法过！

原来如此。

黑龙江方面情况基本一样。

试点省（区）的三峡移民全军覆没。

怎么办？往哪儿迁移才能“走得出，稳得住，逐步能致富”？

国家面前又出现了难题。

既然三峡工程是利于全国人民的事，那些因三峡工程而得益的长江中下游省市在安置三峡移民方面理当作贡献。对，长江中下游省市又都是经济比较发达的地方，安置一定数量的移民应该不成问题。三峡移民到了那些地方，日后发展和稳定相对都会好多了！

这个方案可行！中央领导圈定此举为上策。

这么着，列出了上海、江苏、浙江、福建、广东、江西、安徽、湖南、湖北、山东、四川还包括重庆市未淹没区这些自然条件相对好、经济比较发达、三峡工程建成后得益多的11个省市，安置三峡外迁移民任务。另一方面，是在1992年第一次对口支援三峡工程移民工作会议上，中央发出了对口省市向三峡库区支援建设的通知。

后者收获多多，各省市特别是江苏、上海、广东、浙江等省市，经济发达，大量资金无偿给了三峡人民。今天我们到库区走一走，你所看到的最好的建筑，几乎都是用上了兄弟省市支援的部分资金。至2001年年底，全国对口支援三峡的资金达100多亿元，充分体现了社会主义大家庭的温暖和情谊。

不过说起安置移民则碰上了另一些难题。某省一听说他们也有六七千名三峡移民指标，觉得“多一事还不如少一事”，笑眯眯地跟上级和三峡库区的同志商量：要不你们也别把移民送过来了，我们按每个移民几万元钱给你们，人嘛还是留在三峡算啦！

不行！中央说话了。移民外迁就是为了解决将来三峡水库的人口压力，平衡地区发展和环境问题，这是百年大计、千年大计的事。

好好，中央说了算，我们坚决听从中央的安排。不过，既然要让我们安排移民，那就得有安置费吧？

这个自然。

别以为国家就那么容易，其实“大家”办事跟“小家”做事形式上有许多相似之处。兄弟姐妹之间要讲究平衡，儿女之间也不能偏心眼，该重该轻，都得有技巧和尺度。

比如上面说到的计划生育政策，比如有的省市为了安置好移民不惜拿出最热情的态度和本钱盖“小洋房”安闭路电视啥的。这或冷或热的做法，看起来不是什么大事，但对百万移民们来说，情况就大不相同。为啥别的省市的移民能住“小洋房”而我们住不上等等问题，你让国家怎么个回答？

不回答也不行。老百姓逼急了，敢到北京来上访。

国家还得出面协调、解决。对一些重要的问题还得用规定、条例，甚至是法律来确立。但法也是人制定的，时间往往是这些法的掘墓人。

就拿对移民的淹没财物和生产资料的补偿来说，国家有多难，只有知道内情的人才明白。先是确定不下工程上马时间，再就是630公里长近1 000平方公里面积上，大到一个几万人的工厂，小到农民宅前宅后的几棵小树，你都得一一登记实测，仔细丈量。老百姓可不会让你粗粗扫一遍便完事了，假如你稍稍马虎将皮尺斜放了一下，他可瞅得清清楚楚。仅这淹没地的实物和土地统计测量，国家花的钱不说，几千人的队伍整整干了两年多。

你以为这就完事啦？非也。事实证明，无论当时担任这一重要工作的长江水利委员会的技术人员们是怎样地细心和负责任，漏报虚报假报的还是有不少。错的可以改，漏掉的可以补，但有一点则无法修修改改，那就是移民们和淹没区域内的实物补偿到底以什么时间为准这一点是修改不得的。你说《关于兴建长江三峡工程的决议》通过的那一日截止？之前的可补，之后的就没有补的了？那好，几千人的实物测量和统计队伍能在哪一天之内将全库区1 000平方公里上百万人的食居宿行全部统一吗？你能保证哪一天内没有十家八家的农民在盖新房？能保证哪一天内没有三五十个产妇要生孩子？能保证哪一天百个十个新门面开张，十个百个老企业关门倒闭？谁都没有那本事！难啊！可不断定哪一天作为实物统计的截止日子，你三峡工程预算这一块还能出得来吗？三峡大坝什么时候建得起来呀？

不行。绝对不行。

于是国家以1992年4月3日（全国人大通过决议）这一天为杠杠画出了一条截止线，即你在这一天之前经长江水利委员会统一登记在册的房子将来在确定你为移民时就可以得到国家的补偿，在这之后盖的房子就不会得到补偿。当然这里面还考虑了当时国家认为比较合理的因素，如你虽然在1992年4月3日之前没有把房子盖起来，但你已经办了相应的建房手续，那么长江水利委员会也给你登记在册，以后的补偿同样能够得到。人口方面的问题更复杂，当时国家虽然也考虑了认为比较合理的因素，但具体的情况要远比决策者考虑到的可能出现的因素复杂得多。

三峡移民工作中最难做的大概要算这方面的事了。比如关于房子问题，老百姓对此最为敏感，也最为较真。其实换了谁也都一样。举例：某村的张三，他在1992年4月3日前确实只有三间房，但他的儿子要结婚是早先定了的事。结婚时间定在这年“五一”节，因为当时张三家里经济有些困难，还有一些材料未备好，所以长江水利委员会来统计房子时他家既没将新房子盖起来，也没有来得及到有关部门去办相应的手续。可后来为了“五一”节能办喜事，张三动员了亲戚和村上的力量，赶着用十几天时间就把房子盖好了，儿子的喜事也办了。这事村上的人都还记得。后来移民的任务下达时，张三全家都是要搬迁的移民，结果在办理房屋补偿时，他在这年“五一”节前盖的另外三间房子根本不在册，所以也就没有补偿。张三为此大为不满，说干部不向着他，在搞腐败——张三指的是一名村干部比他房子盖得晚，却拿到了补偿费。其实那干部的情况是这样的：我们暂且叫那干部老林吧——老林是个明白人，当时他确实还没有把房子盖起来，材料还备得不足，可人家聪明呀，一听长江委员会派人来实测统计淹没生产资料情况，他便赶紧到有关部门办理了建房的手续，啥子建房批件，样样齐全。长江水利委员会的技术人员一看：没错，老林的预建房可以登记入册。老林的房子在张三盖房子半年后才动工兴建。几年后办理三峡移民房屋补偿时，老林也顺顺当当地领到了几万元房屋补偿费。老林对此理直气壮，说我根本不是啥子腐败，我吃的是三峡移民政策补偿费。

某村的菊花与兰花是同年出生的一对好姐妹，从小一起长大的情谊使她们在嫁人时选择了同一村，而且结婚日子也是同一天。后来，她们的小宝宝也在同一年出生。可在三峡移民时，菊花家的孩子是有名分的小移民，也按照规定领到了几万元的安置补偿费，但兰花家的孩子却没有领到，因为孩子不是在册小移民——尽管孩子也必须跟着父母搬迁走人。原来，在当时长江水利委员会来村上登记户口时，菊花正好在家，又上医院做了B超，让乡计生委的干部出具了生育证明，于是菊花家成了事实上的三口之家。可那时，兰花随丈夫一起南下打工去了，虽然也接到了家里来信，可就是没有到医院检查身体，其实那时兰花也已怀上了孩子，就因为当时的“大意”，结果几年后吃了大亏。

像移民兰花和张三这样的“具体情况”提出来，你政府和干部回答得了吗？移民们够实事求是的，可你政府和政策能简单按此“具体情况具体办”吗？不能，至少非常困难。

难题因此增加！难题的难度也因此增加！

我们的政府是人民的政府，当然不能在人民和百姓面前这样说话，可实际工作中确实有许许多多的难题连国家和政府都非常为难。

三峡移民问题上，国家就处在这种境地。

百万移民本无先例，今天的移民又与过去年代不一样。市场经济条件下，百姓也知道讲价钱——讲价钱本身并没有错，更何况三峡移民是非自愿移民，什么样的问题都随时可能出现，即便是当初认为最合理最科学的政策，几年后却会发现完全行不通。

然而三峡大坝已一天比一天高矗而起，大坝下闸后，长江之水也将一天比一天涨起，移民必须在规定的时间里搬迁。这是建设工程的必需，这是中国历史的必需，这还是不可抗拒的华夏民族命运的必需！

在一项决定民族未来和社会发展的伟大工程面前，在人与水的较量过程中，人有时必须退却，必须让步，必须离开你那热恋的故土与家园……

三峡移民就是这样艰难与不易、光荣而伟大。

书记使神招

可以说，认识刘敬安，也就使我认识了三峡库区的移民形象和党的干部形象。

这位从当地一个叫中弯村的小山村走出来的农村青年，从他成人起就有了一个改变家乡落后面貌的强烈愿望。他用十几年时间实现了自己的这种愿望。当过生产大队支部书记，1987 年就以优异的综合成绩考取了乡镇级干部，22 岁时开始当书记，一直当到现在。年轻的“刘书记”在百姓中威望很高，这与他能力有关，也与他同农民的天然感情有关。他告诉我，在他第一次出任乡党委书记时，仅用半年时间就改变了当地祖祖辈辈因为交通不便而无法走出大山的穷困落后面貌。

2001 年 2 月，他从区委书记的岗位上抽调到一个移民大镇当镇党委书记。从表面上看，他由过去统管六乡一镇的一个区委调到一个镇上工作，任务轻了不少，可实际上用他自己的话说是“官小了，担子重了”。当时他面临全镇5 000个移民有4 000人不愿走的局面。

三峡移民不像修路那样直接让百姓们可以看到对自己有那么多实惠，相反，更多的是需要他们作出牺牲，不仅是物质的，还有精神方面的。刘敬安和千千万万个从事移民工作的干部一样，他们面临的不是群众的拥护和欢迎，而是冷淡和抵触，有时甚至还是非常激烈的对抗。

“智慧书记”刘敬安还能不能在这种局面下应付自如，神算出奇？

刚刚上任的新书记刘敬安，正在主持党委会议，突然听到会议室外面吵吵嚷嚷，而且有人在大声冲他说话：

“新来的书记快出来！你躲躲闪闪算咋回事？”

“哼，听说他还是个要提拔的年轻干部。呸，我们坚决不同意！”

“对，姓刘的，不解决我们的问题，你就别想在咱镇上待下去！”

“出来！出来呀！”

“……”

“不像话，刘书记刚来，你们也不放过！”会议上，有人站起来要去给刘敬安讲几句公道话。

“别别，还是我去。”刘敬安一边宣布“暂时休会”，一面夹起笔记本往外走。

“喂喂，就是这个人，他来了！”移民见刘敬安出现在他们面前，便窃窃私语起来。

好嘛，黑压压的一大片，足有两百来个“上访”移民！再瞧瞧他们的表情，个个怒气冲冲，火冒三丈。刘敬安见此情景，一脸笑容，然后不慌不忙地动手给移民们倒开水，招呼大家能坐的就坐下，能找个地方靠一靠的就靠一靠。

“看看，这个人还蛮会来事嘛！”

“啥子蛮会来事？看他能不能解决我们的事才是真的！”

人群里议论声不小。

“你是刘书记吧？我们想问你：你们这些当官的，还管不管我们的事了？光说让我们搬迁搬迁，就是不办正事。今天我们来找你，就一句话：如果满足不了我们的要求，就别想让我们搬走一个！你这个书记也别想在我们移民身上捞一点点政治资本！”

有人出言不逊。随即几百双眼睛看着这位年轻的书记有何反应。

刘敬安脸上的笑容消失了。只见他静静地转过身，开口道：“同志们，父老乡亲们，刚才听到你们讲的话，我确实非常激动，心头真的难以平静。但细细一想，是你们说得对，如果我们当干部的，不能满足大伙的要求，又硬逼着你们移民搬迁，还想通过牺牲你们的利益给自己捞取些政治资本，那确实会很招人恨的，换我当移民也会跟你们一个样的！不过我想，今天大伙百忙中丢下自己家的活跑到镇上来找我，我觉得大家还是信任我的，信任我们政府和党的，所以尽管你们说什么的都有，但我还是高兴多于不开心。我想你们肯定是想来解决问题的吧。既然是来解决问题的，那么我建议你们不要这么多人他一句你一句，弄得我也无法回答清楚。你们可以商量一下，把想解决的问题集中一下，然后派几个代表，我们再一起商讨，你们看如何？”

方才还吵得不亦乐乎的场面一下静了。

“对啊，人家刘书记讲得有道理嘛！咱是来解决问题的，吵架吵十天半月也不一定有啥子结果嘛！”

“派代表吧。瞧这书记年纪轻轻，还真有两下子嘛！”

“就是，要不怎么到咱这个移民大镇来嘛！”

有人对刘敬安开始产生好感。

“刘书记，不是我们不响应国家的号召，可既然让我们搬迁到他乡，有些事我们认为有必要弄弄清楚再走也不过分吧！你说我们村一走就是五百多人，不能说走就走，村上的集体建设从解放到现在已经几十年了，改革开放后的村级管理也有一二十年了，过去大伙对村级财务一直有意见，主要是干部不公开，现在我们人都要走了，该不该公开呀？这是其一。其二，村上有个村办企业，既然是全村百姓集体所有，那该不该在我们走之前对它的财产进行一下评估，对以后所产生的经济效益有个说法？第三个问题是，过去村上搞了集体互助性质的这‘基金’那‘基金’，现在我们人要走，总该把这些基金分拆分拆好让我们带走啊！再有，解放到现在几十年来村上修了路，建了小水电站等等，我们人走了带不动它们，也不再享用得着了，也该补偿我们一些现金吧？我们提的这些要求该不该满足呀？刘书记你说句公道话！”

听完移民们反映的问题，刘敬安心头久久不能平静：是啊，移民问题真的太复杂了，有些是政策和法规上无法考虑到的，可移民们反映的那些事情多少是有些道理的，即使是他们对一些公益设施提出的要求有些过分，也应该说都在情理之中，因为这不仅说明移民们想得到某些利益补偿，同时还应当充分看到他们对集体事业、对家乡一草一木所怀有的那份同样不可割舍的感情！

“同志们，乡亲们，刚才大家反映的问题，有的是政策上有明文规定的，有的则是没有说明白的。但我总的感觉，你们提的意见多数是完全合理的，因此我个人认为政府和组织也是应该满足大家的。说实话，今天我从内心感谢大家，因为你们给我给我们所有移民干部上了一堂生动和实实在在的课。有人说我们镇上多数移民不愿走，为啥不愿走？我看就是因为我们干部的工作还没有落到移民们所想所求上，有些实际的具体的问题没有很好地得到答复，得到满足，得到一个公平合理的结果！就凭这一点，我应该好好谢谢你们，我给你们鞠一躬！”刘敬安书记说完这番话，向两百多位兴隆村的移民深深地弯下腰。而这一刻，让所有在场的移民感动了。

“刘书记，你说到我们心坎上了！”群众纷纷说话。

“说到还远远不够，必须做到。”刘敬安直起腰板，提高嗓门说，“我在这里向大伙表个态：半个月内，将你们刚才反映的四个主要问题全部解决。如果半个月内没有解决，你们以后就别信我这个人，我也不配当你们的书记！怎么样，大家说这样行吗？”

“行！行行！”

“刘书记，我们在村上等你，你一定得来啊！”移民们情绪高涨，脸上也纷纷露出了笑容。

当夜，刘敬安立即召开镇移民工作会议，第二天就带人到了这个兴隆村，用了不到十天时间，将村上多年没公开的村财务一笔一笔算清并公布给全体村民，对集体和民间搞的各种基金也都理清楚，同时对村办企业的财产作了核算，就连移民们没有提出的其他公有性质的一些村务事宜也一一盘点理清，该分的分给移民，该补偿的补偿给移民，属于不动迁的公益事业也给村民们说个明白。当刘敬安他们把村上的这些事处理完回到镇上不出三日，这个闹事的“搬不走”村的五百多名外迁移民，全部自觉自愿地到镇上办理了外迁手续，高高兴兴、痛痛快快地离开了家乡。

这一年从二三月份开始宣传动员，到8月底年度移民外迁结束的五六个月时间里，刘敬安先后解决了368起移民闹到他那儿的“上访”事件，而解决这些“上访”事件最出奇的招数不是其他，是他和同事不惜跑断腿的“下访”——干部们通过深入到移民中间进行细致耐心的调查核实，把工作中出现的政策性问题和单个的实际问题，在移民的家中、村头，甚至是田头或床头，将移民们结在心头的疙瘩一一解开，让每一件关系到他们实际利益的事办到他们的心坎上。

平安江上行

早晨8时。码头上锣鼓喧天，人声沸腾。由一千余人组成的“移民船”就要离开峡江，随长江之水一路东去。

移民们个个胸前别着自己的“移民标签”，上面有他们的名字，有他们原先的村镇地址，也有他们新迁入地的家庭地址。从这小小的标签上，可以看出有关部门工作之细致。上船的那一刻太让人难忘：八九十岁的老人，需要几个人抬着；六七十岁的兄弟相抱痛哭，通常他们是一个留在库区，一个当了外迁移民；妇女们的哭声几乎没有断过，被感染的孩子们或拎着书包或牵着小狗小猫也在不停哭泣。只有那些二三十岁的男人们此刻默默不语，他们把目光投向老房子，投向旧城，投向滚滚东去的长江……

乡镇干部来了，县委领导来了。他们多数是随船而行，也有的前来向移民们作最后的道别。

“乡亲们，你们过去是我们三峡人，以后还是我们三峡人！三峡永远是你们的娘家，我们永远是你们的娘家人！祝你们一路平安！我给大家鞠躬了！”县长和书记毕恭毕敬地向每一位移民弯下腰，握过手。

这些父母官的眼里同样噙满了泪水。

“呜——”载着三峡移民、载着历史壮丽画卷的巨轮，要开了。顿时，岸上岸下一片带着哭腔的“再见”声。

船远了，一直到完全看不清对方的人影，相互道别的亲人们仍在不停地招手致意。唯有不见边际的滔滔长江之水，把他们的心连在一起，轻轻道着“一路平安”的不尽别语……

“报告总指挥，3 号舱 71 床位的女移民张兰要求轮船靠岸！”值班干部气喘吁吁地前来报告。

“靠岸？为什么？”“指挥中心”又一阵紧张。

“她说她的婴儿没有奶粉吃了，需要上岸去买奶粉。”

“这这……这怎么行啊？一千多个移民，全线路程和时间都是几级指挥机关制定，上至北京方面，是不能随便改动的呀！”小小的几袋奶粉，可把护送干部们难住了。

“马上在广播里广播一下，看哪家移民有没有带婴儿的奶粉，如果有就阿弥陀佛！”有人提议。

“这是个好办法，立即广播！”总指挥命令。

可广播十几次之后，全船一千多名移民竟然无人回应。显然是无货。

“真是移民无小事！瞧见了吧，就这么件小事，可把我们难住了！”有人不免发起牢骚。

“指挥中心”特意为奶粉召开了一个临时紧急会议。经过反复查看轮船沿线码头和时间，决定在向上级报告后临时在武汉码头作短暂停泊。

“喂喂，你是移民先遣队老王吗？我是云阳移民指挥部刘海清副县长。现在船上急需五袋婴儿吃的奶粉，我们的‘移民船’将在明天早晨 7 时左右在武汉码头停靠十分钟，请你提前准备好奶粉在码头等候！千万记住靠岸时间和所需的五袋婴儿奶粉！”

“明白。7 点到达武汉码头，五袋婴儿奶粉！”

次日清晨，满载远道而来的移民的“移民船”出现在武汉码头。当早已等候在那里的干部将五袋婴儿奶粉送到总指挥手中，总指挥刘海清又将奶粉送到移民张兰的手中时，舱内的全体移民情不自禁地欢呼起来：共产党万岁！祖国万岁！

这一幕让许多人流下了眼泪。

也许旁人无法理解移民们为什么会如此激动，但我知道。

刘福银，1997 年出任重庆市第一任移民局局长至今。在川渝未分家之前，他担任过 4 年的四川省政府三峡移民办公室常务副主任，当厅级干部时间已有 15 年。这位农民出身的移民干部，对三峡、对农民有着特殊感情，当年他被组织上从一个地委书记的岗位上挑来啃三峡移民这块“硬骨头”时，看中的就是他的能力和才干。

用刘福银自己的话说，组织上可能认为他是“能干一点，踏实一点，可靠一点，拼命一点”。而我知道，刘福银这么多比别人强“一点”的概念里包含着太丰富的内容。就说“踏实一点”吧，当年刘福银考上了四川大学历史系，有人给他“调包”换成了四川农业大学，很多人为他可惜，当过几年生产队长的刘福银却笑呵呵地说：“农大好嘛，我愿意。”至于“可靠一点”，在他身上就表现得更完美了。谁都知道移民局局长是整个移民工作的“大管家”，执掌的移民资金就有好几十亿。如此有“肥水”的地方，在有些人看来可是左右逢源的“风水宝地”，即使到处“伸手”也未必显眼。刘福银则是一个滴水不进、好话说一千遍也不动摇的“铁公鸡”。为了把好“移民款”，知情的人清楚他刘福银要花的嘴皮子工夫用几艘轮船都装不完。至于具体的移民工作，他这个百万移民一肩挑的重庆市移民局局长，担着两头的重任：一头是国家和中央的政策，一头是每个普通移民的实际利益。这两头哪一头都不能倾斜了，斜到哪一头都会出问题。为这，刘福银这位有15年厅级资格的“年轻老干部”——他今年还不到50周岁——付出的代价可就大了。看看他一年中的工作分块就知道：下库区时间不少于三分之二；平均每年出席大大小小的移民工作会议和局务会议在100次以上；陪同上至国家主席、下至市委市政府领导下库区参观视察检查工作100人次以上；亲自处理移民上访事件100件以上。这几个“100”用平面排列天数，那刘局长的一年可至少是两个“365天”。那天我采访他时，原来定好用整半天时间，排来排去只能抽出中午前的一个小时。他说这一小时的“有空”也是在他精心设计下从办公室里“逃跑”的。后来因为我们越谈越投机，他决意领我到一个非常百姓化的街头吃“重庆火锅”。那是地地道道的马路小摊，旁边有来来往往的行人，我们就在一张支起的小桌子上边吃边聊。这顿饭用了两个小时，可我俩依然觉得时间太短。回到北京，我整理录音，发现几乎每次不到五分钟，刘局长就得接一回手机。我深深地领略了他平时工作的繁忙程度！他说他作为重庆市移民局局长的身份太特殊了。整个三峡库区移民总数约在120万，他重庆一市就有100万之多。你说他这个局长身上的担子是啥分量！他刘福银因此长年生活在一种极度反差的状态之中。也许早晨还在码头上跟一批外迁移民握手告别，相互作揖祝平安；吃过早饭又得陪同某位中央领导视察库区；中午还没有来得及脱下西装，又被叫去处理突发事件。各路专家、记者们的咨询或采访只能放在餐桌上进行。晚上的时间用来召集局系统干部研究讨论工作——移民局的会议天天有，干部们习惯在他刘局长手下当“夜猫子”。多少次，刘福银一开会就是通宵。睡觉时就以为安宁了？否也。在库区，我听说有这样一个规定：凡移民干部不得关手机，如果发现关机连续三次在一个小时以上的，将会受到通报批评。之所以有这一规定，是因为移民工作责任非同小可，随时可能发生问题，上情下达、下情上达必须通畅。当然像刘福银这一级领导，参加一些重要会议时不得不关手机，但他秘书的手机必定是开着的。刘福银局长的家在成都，从重庆市到他家也就是三个小时的车程，但他平时根本抽不出时间回家与亲人小聚。前年，他的妻子与儿子相继因意外事故腿脚折断重伤，一向支持他工作的妻子在电话里忍不住低泣着乞求他回成都看一眼。可刘福银根本无法回去，那时他正在现场处理一起移民集体闹事。基层的移民干部们已经两天两夜连口水都不曾喝过，他堂堂市局局长怎么能抽身甩手回家呢！再说库区到成都的交通非常不便，走一趟来回至少二十几个小时。“不是我心里不想家，可一到库区你想走也是不可能的事。”刘福银感慨万千地告诉我。他说他当过县委书记，当过地区专员、书记，也当过省农业厅领导，但当移民局局长则比这些岗位不知要苦多少！“平时你话不能多——因为政策性太强；私事你不能做——在库区几乎所有事务都与移民工作相关，你移民局局长的一举一动影响全局；工作你不能偷一点懒——有时稍稍打一个盹，可能就误了大事。”

美丽的家园等待你

“到啦！到啦！”

“欢迎！欢迎！”

正当移民们窃窃私语，探头探脑瞅着新家是个啥样时，突然响起了喧天锣鼓，只见在他们下车的两边，红旗招展，彩绸飞扬，欢迎的队伍向他们拥来。

“嘻，就像电视里欢迎外国总统的样子！”

“那当然，我是江总书记的移民，朱总理请来的客人嘛！”有人格外自豪地挺起胸膛。那一刻，几乎所有移民都挺起了胸膛。他们不愿让“新家”的乡亲们看不起三峡人。他们很快发现，热情的欢迎人群没有丝毫地小看他们，相反，那股像见了久别亲人的热情劲，如阵阵热浪扑面。

移民们有些不好意思了。

“我又不是总统，你们为啥这样隆重？”一位70多岁的老大爷听说扶他走在队伍前面的是市长、市委书记，嘴上客气地这样说，心里却甜滋滋的。

当他走进宽敞的两层小楼的新家，看到楼上楼下电灯电话、台前灶后液化气罐和净化水瓶，老人激动地擦着眼泪，直握住当地干部的手说：“我当生产队长那会儿喊的‘共产主义生活’，在今天你们给我们安置的新家里全看到了……好啊，社会主义真的太好了！谢谢你们，谢谢政府，谢谢好心的远亲近邻！”

“大爷，您就别客气了，现在我们是一家人啦！”

“对对，我们是一家人啦！”

大爷领着全家三代九口人，满脸笑容地跟着当地干部和欢迎的群众一起走进为移民们接风的“宴会厅”——其实那是个由村委会会议室临时改成的餐厅。

“这么大呀？摆得下三十几桌？”大爷又一次暗暗惊呼，心想：这在老家三峡的村子里是绝对不会有的。改革开放的沿海地区到底不一样！

“爸，这叫‘就是不一样’！”儿子凑过来耳语了一句。

“你这小子，早说这儿有这么好，你爸也不至于在老家跟移民干部斗闷子嘛！”

“嘻嘻，老爸那你现在不认为移民亏了？”

“亏啥？我乐还乐不过来哩！”

“哈哈哈……”儿子终于忍不住开怀大笑起来。

——这一幕，发生在山东即墨市五处乡的三峡移民新村。

·

遍布11个省市的三峡移民，正在演绎着同样激动人心的故事。

当我再次返回三峡库区，将在广东、上海和江苏等地落户的移民情况转告给重庆与湖北两地的有关部门时，他们也充满欢欣地给我提供一组数据：至2002年9月初止，三峡库区外迁移民14万人，移民们对当地安置的满意率为98%，而在上海、江苏、广东、江西和山东等省市的满意率为100%。无论是98%，还是100%，我知道这样的满意率在世界移民史上是绝无仅有的。

当我又从三峡库区回到北京时，国务院关于三峡移民的新闻发布会正好召开。三峡建设委员会常务副主任郭树言代表中国政府向全世界宣布了另一个惊人的喜讯：至2002年9月初，长江三峡二期移民共计64万人的搬迁顺利结束。除14万外迁移民外，库区就地安置的 50 余万人不仅圆满完成搬迁任务，而且已经基本实现了生活稳定，并逐步走上致富之路。隶属于政府统计部门的专业调查队伍重庆市农村调查队在实施三峡移民工程 10 周年之际，公布了一项跟踪多年的调查结果：搬迁后的三峡移民生活水平稳步提高，移民家庭收入水平明显高于当地农民。郭树言说，据对 100 户农村移民家庭进行跟踪调查，结果显示，人均收入达 1 890 元人民币，比重庆市普通农民人均纯收入高出近 300 元人民币……

世纪之交的三峡移民壮举，是人民的行动，是伟大民族的国家行动！

（选自作家出版社《国家行动》，2008 年 11 月出版，作者：何建明）

亲历安徽农村税费改革

2000年，我国开始在全国范围进行农村税费改革试点。安徽作为全国唯一在全省范围内率先进行农村税费改革试点的省份，在这场具有划时代意义的改革中留下了光辉的一页。到2002年，安徽省的探索和实践已经取得了初步的成效。且看从2000年到2002年的三年间，安徽人在这一艰辛而辉煌的探索中敢为人先的创新精神和改革勇气。

世纪之交进行的农村税费改革，被称为继土地改革、实行家庭承包经营之后中国农村的第三次“革命”。安徽作为全国唯一在全省范围内率先进行农村税费改革试点的省份，在这场具有划时代意义的改革中留下了光辉的一页。作为安徽省财政部门的一员，我有幸成为这场重大改革的亲历者和参与者。我将试图从一个全新的视角向广大读者展示这场终结2 600年“皇粮”历史的壮举。

改革试点在勇于担当中先行

20世纪90年代，和全国其他地区一样，安徽农村乱收费、乱集资、乱摊派的“三乱”问题突出，农民负担过重成为当时影响农村稳定和农业发展的重大问题，“农村真穷、农民真苦、农业真危险”可谓当时“三农”的真实写照，引起党中央、国务院和地方各级党委政府的高度重视。在探寻减轻农民负担治本之策过程中，富有改革创新精神的安徽人，大胆探索，敢为人先，努力探寻农村税费改革的新路子。

当时，农民负担的表现形式可谓“五花八门、名目繁多”。其中符合法律、法规和政策规定的负担有五大类：一是依法向国家缴纳的税收，即农业税、农业特产税、屠宰税、契税、耕地占用税等；二是根据国务院颁布的农民承担费用和劳务管理条例规定，向乡镇政府和村级组织按照不超过上年农民人均纯收入5%缴纳的村提留和乡（镇）统筹费，即“三提五统”；三是每个农村劳动力每年承担的10个义务工和20～25个劳动积累工；四是依据《中华人民共和国教育法》规定向农民收取的教育集资；五是各级政府和有关部门出台的涉及农民负担的行政事业性收费、政府性基金、集资和各种摊派等。

从安徽省的情况来看，1999年，农民承担的农业税为14.17亿元，人均28.43元，农业特产税为7.80亿元，人均15.65元；承担的“三提五统”为34.14亿元，人均68.50元；承担的各种集资摊派达9.26亿元，人均18.58元；承担的义务工26 800万个，劳动积累工42 188万个，人均约14个，按每个标准工日10元折算，人均劳务负担就达140元。总体来看，农民每年人均承担的各种负担高达270多元。此外，农民还要承担水费等生产经营性费用和各种名目的搭车收费以及摊派等。

日益加重的农民负担，严重挫伤了农民的生产积极性，制约了农业和农村经济发展，损害了党群关系和干群关系，影响到农村社会乃至整个社会的稳定。减轻农民负担问题，已经到了非解决不可的程度。

为寻找一条减轻农民负担、规范农村税费征收管理的新路子，安徽省早就开始了探索。

1993年，太和县开始了减轻农民负担的大胆尝试，在农村税费征收中采取“税费合并、统一征实”的办法，开展农村税费征收方式改革试点，这在全国也是较早的。

1995年年初，五河县开始了以“下去一把抓，回来再分家”为主要内容的改革探索，砍掉多只伸向农民的“手”，基本解决农村“三乱”问题。1996年，五河县探索突破农业税税制，暂缓征收农业特产税，在当时引起了一股不小的“冲击波”。1998年，五河县按照“废费正税”的思路，将“三提五统”改为“农村公益事业建设税”，在全县进行试点。

1999年，经省政府批准并报经财政部同意，来安、望江、怀远、濉溪四个县开展了以“取消乡统筹、改革村提留、调整农业税”为主要内容的农村税费改革试点。

这四个县开展的“寻求减轻农民负担治本之策”的探索历程，有效遏制了农民负担过重现象，初步规范了农村分配关系，触及了农村上层建筑的改革，初步建立了农民负担监督管理机制，改善了基层干群关系。更重要的是，这些探索和实践锻炼了干部群众，积累了试点经验，为在全省范围内大规模试点打下了良好的基础。

安徽素有敢为人先、勇于创新的改革精神，1978年发端于凤阳县小岗村的农村“大包干”改革，揭开了我国农村经济体制改革的大幕。安徽推进农村改革的动力和务实探索从来没有停止过，应该说，在安徽全省范围内率先进行农村税费改革试点具有得天独厚的优势。

首先，安徽省农村改革的基础比较扎实。作为全国农村“大包干”的发源地，全省广大农民和农村基层干部的改革意识较强，改革的思想基础比较扎实。其次，省委、省政府领导高度重视。全省从上到下，各级领导都把农村税费改革放在重要位置。第三，全省各地态度积极。农民对“三乱”非常反感，各地都有进行农村税费改革的要求，各部门也认识一致，各方面都有改革的决心。可以说，农村税费改革在安徽省有着广泛而坚实的群众基础。第四，安徽省地理条件有广泛的代表性。安徽地处南北气候过渡带，长江、淮河横贯其中，地形地貌多样，平原、丘陵、山地面积各占三分之一，兼具南方和北方的自然特点。同时，安徽省又是农业大省，农业人口多，农民负担重，是水稻、小麦、棉花、油菜等粮食和经济作物主产区。第五，安徽省的前期探索与中央的要求不谋而合。中央在探寻税费改革之初，曾将交通和车辆税费改革作为突破口，然而由于种种原因，1998年燃油税改革“搁浅”，中央遂决定将税费改革的重点推向农村，而安徽在农村税费改革中的先行探索恰好符合中央的意图，自然进入中央的视线。

这些得天独厚的条件，使历史再次选择了安徽。不畏艰难险阻、勇挑重担的安徽人民，在农村税费改革的征途上再次谱写新的篇章。

改革方案在汇集民意中出台

进行农村税费改革，中央有方向，安徽有决心，广大农民有意愿，而其中最关键的环节，是要有一整套科学可行的方案作指导。为此，安徽省主要负责人带领有关部门人员多次深入基层和村组农户进行调查研究，广泛听取农民群众、基层干部、专家学者等各界人士的意见，历经一年零十一天，方案十六易其稿，最终成型。

1999 年 3 月 13 日，为做好全省全面实施税费改革试点的准备工作，我带领财政厅几位处长赴阜阳、亳州、蚌埠等地进行了为期一周的调研，实地考察了五河县和太和县农村税费改革试点情况，一共走访了 7 个乡镇，组织了 10 次座谈会，参加座谈的乡镇、村干部和农民共 150 多人。座谈会上，基层干部群众提供了大量有价值的意见和建议，使诸多疑问和担心在调研中逐步消解，改革的思路也逐渐清晰起来。随后，我们迅速形成了题为“我省农村税费改革势在必行”的调研报告。

这份调研报告阐明了当时全省农村税费征管及税费改革试点现状，详细梳理了五河县和太和县的经验。同时，由于安徽省江南及江淮之间大部分地方未实行税费改革试点，农村税制老化，税费征管过程中矛盾日益突出，我们特将许多地方要求改革的强烈愿望表达了出来。

报告还指出了当时农村税费征管及改革试点中存在的四个主要问题，即：农业税制与农村经济的发展现状不适应，存在“有地无税、有税无地”现象；农民税费负担制度与土地承包制度不适应，农业税费负担不平衡，“三提五统”缺乏合理性、准确性；农村基层干部集中精力抓好农业生产的愿望与客观实际不相适应，绝大部分时间疲于收取各种税费，农村干群关系较为紧张；现行农村中部分中心工作与减轻农民负担政策不相适应，指令性的达标、升级严重脱离农村实际。

报告就全省农村税费改革试点提出了三条建议：一是建议立即成立由省主要领导挂帅的省农村税费改革领导小组，负责统一领导全省农村税费改革工作。领导小组下设办公室，办公室设在省财政厅，协调和处理改革中的日常事务。二是建议根据中央有关改革精神和思路，提前设计农村税费改革工作方案。三是建议制定完整的配套措施，包括全省各级建立相应组织，加强舆论宣传，农村税费改革应与村级民主管理制度、村务公开有机结合起来，三位一体，三管齐下，相互补充，互为促进等。

省领导对这个调研报告给予了高度评价，时任省委书记回良玉批示：同意，由省财政厅牵头，组织农口、税务等有关部门人员认真研酌，着手设计农村税费改革方案。

1999 年 3 月 20 日，我抽调人员组成起草组，着手起草全省农村税费改革方案。

当时，起草试点方案，没有任何现成的材料可供借鉴，要在试点方案中做到准确把握中央政策、结合本省实际，达到通过改革解决农民负担重、农村分配关系不顺等一系列复杂矛盾的目的，难度可想而知。起草组经过认真研究，初步确定试点方案的总体框架，分三个部分：第一部分是农村税费改革的指导思想、基本原则和目标；第二部分是农村税费改革的主要内容；第三部分是农村税费改革的组织领导及配套措施。

方案第一稿基本构建了全省农村税费改革方案的主体框架，但其中仍有许多不完善和有待进一步明确的地方，如农业税税率及附加比例到底定为多少，如何进行乡镇机构改革等，当时都只有初步的提法，没有给出明确的答案。

随着全省部分地区农村税费改革试点的深入，一些主要矛盾不断暴露，一些深层次问题逐步显现，起草组对改革政策的认识也在不断深化。这期间，起草组对方案又进行了三次修改。1999 年 5 月 12 日拿出试点方案第四稿，对试点的指导思想、改革目标、具体配套措施都进行了调整。

2000 年 1 月，我们根据中央最新精神，在第五稿中，将农村税费改革主要内容“一个取消，两个调整，一个完善”调整为“四个取消，两个调整，一项改革”，即：取消乡统筹，取消农村教育集资等专门面向农民征收的行政事业性收费和政府性基金、集资，取消屠宰税，取消统一规定的劳动积累工和义务工；调整农业税政策，调整农业特产税政策；改革村提留征收使用办法。同时，根据中央可能确定的农业税税率上限，第五稿还提出全省农业税税率最高上限不得突破 7%，要求各市在制定试点方案时，根据本地区的经济情况，确定本地区的税率幅度。

方案第五稿，于 2000 年 2 月 16 日报省农村税费改革领导小组审核。根据省农村税费改革领导小组的意见，起草组对试点方案进行了重大修改，重点提炼了农村税费改革试点的指导思想和目标，进一步明确农业税政策，强调全省平均税率不超过 7%，实行地区差别比例税率，第一次提出各市、地、县要结合农业经济发展情况，确定本地区的税率幅度，经省批准后，分类测算到村，并落实到农户或者其他农业税纳税单位和个人。这就有了以后的农民负担卡和到户纳税通知书。

第六稿主要明确了村提留征管办法，同时增加了农村税费改革的时间安排，将 2000 年各项改革重点工作分为五个阶段。

2000 年 2 月开始，起草组进入冲刺阶段，全体成员几乎整天泡在办公室。3 月 2 日，中共中央、国务院下发《关于进行农村税费改革试点工作的通知》，决定在安徽率先开展农村税费改革试点，正式拉开了农村税费改革的序幕。起草组根据中央文件精神，又多次对试点方案进行修改完善，到3月中旬，形成了方案第十六稿。

第十六稿在农村税费改革指导思想、基本原则、改革内容等方面已基本成熟。概括起来，指导思想是：根据社会主义市场经济发展和推进农村民主法制建设的要求，从根本上治理农村“三乱”问题，切实减轻农民负担并保持长期稳定，建立规范的农村分配制度；进一步加强农村基层组织建设，巩固农村基层政权；调动和保护农民生产积极性，促进农村社会稳定和农村经济健康发展。基本原则是：总体部署，统筹安排，全面推行；从轻确定农民负担水平并保持长期稳定，兼顾乡镇政府及基层组织正常运转的需要；采取简便易行的征收方式，规范税费征收行为；实行综合配套改革，积极推进乡镇机构和教育体制改革，完善乡镇财政体制，促进乡镇财政良性循环；健全农民负担监督管理机制；坚持群众路线，促进农村民主与法制建设。主要内容是“三个取消、一个逐步取消、两个调整、一项改革”，即：取消乡统筹费等专门面向农民征收的行政事业性收费和政府性基金，取消农村教育集资，取消屠宰税；逐步取消统一规定的劳动积累工和义务工；调整农业税政策，调整农业特产税政策；改革村提留征收和使用办法。

起草组的这些提法，在正式报省委、省政府审核时，只增加了两个字，即在促进农村经济健康发展的“健康发展”前加上“持续”两字，其余几乎一字未动。省领导完全同意了方案第十六稿中提出的改革政策、配套措施、时间安排等内容。

4月8日，省人民政府正式向国务院报送了关于请批准安徽省农村税费改革试点方案的请示。

2000年4月23日，国务院正式批复同意安徽省农村税费改革试点方案。

改革试点成功的关键环节是合理确定农业税税率。为了稳妥起见，我们组织有关部门测算农民负担水平，对1993年至1997年五年间的全省主要农作物产量、二轮承包土地面积、农业人口、农业税收和乡统筹、村提留等86个指标进行了全面统计调查，逐级测算到乡镇、村，具体落实到农户，共调查测算和分析了上亿个数据，反复进行测算和比较，提出了五套方案。

在综合权衡利弊后，选择了第五套方案，即按区域分类确定新农业税基本税率，山区8%，丘陵7%，平原6%，在具体拟定各县税率时根据情况适当浮动。同时，设置两条“控制线”，即：改革后的农业税收入与1997年原农业税及乡统筹之和相比，只能减少不能增加；改革后的农业税附加收入与1997年村级公益金和管理费相比，只能减少不能增加。按此测算，全省新农业税平均税率为6.85%，农业税金额26.09亿元，较改革前农业税及乡统筹之和减少1.33亿元；农业税附加5.22亿元，较改革前村级公益金和管理费减少4.21亿元。如果再加上取消教育集资（1999年为3.5亿元）、取消屠宰税（1999年为1.76亿元）和农业特产税政策调整（减少环节、调整税率、与农业税不交叉征收）形成的减收（预计0.12亿元），全省预计减收总额近11亿元。

该方案经省负责同志原则同意后，广泛征求市、县、乡、村、农民和相关部门的意见，综合各方面的意见和建议，再次进行了修改。修改后全省农业税税率平均为6.42%，到村组户均不超过7%，附加比例不超过20%；改革后农业税收入与1997年原农业税及乡统筹之和相比只减不增，农业税附加和特产税附加与1997年村级公益金和管理费相比只减不增。

改革实践在艰难探索中推行

安徽省农村税费改革试点方案的正式实施，只是迈出了万里长征的第一步。这一改革试点是在体制转轨、经济转型、农民增收困难、基层财力紧张、各种矛盾错综复杂、困难多、压力大的情况下进行的。正如中央领导同志指出的那样：农村税费改革的重大意义不亚于当年农村“大包干”改革，但难度大得多，复杂得多。时任国务院总理朱镕基在阜阳视察的时候，非常感慨地说：农村税费改革是一个非常重要的改革。当初有四个省要求试点，都是自报的。但到决定试点时，有三个省打了退堂鼓。不能说他们是知难而退，但安徽是知难而进，这个精神值得表扬。应该说这四个省中安徽条件不是最好的，但安徽勇于承担试点，勇气可嘉。

2000年11月3日，国务院农村税费改革工作小组在北京召开全国农村税费改革工作座谈会。会上，温家宝充分肯定了安徽省试点工作取得的明显成效，同时也明确指出：“由于缺乏实践，在如何领导好这场改革这个重大问题上，我们都存在很大差距，包括安徽在内的试点单位也还没有‘毕业’。”

由于缺乏实践经验，事先反复考虑、周密论证的改革方案，在进入实践阶段后，还是暴露出不少问题，主要有农业税计税土地面积与实际不符、计税常产过高以及局部地区农业特产税税负增加和征收不规范等。

针对试点方案不完善和实际工作中出现的新情况新问题，省政府及时对改革的农业税政策进行调整和完善。

2000年9月，经过统计摸底，根据实际情况，及时调减全省未落实的计税土地面积171.7万亩，计税常产20.8亿公斤。

2001年年初，省政府出台了进一步完善农业税计税土地管理和调整计税常产的政策，重点解决农业税计税土地不实和计税常产偏高问题。对少数地方存在的平均摊派农业特产税问题，省政府明确规定，对在耕地上生产的果用瓜、薄荷、苔干、大棚蔬菜等农业特产品不再征收农业特产税，改为征收农业税，并大幅度下调毛茶、水果、干果、原木、原竹、水产品等部分应税农业特产品税率。

经过2000年、2001年两次调整，全省共调减农业税计税面积378.9万亩、计税常产40.38亿公斤、农业税32 521万元、农业税附加6 544万元、农业特产税14 877万元、农业特产税附加1 343万元。农业税及附加共调减39 065万元，占2000年省批复方案数的10.98%。两次调整后，基本上解决了农业税计税土地面积不实和计税常产过高的问题，农业特产税税负也明显下降，局部地区负担增加问题得到较好解决，征收过程中的摊派现象也减少很多。

后来，为进一步规范农业税税制，又将茶叶和水果等应税农业特产品的税率下调2个百分点，由10%调整为8%。同时，在萧县和砀山两县开展将农业特产税改为征收农业税的试点工作。在总结两县试点经验的基础上，全省普遍开展农业特产税改征农业税试点工作，从根本上解决农业特产税政策不完善和据实征收困难等问题，进一步减轻了农民负担，增加了农民收入，促进了农业产业结构调整，调动了农民发展农业生产的积极性。

为防止改革出现偏差，及时发现和处理试点中出现的矛盾和问题，省委、省政府在试点进行的同时，从2000年起连续三年组织开展了由1.1万多人参加的共10个阶段的全省农村税费改革督查工作。

2000年4月28日，省农村税费改革领导小组印发了内容十分细致的农村税费改革试点督查工作方案。

方案对督查的主要目的、主要任务、工作方式、督查范围、时间要求、督查组的组成、督查人员的要求等作了具体明确的规定。根据方案要求，省税改办会同省委组织部，从省直部门抽调了356名干部组成了85个督查组，每组3人～5人，面向全省85个县（市、区）分别派出督查组。督查组由1名处级干部任组长，负责该县的督查工作。同时，考虑到一些市所辖县（市、区）较多，督查范围广、任务重、情况复杂，还专门安排了9名厅局级干部作为联络员前往这些市，他们除负责一个县（市、区）的督查工作外，还负责市督查工作的协调和联系，以保证督查工作有条不紊地进行。

2000年至2002年，省委、省政府共组织开展了10次督查活动。市对县、县对乡镇也选派了督查人员，乡镇对村派出了指导组，深入到村、组、户，形成了省、市、县和乡镇四级督查体系，对改革试点工作进行全过程、全方位的监督检查。

同时，省领导和有关部门还开展了重点调查和暗访，掌握全省农村税费改革总体情况，及时发现和纠正存在的问题。连续三年进行的全省性、多层次的督查工作，为改革试点的顺利进行和实现预期目标，发挥了很好的监督检查和保驾护航作用。

农村税费改革是一项综合性改革，涉及面广，必须适时启动配套改革，整体推进，否则，单单改革农业税制、税率降低几个点，减轻农民负担很难保持长久。安徽省不失时机地推进了与主体改革相互促进、相得益彰的乡镇机构改革、村级改革、农村义务教育改革和县乡财政体制改革等相关配套改革，使改革整体效应得以充分发挥。

首先，乡镇机构改革的成败直接影响农村税费改革的成效。从2000年下半年到2001年年底，全省基本完成乡镇机构改革，做到机构精简到位，人员精简、定岗到位，用人机制转换到位，政府职能转换到位。这为顺利推进农村税费改革打下了坚实的基础。在乡镇机构改革顺利推进中，财力支持是关键。在中央财政转移支付的支持下，省财政尽最大努力，千方百计增加对乡镇的转移支付和专项补助资金。部分市、县也挤出资金对乡镇给予补助，基本弥补了乡镇因农村税费改革而形成的财力缺口，保证了乡镇正常运转的基本经费需要。整个改革中，中央对安徽省的财政转移支付规模达到33亿元，省对县、乡、村安排的税费改革转移支付和补助资金规模达41.2亿元，其中，对县乡转移支付31.9亿元，对村级的补助9.3亿元。实践证明，财政为深化农村税费改革、巩固改革成果提供了经济基础；在财力的支持下，农村各项配套改革顺利推行，不仅大幅度减轻了农民负担，而且花钱“换”来了一个农村公共服务由财政供给、城乡二元结构逐步消除的新局面。这既是历史发展的必然，也是公共财政的应有之义。

其次，不断建立和完善以县为主的农村义务教育管理体制，调整农村中小学教育布局，坚持把农村税费改革与促进农村义务教育健康发展紧密结合起来，在财政预算和上级转移支付资金中优先安排农村义务教育经费，确保经费投入不低于税费改革前的水平，并做到逐年有所增加。2001年，全省农村义务教育经费总投入达55.94亿元，比2000年增长22%。从2001年9月起，在对11个县试点的基础上，全省实行农村中小学教师工资上划到县统一管理和发放。

第三，开展村级改革，并村并组，扩大村组规模，增加村级收入，减少支出。严格控制村干部数额，实行交叉任职。加强村级管理，实行村务公开，成立村民民主理财小组。对农业两税附加收入较少、运转困难的村，由各级财政予以补助，帮助解决村组干部报酬、五保户供养和村级运转必不可少的经费需要。

第四，通过清理整顿，建章立制，公开政策，规范程序，明确责任，严肃纪律，加强农民负担监督管理，实行农民负担监督卡等制度，初步建立了确保农民负担长期稳定不反弹的有效监管机制。

改革步伐在不懈努力中前行

农村税费改革在中国改革史、财政史上是破天荒的，对财政分配政策、支出政策的调整产生了深远影响。这场改革不仅仅解决了农民减负、规范征缴行为和缓解干群关系问题，而且改革中不断暴露出一些深层次的矛盾和问题，促进了公共财政体制改革、乡镇机构改革以及其他一系列配套改革。可以说，改革达到了以下几个目标：

实现了“三个满意”目标

安徽的农村税费改革试点，基本实现了温家宝在安徽农村税费改革试点动员大会上提出的“把农村税费改革这件大事办好，让农民满意、让基层干部满意、让中央满意”的目标要求。

减负政策到位，农民满意。2000年改革当年，全省农民政策性负担减轻幅度为31%；2001年，农民负担继续下调，减负幅度达35.6%；2002年，减负幅度达37.5%。广大农民在这场改革中得到了实实在在的好处，衷心支持和拥护改革。

职能转变到位，基层干部满意。通过改革，把基层干部从要钱、要粮的繁杂事务和干群关系紧张的工作环境中解脱出来，使基层干部能够集中精力抓发展、促改革，为农民办实事、解难事，更好地履行基层政府的社会管理和公共服务职能。同时，农村税费改革把乡村运转作为农村税费改革“三个确保目标”的重要内容之一，采取精简乡镇机构人员、完善县乡财政体制、加大对乡镇财政转移支付力度、提高村级补助标准等一系列措施，保障了乡镇和村级组织运转，不仅保证了乡村干部工资正常发放，还消化了历年欠发的工资，基层干部在改革中得到实惠，因此，积极理解和支持改革，主动参与和推动改革。

试点示范到位，中央满意。在深刻理解和准确把握中央改革意图的前提下，安徽省结合实际制订的改革方案和一系列政策措施，具有很强的针对性和实效性，实现了改革目的，取得了预期效果。安徽改革试点积累的经验，为全国农村税费改革发挥了示范作用，向中央交了一份合格的答卷。

2002年4月13日，温家宝在听取安徽省委、省政府关于农村税费改革试点工作情况汇报后，作出了这样的评价:“这些天了解到的情况是真实的，心里是比较有底的。三年三次到安徽，每次都深受教育，都了解了一些情况。总体感觉农村税费改革以后，农民群众情绪比较好，农民对农村税费改革的拥护是发自内心的，农民讲的是真话。一项伟大的变革，能得到这么多群众几乎是一致的赞成，非常难得。说明这项政策符合民心，得民意。改革是从农村大包干的发祥地——安徽搞起来，安徽的干部群众对农村税费改革所作的贡献功不可没，这是安徽广大干部作的贡献，是广大农民作的贡献。”

理顺了农村生产关系

农村税费改革，解放和发展了农村生产力，有效调动了广大农民和各级干部职工发展生产的积极性，推动了农业结构调整，推动了城乡统筹，促进了全省农业和农村经济持续协调发展。

农村税费改革，依法调整了国家、集体与农民之间的分配关系，将农村的分配制度纳入法制化的轨道，给农民发展农业和农村经济吃了定心丸，让农民看到了发展农业和农村经济新的希望，受到了农民群众的拍手称赞。过去一些弃田外出打工的农民开始陆续回乡，重新从事农业生产，往年的抛荒现象不见了。农村税费改革前，庐江县戴桥乡外出打工的人成群结队，全乡 2 万亩耕地有 1 400 多亩抛荒多年，无人耕种。农村税费改革后，人均减负 140 元左右，农民喜出望外，纷纷把农村税费改革的情况告诉外出打工者，当年全乡 200 多户在外打工者又回到了自己的土地上。2002 年，全乡除了 170 多亩山区田撂荒外，再没有一分闲地。

开启了农村发展新格局

各地纷纷以农村税费改革为契机，在稳定农业的基础上，加快工业化城镇化进程。一方面，紧紧依托县域开发区和工业园区，大力开展招商引资，支持乡镇企业和个体私营经济发展，加快工业化，吸纳农村剩余劳动力到工业园区和开发区就业，并积极引导农民自主创业。另一方面，积极推进旧城镇改造，发展壮大一批可塑性强的中心镇，并实行积极和开放的就业、教育等政策，吸引更多的农民向县城和城镇集中，加快第三产业发展步伐，推动城乡协调发展。据统计，农村税费改革后，安徽省城镇人口比重由 1999 年的 26% 提升到 32%，提升了 6 个百分点。

此外，各级财政不断调整和优化支出结构，建立健全财政支农政策体系，逐步提高财政支农支出占财政支出的比重，切实加大了财政对“三农”的投入力度。这种“一减一补一投”，昭示着安徽率先在处理工农关系这一重大战略上作出调整，实现了工农关系的根本性突破，打通了工业反哺农业、财政反哺农民的道路，有效地建立了新型的工农关系。

安徽农村税费改革及其相继实施的一系列配套改革，切实贯彻了中央关于“三农”工作的新要求，标志着全省对农业已由过去的“多取、少予”转变为“多予、少取”、工业对农业已由过去的“抽吸”转变为“反哺”、城市对农村已由过去的“依赖”转变为“支持”，开启了安徽城乡统筹发展的新格局。

安徽省农村税费改革从最初的局部探索，到全省全面试点，到最终取得成功，走过了一段艰辛而辉煌的历程，再次诠释了安徽敢为人先的创新精神和改革勇气。改革过程中所发生的一幕幕场景、一幅幅画面、一个个瞬间、一张张面孔将被永远定格在历史的记忆中。

（选自 2011 年第 11 期《党史纵览》，有删节，作者：陈先森）

中国第一骑

——国宾护卫队风采

2002年2月22日，这是一个不同寻常的日子，全世界人民的目光在中国北京聚焦。这一天，人们关注的是美国总统的中国之行，关注的是中美关系的发展前景。当布什总统乘专车离开首都国际机场时，人们的目光又不约而同地向那支威风凛凛的摩托车护卫队聚焦。这支摩托车护卫队就是被称为“中国第一骑”的国宾护卫队。

来自礼仪之邦的东方神奇

春节甫过，人们还沉浸在节日未尽的余兴中。大街小巷，张灯结彩，京城处处写满繁华和吉祥。

早上5点30分，天还没亮，城市还没有醒来，人们还枕着节日的喜庆在甜美的梦中。

在京郊的一座营房里，官兵们早早地起床了，他们在紧张而有秩序地忙碌着：洗漱，着装，戴上头盔、国宾护卫队风采眼镜、手套，携带电台、电警棍，发动、检查车辆……

10分钟后，他们在中队值班室集合。11名穿戴齐整、佩带齐备的国宾护卫队员齐刷刷站成一排，横看像一堵绿色的城墙，竖看像一排挺拔的青松，清一色一米八以上的个头，清一色白色的头盔、黑色的马靴、马裤呢礼宾服，一个赛一个地威武，一个赛一个地精神。

“同志们，今天我们担负美国总统来京的护卫勤务，时间8点，在首都国际机场就位，从营区出发时间 6 点 40 分，勤务出发时间 8 点 40 分。勤务要求：一、要精心驾驶；二、就位后保持良好形象；三、在勤务中注意发现和处置情况，保证外宾安全，做到万无一失。”大队长吕延伟在作“战前”动员。他是这次勤务的带队警官，他驾驶的是“头车”，是一只领飞的“头雁”。虽然上千次地执行国宾护卫勤务了，可他始终像第一次执行任务一样，认真准备、精心组织，从不马虎，从不懈怠。“哨位就是战场”“执勤就是打仗”“护卫工作无小事，小事也是大事”“警卫工作不允许作检讨”是他们提出的执勤口号，他们把这些口号贴在值班室墙上，每次出发前都默默地读上两遍。

出发！吕延伟一声令下，11 名护卫队员迅速跨上铁骑，在一阵轰鸣的马达声中，旋风般地驶出营区。

摩托车护卫国宾和礼炮迎宾一样，是世界礼仪活动中对来访的国宾给予的最高礼遇之一。按照国际惯例，国宾来访时，应在国宾车队前后配备摩托车护卫队，一是显示礼仪，更重要的是为了保证国宾的安全。我国最早对重要外宾实施摩托护卫是在 1960 年，“文革”开始后曾一度中断。1977 年重新恢复后，又因护卫摩托车质量差影响国宾车队速度而被取消。进入 80 年代，随着改革开放的不断深入，我国与各国人民的友好交往日益增多，经国务院批准，成立国宾护卫队，国宾护卫任务由北京市公安局交通大队担负。1984 年 6 月，根据上级指示，国宾护卫任务移交给武警北京总队五支队三中队。

国宾护卫队成立的消息一传开，部队上下群情振奋，当一名国宾护卫队员该是多么骄傲和自豪！大家纷纷报名，接受组织挑选。挑选是严格的，首先要过政治条件关：思想觉悟高，安心部队服役，热爱护卫事业。这一关虽然极为重要，但大多数战士都能过关。第二关是身体素质关：一米八以上的个头，体魄强健，五官端正。国宾护卫队员代表国家形象，单单这一米八的“标杆”就让许多人望“高”而兴叹。第三关是驾驶技术关：有娴熟的摩托车驾驶技术，有勇于吃苦的训练精神。能过此“三关”的为数不多，可过得“三关”也仅仅能成为一名国宾护卫队的预备队员。

国宾护卫队成立了，第一任队长是原国军。受命上任的那一天，他激动、兴奋，但更多的还是重负和压力。北京是祖国的心脏，是我国外交活动的重要场所，外宾来我国参观、访问，首先看到的是我们国宾护卫队。在国际友人眼里，北京代表中

国宾护卫队官兵护卫着国宾前往人民大会堂。（赵世贤／摄，图片来源：新华社）

国，而国宾护卫队则代表中国军人；国宾护卫队担负的是外国元首和政府首脑来访在京活动时的摩托护卫任务，警卫对象身份特殊，执行任务中，既要体现出庄重文明的外交礼仪，又要保证外宾的绝对安全，这是一项严肃的政治任务。原国军知道自己肩负的使命，护卫工作连着外国元首的人身安全，连着国际风云的变幻。

国宾护卫队成立不到10天，任务来了。第一次护卫勤务是迎送朝鲜民主主义人民共和国总理姜成山。任务来了，困难也来了，护卫车没有，护卫方案没有，护卫队员没经过专业训练，不懂外交礼仪，不懂护卫常识，怎么完成任务？距外宾前来访华的日期只有20天了，队员们着急，原国军更着急。他跑到外交部礼宾司找来一盘资料带，反反复复地看了几遍，在此基础上制订了一套执勤方案：护卫时采用“A”字队形，头车用于搜索路面情况，向身后的护卫车传达周围和前方的交通信息，紧跟其后的四辆护卫车用于处置左右侧出现的突发情况和问题，中间的四辆车用于保护国宾主车的安全，镇后的两辆车用于机动。

方案有了，原国军立即带领队员们投入适应性训练。练场地驾驶，练起步停车，练一路队形，练两路队形，练挡位变换，练压线驾驶，练坐功，练耐力，练毅力，白天练，晚上练，正课时间练，业余时间练，为光荣而练，为自豪而练，为当一名合格的护卫队员而练。

7月酷暑，训练场像一只大烤箱，队员们披挂整齐地坐在摩托车上，头戴密不透风的头盔，身穿厚厚的礼服，足蹬高高的马靴，背上背着一个木质的“十字架”，一动不动地端坐在太阳底下练“坐功”。原国军掏出温度计，测出地表温度高达45℃。天没有一丝风，树没有一片荫，只有毒辣的日头和蒸不尽的汗水。这是一场耐力极限的训练，半小时，一小时……队员们忍耐着、坚持着。眼花、头晕、恶心、呕吐，终于坚持不住了，郭希雷晕倒在车上。卫生员赶来，帮他摘下头盔，给他吞服了防暑用的十滴水和仁丹。约摸10分钟，小郭稍稍清醒过来，“队长，这是在哪里？”小郭问。“这是在训练场，你已经中暑了，下车休息！”队长用了命令的口气。“队长，我离达标还差几分钟？”“还差10分钟。”“队长，你就让我达标吧，我能坚持，一定再坚持10分钟！”队长感动了，站在骄阳下，看着继续登车训练的钢铁般的战士，脸上流下来的不是汗水，而是泪水。

在国宾护卫队，一提起田小法，大家都会引以为荣地说:“他呀，是我们的‘坐功’冠军，谁也‘坐’不过他。”功夫是练出来的。刚上车那天，他格外兴奋，想着自己不久将成为那令人羡慕的国宾护卫队员了，跨上那辆训练车，他的心也随着坐下的铁骑“飞”了起来。教练员给他讲了“坐”的要领：头正，颈直，两眼直视前方，腰板与车身成90度。这些动作要领说起来简单，可认真做起来就不是那么容易了。刚上车那阵子，不是头歪，就是塌腰，老队员们能纹丝不动“坐”上两小时，而他“坐”了不到20分钟就败下阵来。队长告诉他，练不好“坐功”是要被淘汰的。这话深深地刺在了他的心坎上。当时他想，自己真的就这么不中用，连坐也坐不好吗？他暗暗告诫自己，一定要闯过这一关。从此，他没命地练“坐姿”，有时坐上去连饭也不吃，一坐能坐8小时。功夫不负有心人，在后来多次的“坐功”比赛中，他总是拿第一，成了名副其实的“坐功冠军”。

国宾护卫队实行“淘汰制”。对于年轻气盛的队员们来说，谁也不愿意被淘汰出局，可是，有竞争自然就有淘汰。战士王晓波是被“淘汰”出局者，这位来自“天府之国”的小伙子，胆子小，在家时连骑自行车都害怕，由于心理素质差，道路训

左图：国宾护卫队官兵在进行弯道驾驶训练。
右图：国宾护卫队官兵像爱护自己的生命一样爱护车辆，这是他们在训练之余精心擦拭保养车辆。

练没能过关，被“刷”了下来。当领导决定将他调出护卫队时，他伤心地哭了。“指导员，你把我留下来吧，我不能当护卫队员了，我留下给大家做饭、擦皮鞋都行。”指导员答应了他的请求。王晓波一直在炊事班干了三年。当了三年兵，他没进过一次城，直到宣布退伍命令那天，他还在炊事班忙着给大家包饺子。还有两天就要回老家了，指导员“逼”他进了一趟城，批他一天假，派一名班长给他当向导，担心他一个人外出迷了路。王晓波心神不定地转了半天，早早地赶了回来。他想的是赶回来给战友做午饭。那顿离别的晚餐，官兵们是伴着泪水吞下的，至今回味起来，还带着淡淡的酸楚。

国宾护卫队官兵在进行V字形编队行车训练。（王建民/摄，图片来源：新华社）

“死亡边缘线”上的中国哨兵

“死亡边缘线”，这是西方人士提出的论点，指的是国家元首进入或离开公共活动场所的那个过程。从这一立论看，外国元首一踏上异国的土地，国宾护卫队员就是战斗在“死亡边缘线”上的哨兵了。从首都机场到国宾馆，从国宾馆到人民大会堂，这就是国宾护卫队员们的“战场”。在这个特殊的战场上，没有弹雨，没有硝烟，可这里连着国际风云，连着世界上每一根敏感的政治神经。

从1984年成立至今，已经整整18个年头，迎五洲朋友，送四海嘉宾，他们用卫士的忠诚在487次迎送国宾的执勤日志上自豪地写上“万无一失”的记录。可在这“万无一失”的背后，却隐藏着许多鲜为人知的惊险故事。

故事之一：用生命履行职责

1988年1月28日，这是一个平常的日子，又是一个喜庆的日子。长安街上又一次挂起了迎宾的彩旗。新闻媒体告诉人们，应中华人民共和国总理的邀请，挪威首相布隆特兰今日抵京。

首相的车队开过来了，行人车辆自觉地避让，拥挤不堪的长安街顿时成为一个真空地带，车队如入无人之境般地快速驶向国宾馆。

天冷得出奇，肆虐的寒风借着高速行驶的车速变本加厉地向护卫队员们袭来。手脚麻木了，身体冻僵了，灵活的只有那格外清醒的头脑。

开前卫车的丁怀国紧咬着瑟瑟发抖的嘴唇，目不转睛地注视着前方的路面，他真担心这冻僵的手脚会失去对身下铁骑的控制。

首相车队在平稳安全地向前疾驶。车过光华门路口，迎面开来一辆丰田面包车，这突然出现的不协调的“音符”立即引起护卫队员们的警觉。

“嘀嘀……嘀嘀……”开前卫车的丁怀国不停地鸣笛示警。接连警告三次，面包车毫无避让之意，依然置若罔闻地朝首相车队开来。这辆面包车究竟要干什么？是外地进京车辆不懂交通规则，还是要故意制造国际事端？这突然出现的情况容不得丁怀国多想，也容不得他对此作出准确的判断，作为国宾护卫队队员，他的职责是要阻止这辆不明身份的面包车擅自闯入首相车队。

飞车撞“面包”，这是丁怀国唯一的选择！这是用生命作代价的惊人之举！为了共和国的荣誉，为了国宾的安全，丁怀国突然猛加油门，奋不顾身地朝面包车撞去。

摩托车和汽车相撞，会是一个什么样的后果，丁怀国心里明白。不前去制止，让面包车闯入外宾车队，会是一个什么样的后果，丁怀国心里也明白。舍身求义，这是他作出的最后选择。

瞬间，两车猛烈相撞，面包车被撞倒在路旁，丁怀国被撞出10米开外。首相车队安全通过，身后留下一个定格的惊心动魄的画面：巨大的惯性将丁怀国抛出5米多远，重重地摔在坚硬的水泥路面上，顿时口鼻流血，不省人事。经诊断：左大臂粉碎性骨折，髋关节错位，颅脑严重受伤，经医院及时抢救，总算脱离生命危险。

故事之二：化险为夷三秒钟

把国宾护卫队的执勤日志翻到1985年5月24日，队员们不会忘记这个日子，它记载着一个扣人心弦的故事。

这天上午10点，葡萄牙总统圆满结束对我国的友好访问后离京回国。总统车队浩浩荡荡驶出钓鱼台国宾馆，穿越长安街，一路警戒，一路绿灯，车队载着东方礼仪之邦的荣耀按既定路线向机场路疾驶。

处于前卫车位置的领队干部是王峰，他是此次任务的组织者。按常规，每位外国元首来华访问，抵京、欢迎仪式、向人民英雄纪念碑敬献花圈、离京，国宾护卫队要先后四次出动。每次出动，都要精心准备：检查保养车辆，督促队员按规定着装，明确护卫对象的活动时间，熟悉应急方案和处置原则，掌握沿线交通秩序情况。每次组织这种程序不变的勤务，按说是轻车熟路了，可王峰丝毫没有懈怠。这是本次礼仪活动的最后一站了，安全顺畅地把总统阁下送到首都机场，就可以安然地给本次勤务画上一个圆满的句号了。车行前方是东单路口，交通警察早早地做好了迎接车队顺畅通过的准备，车辆、行人秩序有致地停靠在白色的斑马线前止步，目光不约而同地投向威风凛凛的车队。

车队就要穿过前方十字路口了，一个异常情况突然出现：一中年男子肆无忌惮地跨越隔离墩，神色慌张地朝车队跑来。是精神病患者？是拦车告状人？无论如何，不能让这个不明身份的人贸然闯入车队。王峰猛地加大油门，向迎面跑来的男子冲去，车到人前，一个急刹车，把中年男子挡在路边。中年男子见状，转身掉头，夺路再次向总统车队冲去。机智灵活的王申三、韩守红随后赶来增援，三辆护卫车即刻形成一个封闭的半圆，将中年男子牢牢地圈在其中。三秒钟，短短的一个瞬间，它为共和国增添了荣誉，为国宾护卫队增添了风采。

故事之三：好悬！与公交车擦身而过

1998年2月13日，巴基斯坦总理默罕默德·谢里夫圆满结束了对我国的访问，就要回国了。

国宾护卫队从钓鱼台国宾馆驶出后，沿宽阔平直的长安街畅通无阻地向前疾驶。

驾驶头车的带队警官是吕延伟，他全神贯注地盯着前方的路面，稳稳地加大油门，提高车速。车速表告诉他，车速已达每小时140公里。车队一路顺畅地驶过东单路口。突然间，一辆大巴公交车从崇文门大街驶出，出现在国宾车队面前。吕延伟登时出了一身冷汗，他不停地按着汽笛喇叭，示意公交车避让开。公交车司机发现国宾车队正高速从身后驶来，本想挂倒挡退回，发现已经来不及了，一时手忙脚乱，不知所措。右前卫驾驶员许建宁距公交车只有十多米了，擅自采取刹车措施，难免要造成护卫车追尾的撞车事故，一旦造成撞车事故，将会造成不良影响和严重后果。怎么办？来不及太多思考，只有见机行事，果敢处置。许建宁熟练地运用平时练就的蛇形路线的驾驶技术，迅速来了个“S”急转弯，紧随其后的护卫队员刘广利、段永恒如法仿效，护卫车像一道白色闪电，与公交车擦身而过。

这惊险的一幕，坐在车里的谢里夫看得清清楚楚。到达机场后，他走下汽车，径直朝护卫队员们走了过来，看到队员们挺立在寒风中，神情威严庄重，警姿威武挺拔，他被国宾卫士们的勇敢和坚韧所感动，与护卫队员们一一握手致谢并合影留念。

故事之四：雪中“驯马”

1998年11月21日，第一场大雪喜降京城。

一大早，天灰蒙蒙的，给人们一种“山雨欲来”的预兆。队员们像往常一样，做好登车准备，这天他们执行的任务是护送来华访问的加拿大总理到机场。车队出发时是阴天，抵达三元桥时，下起了零星小雪，再往前走，雪越下越大，路上的积雪越来越厚。雨雪天执行护送外宾的任务不多，这是一次不同寻常的任务。驾驶头车的带队警官是中队长吕延伟，他把时速减到100公里，依然感到车有“飘”的感觉。“请注意，脚下的路太滑，要集中精力驾驶。”他用车上的无线电话机提醒身后的队友。车队穿过高速公路的收费站口，跑在最前面的开道车突然减速，没曾想道路太滑，失去控制的汽车像没头的苍蝇在公路上东突西奔，一阵左右摇摆之后，停在道路中央。眼前这突如其来的一幕，给吕延伟来了个措手不及。刹车已经来不及了，他距开道车的距离不到20米，护卫车之间的距离只有2米，一旦刹车，势必出现车辆相撞的悲剧。护卫车相撞，会带来什么样的恶劣影响？他心里清楚。来不及细想，他要在两秒钟之内作出妥善的紧急处置。“改变队形！”他一边给队友们下达命令，一边机敏地驾车绕过开道车进入边线位置。这一切都在瞬间发生，瞬间后化险为夷。这一切，坐在车里的外宾看得清楚，他们亲眼目睹了中国国宾护卫队员过硬的技能和神奇的风采。送走了外宾，高速公路已经封路，队员们踏着厚厚的积雪推着摩托车返回。好一匹“宝马”，体重100公斤，10公里的风雪路，他们走了四个多小时才把这匹“宝马”牵回家。

神秘光环下的中国骑士

一位来华访问的外国总统临别时给国宾护卫队留下赠言，他说:“我到过许多国家访问，中国的国宾护卫队是世界第一流的。”这位总统的由衷的感慨是对我国宾护卫队的最高褒奖，也是国宾护卫队孜孜以求的最高目标。从担负国宾护卫任务的那天起，国宾护卫队始终以第一流的形象，第一流的纪律，第一流的车技，第一流的安全保障，为共和国赢得了荣誉，为中国武警增添了光彩。

国宾护卫队是第一流的，国人也这么说。在北京街头，在电视屏幕上，人们经常可以看到他们飒爽的英姿，绝伦的车技，可人们无法知道他们为了赢得这“世界第一”所付出的艰辛。下面截取护卫队员们训练中的几个片断，以飨读者。

片断之一：飞车冲向人群

“上！”副支队长原国军做完示范，果断地下达了命令。军令如山，队员们不敢不从。

望着横在眼前的这座楼梯桥，护卫队员陈永录有点眼晕，毕竟是第一次“上桥”，心中无底，两腿发软。

“陈永录，上！”原国军的第二次口令调门显然提高了八度。陈永录不敢再犹豫，壮了壮胆子，猛加油门，冲上楼梯桥。

“不要紧张，下梯要稳住！”原国军见小陈一鼓作气冲上楼梯桥，半是高兴，半是忧虑。小陈第一次上桥训练，勇敢地爬了上去，可喜可贺。令人忧虑的是，上桥容易下桥难，掌握不好，就会人仰车翻。小陈下桥了，他暗暗地捏着一把汗，亮开大嗓门一遍又一遍地提醒。

果然不出所料，陈永录冲上楼梯桥，一阵手忙脚乱，没等大脑作出反应，摩托车像个无法驾驭的怪兽，疯狂地冲下楼梯。陈永录身体失去平衡，被抛下楼梯桥，即刻昏厥过去。无人驾驶的摩托车冲下楼梯桥，径直冲向毫无戒备的人群。

这突如其来的变故为人们始料不及，眼看受到生命安全威胁的围观者惊呼着四下逃散。

“抓住它！抓住它！”原国军迅即作出反应，呼喊着、奔跑着，与摩托车展开了一场非同寻常的竞赛。人车竞赛持续了30秒，原国军以惊人的速度和胆识制服了这匹放荡不羁的铁骑。当大惊失色的围观者恢复无虞的常态时，人们发现，原国军紧握车把的手被划破，鲜血淋漓。

片断之二：屁股摔成了两瓣

“李付云，真有你的，屁股被摔成两瓣。”事后，战友们常拿这句话同他开玩笑。每次听到这句玩笑话，李付云总是苦涩地笑笑。他说什么也想不到，那次训练，会给人留下这样一个笑柄。

那天，队里依然组织摩托车爬楼梯训练，每车两人，前八辆车纷纷落桥，16名队员全都饱尝了坠桥的皮肉之苦。轮到9号车手李付云了，他自我调整一下紧张的心绪，驾车朝楼梯桥冲去，眼看爬了上去，摩托车突然熄火，人车顺着60度的楼梯桥翻滚下去。“李付云，看车！”李付云人先落地，那辆摩托车劈头盖脸地朝他砸将下来。战友们暗暗地为他捏了一把汗，大声疾呼。战友们惊异地发现，此刻李付云正安然地等待着命运之神的判决。霎时，摩托车落地了。好悬哪，距李付云呆坐的地方不到一米远。惊魂未定的战友们纷纷跑来，才发现李付云被严重摔伤，坐在地上丝毫动弹不得。经医院检查，尾骨断裂，屁股真的摔成“两瓣”。

片断之三：前空翻两周半

独木桥、车辙桥、楼藤桥、断桥、原地急调头、交换驾驶、悬轮换胎、钻火圈……护卫队员们的车技精彩绝伦，更令人叫绝的是护卫队员陈兰星独自表演的“前空翻两周半”，准确地说，那不是一个什么创举，而是一个失败的记录。

那是一个风急雨骤的夏夜，按照训练计划，护卫队员们又一次齐装满员地开上机场路。头上是雷电交加的轰鸣，脚下是雨水覆没的公路，车辆驶过，身后溅起一朵朵扇形的水花。

“雨大落滑，谨慎驾驶！”中队长用车载电台提醒他的队员。这样恶劣的天气，终止训练，提前收车，他有这份权力，可他心里却有另一番谋划：这是一个不可多得的训练机会。外宾来访的日程是提前约定的，一般不会因气候条件而改变。作为国宾护卫队，应提供全天候的服务和保障。

车队以护卫队形在机场路高速行驶。迷蒙的雨雾中，处于领先位置的前卫车突然发生故障，偏离了行车路线。右锋车司机陈兰星反应敏捷，旋即来了个急刹车。天雨路滑，情况突然，平时温顺驯服的摩托车骤然间变成一匹放荡不羁的野马，呼啸着冲下公路，撞在了路边的一棵大树上。巨大的惯性将司机陈兰星抛出车外，接下去便是那个精彩绝伦的“表演”——前空翻两周半：身不由已地在空中转了两圈，一个倒栽葱，从天而落，栽倒在路边的庄稼地里，头盔在地上夯了一个大坑。“前空翻两周半”，这高难度的跳水动作在陆地上表演，恐怕是体育史上的一个奇迹，非勇敢者不能为之。

把青春和梦想镶嵌在绿色警营

和外国总统一起合影留念，受国家主席邀请出席国宴，国宾护卫队获得的荣誉够高了！

上电视、拍电影、登报纸，他们够风光了！

上千封热情洋溢的“情书”从四面八方向他们飞来，姑娘们像发烧友崇拜歌星般地把他们作为偶像崇拜，他们够风流了！

他们的确够风光、够风流！可在荣誉和奉献的天平上，人们似乎忽略了那颗压在奉献上的砝码。

砝码之一：拜拜了，光荣的骑士

那是一个周末，中队长王申三买来几瓶啤酒，置几道小菜，和中队几名干部一起，请了一次客。部队不让喝酒，护卫队要求更加严格，王申三总觉得不喝点酒不能尽心意，擅自作主违了一次规，开了一次戒。

被请为上宾的是护卫队员魏合春，看到这种场面，小魏显得有些激动。

“小魏，祝贺你改为志愿兵，为你干杯，也为我们的护卫事业干杯！”中队长率先提议。

说不清小魏是受宠若惊，还是有难言之隐，两杯酒落肚，脸色发红，鼻子发酸，泪珠子滚了下来。

转志愿兵，对于一般义务兵来说是一件可喜可贺的大好事，可对于魏合春来说则另当别论。小魏从城市入伍，家里有一位热恋了三年的女朋友。是早一天回家结婚，还是继续留在部队尽义务，这是近一段时间和女朋友商讨和争论的焦点问题。他热爱自己的工作，确切地说他把护卫工作当作一项神圣的事业。退伍回家，这是女朋友提出的结婚的先决条件。在两难之间作出选择，他犹豫过，徘徊过，最后还是选择了转改志愿兵。他把自己的最后选择写信告诉了女友。等待他的将会是什么？宴请在沉闷忧郁的气氛中进行着，中队部的门被敲开了，门口站立着一位风尘仆仆的姑娘。她来了，虽在预料之中，可没想到她来得这么突然，来得这么不是时候。她是来“劝降”的，还是来决裂的？那冷若冰霜的脸上挂着驱不散的阴云。她是小魏的女朋友，接到小魏的信后，心里着急，马不停蹄连夜赶来。一切已成定局，现状无法改变，更何况这是小魏经过深思熟虑后作出的选择。“既然你无情，就不要怪我无义。拜拜了，光荣的骑士！”女友留下这句令人伤心的辞言，永不回头地走了。

把遗憾留给昨天，明天升起的太阳会带来一个新的希望。魏合春这样安慰自己，重抖精神又踏上铁骑。

砝码之二：校园里抛来的“绣球”

“直言不讳地说，我是一个追星族，可我追求的不是歌星，不是影星，不是球星，我追的是在长安街上飞驰的流星，为共和国争得荣誉的你们。从电视屏幕上看到你们飒爽的英姿，娴熟的车技，威武的形象，真让人羡慕不已。从你们漂亮的礼服、雪白的手套、锃亮的马靴上，我看到了你们威武潇洒的骑士风度，想必你们一定吃的是国宴，住的是宾馆……你们是我心中最崇拜的偶像。”这封信来自大学校园，这位“追星族”是位女大学生。这位女大学生被护卫队员那庄重的仪表、高超的车技深深地打动了芳心，于是给护卫队员们写来了一封求爱信，表达了爱慕之心。可她却犯了一个常人不该犯的错误，把这封求爱信写给了全体护卫队员。队员们看了这封“情书”，既觉得可笑，又感到自豪。中队领导以护卫队集体的名义给这位女大学生回了一封信，勉励她好好学习，并告诉她她所崇拜的偶像其实都是些普普通通的士兵，只是因为祖国的需要，他们经过严格的训练，才练就了电视画面上那些个精彩的瞬间。一个月后，这位女大学生利用暑假从哈尔滨来到北京，她想亲眼看看那些她所崇拜和心仪的共和国之星。一路走一路问，说不清她费了多少周折，痴迷不悟的她总算是摸到了护卫队驻地。那天，护卫队员们正在训练，她不动声色地站在一旁观看：白色的头盔，白色的手套，铿亮的马靴，和电视里看到的一模一样。两眼直视前方，两手紧握车把，每人背上莫名其妙地插着一个十字架，他们一动不动地坐着，远远地看去，像是一尊尊雕像。起初，她不解，大太阳下，他们坐着干什么？难道军人也信耶稣？回来，她才知道他们是在练“坐功”。训练结束了，队员们摘下头盔，她才发现每个人的头发都被汗水浸透，像刚刚用水洗过的一样。感动所致，她来到护卫队员中间，从身上掏出手帕，为队员们擦一把脸上的汗水。女大学生走了，临走时，她含着眼泪说:“我这次没有白来，了却了我一个心愿。我的这块手帕上浸透的只是我所仰慕的人万分之一的汗水，我要永远珍藏它，你们永远是我心中最明亮的星。”

砝码之三：车轮碾碎一颗痛苦的心

马得收，一个地地道道的农民儿子，名字寄托着父辈们的希望。得收，得收，每年夏季收获的日子，母亲总是不停地念叨在北京当兵的儿子。家里没有劳动力，眼看着地里成熟的庄稼收不回家，老人家心里急啊！更让她着急上火的是那长期卧病在床的儿媳。马得收结婚后，妻子患风湿性偏瘫，失去了生活自理能力。全家里里外外，靠母亲一个人操持。马得收心疼母亲，可他爱莫能助。自古不能忠孝两全，他懂得这个理儿。一个星期内，马得收接连收到三封加急电报，第一封是母亲病重，第二封是母亲病危，第三封是母亲病故。手捏着一封比一封沉重的电报，马得收的心碎了。请假回家，不能！近期内，坦桑尼亚、赞比亚、刚果元首访华，一个萝卜一个坑，走不了啊！他把悲痛藏在心底，又一次进了迎宾护卫队的行列。人们谁曾想到，护卫队那飞快的车轮此刻正碾轧着一颗痛苦的心。

郭希雷，这位来自贫困山区吃“窝窝头”长大的山东大汉，当兵九年了，是国宾护卫队的骨干队员，如今是代理排长。领导介绍说，他有三次提干和转干的机会都被错过了，替他惋惜。郭希雷说得实在，在国宾护卫队，当干部和战士一样光荣。自打进入国宾护卫队那天起，他就觉得自己是最值得骄傲的军人，当铁骑伴他走过九个春秋，在自己的军旅生涯中写下护卫国宾 308 次的荣耀时，他更加为自己从事的神圣事业而感到自豪。九年，从一个普通士兵成长为一名合格的国宾卫士，他在肉体上经受过血与汗水的洗礼，在情感上咀嚼过忠孝不能两全的酸痛。1996 年，爷爷、奶奶相继病故，伯父、伯母接着辞世，一年内，他失去四位亲人，他一直没有回家。那一年，有 33 次迎宾任务，他承担了 100 多次迎送勤务。6 月 19 日，他正准备上勤，接到“爷爷病故”的电报。怎么办？作为一名合格的国宾卫士，他无需选择，他永远知道自己该怎么做。他悄悄地把电报揣进兜里，把痛苦装在心里，毅然地跨上铁骑。那天，天下大雨，雨水浇透了他的军衣，他心里也在下雨，沥沥的心雨浇透了他那颗痛苦的心。

砝码之四：情感麻辣烫

一位国宾护卫队的崇拜者曾写来这样一封信：“从电视里看到你们的风采，既威武，又潇洒，让人羡慕。你们为国争光，为军添威，想必你们一定有特殊的待遇……”该怎么给这位崇拜者写回信呢？要说特殊，属于他们的只有特殊的奉献。

他们和普通的士兵一样，每个月只有几十元的津贴费。他们是在军人中挑选的军人，他们不但有良好的政治和军事素质，还必须有健康的体魄和端正的五官。他们要接受组织的特殊挑选，可他们并不享受任何特殊待遇。他们大多从农村入伍，退伍后学无所用，无法安排工作。有的护卫队员转为志愿兵，该回家的不能按时回家，该来队的不能按时来队。志愿兵陈永录两年没有回家探亲了。他家在农村，分家时分了 2 000 元债务，妻子在家种地，一年的全部收入不过 500 元，而自己回家一趟的路费就是妻子半年含辛茹苦的收入。为了还债，他苦了又苦，把两年回家探亲的路费寄给了妻子。志愿兵张增军，爱人生孩子时没能及时回家，回家后孩子已经满月，爱人没好气地问他回家干什么来了，他哑口无言。爱人的工作单位距家 20 多公里，生孩子时，她身边一个亲人也没有，是单位的同事用手推车把她送到医院。她觉得委屈，给孩子取名“匆匆”，后来他与妻子协商，才将“匆匆”改为“聪聪”。如今张增军已经当了副大队长，聪聪也上了小学。

护卫队员刘广利，妻子四年没来队探亲了，他不愿意说家事。指导员介绍说，他结婚六年孩子都5岁了，家属只到部队来过一次。从家庭情况说，他家在农村，妻子上有老下有小，出来一次不容易；还有一个他不愿意说的原因，就是家庭经济不宽余，探亲来回一趟几百元，舍不得花那道子钱。刘广利是中队公认的节约标兵，他从不乱花一分钱。他有三年没回家探亲了，把节省下来的钱全部寄回家，他能给予父母、妻子和孩子的仅仅只有这一点。

在国宾护卫队，有两多，一是“爸爸兵”多，二是“大龄青年”多。国宾护卫队工作任务特殊，培养一个合格的护卫队员一般要三到五年，特殊任务和特殊需要，这个中队士官比义务兵多，士官大部分结了婚有了孩子。在中队，他们是执勤骨干，除了完成执勤任务外，他们还要和义务兵一样站哨、操课和训练。过年了，他们很少能回家，他们知道自己担负的使命，没有什么怨言。每年过春节前的两个月，中队干部就开始在他们中搞“摸底”调查了，调查的目的是为了把那个“探家指标”分下去。有一年春节，士官中只有一个回家探家的指标，经过指导员明察暗访，决定让郭希雷回家。他当兵八年了，家里一年内失去四位亲人没有回家，已经进入“大龄”行列了，对象还没有着落，也应当让他回家。小郭接到回家探家的通知后，为爸爸妈妈买了北京的糕点，给侄子、外甥女买了衣服，还悄悄地给心中的那个“她”买了一枚金戒指。一切准备停当，突然出现变化，士官许建宁来了“情况”，他也是大龄青年，28岁了还没有对上象，家里刚刚写信来说是已经给他物色了一个“目标”，希望他能过年回家一趟。指导员为难了，把他们两个人叫到一起，要求他们自己协商解决。他们协商的结果是，小郭把“机会”让给了许建宁，理由是小许已经有了“目标”，自己只是有个“想法”。小郭没有回家，那只金戒指至今还藏在那个秘密的地方。

回家探家要“指标”，来队探亲要“排队”。中队有17名士官，其中15个结了婚。过年了，丈夫不能回家，妻子要求来队的多，中队只有一间家属房，来多了无法接待，没有办法的办法，只能排队接待。

士官陈建平的妻子带着儿子到部队来过年，他感谢领导关心，把这个不可多得的团圆的机会给了他。结婚六年了，妻子和儿子第一次来部队。大年三十晚上，陈建平上自卫哨，一班哨是两小时。饺子包好了，久等不见丈夫回来，妻子打发儿子去找爸爸。儿子陈珂跑到楼下，见爸爸一个人直挺挺地站在门口，拉着爸爸的手说：“爸爸，你一个人站在这里干什么？”“儿子，你不懂，快回家吧。”“不，我要和你一起回家，妈妈说让我喊你回家吃饺子。”“你和妈妈先吃，爸爸现在不饿。”“你不回家我也不回家。”儿子和爸爸一起站在哨位上。妻子走下楼来，看到父子俩一高一低地站在寒风中，她心底涌起一阵莫名的感动，全家人一起站完那班哨，然后一起吃了那顿团圆饭。

指导员殷毅的妻子叫汪大雁，一年一度的“大雁东南飞”，越飞心情越沉重。她原本是一个女强人，在家乡的一家工厂当部门领导，不但有个光彩的位子，而且还有不菲的收入。因为她嫁给了军人，因为她每年要到部队来探亲，因为她探亲而“影响”了工作，后来她被炒了“鱿鱼”，成了一位下岗女工。她有时也发牢骚，说是殷毅耽误了她的前程。

“因为你是军人的妻子，因为军功章里有你的一半，所以你要和军人一样作奉献。”这是殷毅给她的解释。汪大雁是个明大义识大体的女人，她虽然失去很多，可她认为自己拥有的比失去的重要。丈夫干的是大事业，干大事业就有大牺牲、大奉献。当了几年军嫂，她品足了军人感情生活的“麻辣烫”。人们常说，距离能产生美，可对于天各一方的恋人们来说，距离是一个悠长的思念。汪大雁感受最深的是第一次到部队来探亲。知道丈夫在北京当兵，又在国宾护卫队当领导，心里一直升腾着一股到北京见见大世面的欲望，她加了五天班，请了五天假，决定到北京来探亲。北京在哪里？北京有多远？北京有多大？她不知道，直到上了火车，才知道成都到北京要坐36个小时的火车，天哪，满打满算十天假，来回坐火车就要三天三夜，对于她来说，时间就是爱情，她恨不得一步踏进北京，出现在丈夫面前。从火车开动的那一刻起，大雁的情感时钟就进入“倒计时”，一分一秒地“盼”到“倒计时”零点。车停了，不是北京而是丰台。她急急火火走出丰台火车站，不见丈夫来接，一打听，才知道自己提前下了车，应该到北京站下车。第一次出远门，人地两生，自己该怎么办？无奈中，汪大雁搭上了一辆出租车，花点钱她并不在乎，她只是心里着急，盼望着能早一点见到丈夫。比她更着急的是殷毅，他满心欢喜早早地赶到北京站接妻子，眼看着车上的乘客走完了，不见妻子的身影。会不会是没有赶上这班车？他疑惑不解地走进电话亭，给四川老家挂了一个长途。听说大雁没到北京，家里人也着急，全家人亲自把她送上车，难道出了什么意外？家里人着急，汪大雁着急，殷毅心里也着急。听说指导员“丢”了妻子，大伙先后派出三路人马去寻找，人是找了回来，出租车费却花了500多元。这次“京城历险记”汪大雁终生难忘。

赵难过，不知他当年为什么起了这么个不吉利的名字，结婚七年了，一直想生个孩子，等了七年，盼了七年，始终不见“动静”。不但他们两口子着急，部队的领导也跟着他们着急，每年安排老兵探亲前，总是给赵难过“优惠”政策，让他先走，希望他了却那块心病。赵难过说得直率，咱当兵的人每年只有一次鹊桥相会，机会太少了，错过这个机会就瞎了。令他感到欣慰的是，他终于把握住了一次好机会，妻子终于怀孕了，给了他一个“隆”起的希望。

胃炎、关节炎、肩周炎、脊椎炎、风湿关节炎、椎间盘突出、脚气是护卫队员们的职业病，他们从不叫苦，也从无怨言。蔡相国接连拉了三天肚子，勤务来了，他拿一卷手纸垫在屁股下出车，完成任务后归来，又插上了吊针。

大队长吕延伟脚气感染，流血流脓，整整一个冬天没有洗脚。

护卫队员李银科患严重风湿性关节炎，夏天不能吹电扇。他一个人不吹电扇也罢，害得一个班的战士跟他一起苦熬那个夏天。

的的确确，他们是普普通通的战士，他们有普通人的忧愁和烦恼，他们有普通人的酸甜和苦辣，可他们却有普通人所没有的骄傲和自豪，有普通人所没有的境界和情操。

壮哉，国宾护卫队！

壮哉，中国第一骑！

（选自 2002 年第 10 期《报告文学》，有删节，作者：郝敬堂）

目击飞船回家

——“神舟三号”飞船返回舱搜索回收纪实

2002年4月1日，“神舟三号”飞船顺利返回内蒙古中部着陆场区。担负飞船回收任务的搜救人员很快发现了返回舱，并立即进行了检查。从现场情况看，着陆缓冲发动机在飞船着陆前工作正常，返回舱落地后结构良好；舱体密封良好，舱内仪器设备安装状态没有发现变化；舱壁防热结构完好无开裂；返回舱散落物也分别在落点周围找到，结构完好，烧蚀情况正常。

这里的黎明静悄悄

中国内蒙古自治区中部地区，四子王旗的北部60千米处有个神奇的地方叫大庙，说它神是因为不大的地方却有几座雄伟的喇嘛庙，每年都有牧民从远方来朝拜；说它奇是因为周围都极其平整单调，唯它依山傍水。大庙的北部是阿木古朗牧场，地域开阔、平坦，中国“神舟”飞船返回舱着陆场就设在这里。

2002年4月1日，阿木古朗牧场的土地依然是沙土裸露，稀少的草根仍然保持着冬天的状态，西伯利亚吹来的风已不再刺骨，但风速却达到10米/秒，缺水的沙土被轻微扬起，能见度约10千米，太阳把大地晒到了25℃，羊群仍在看似无草的土地上寻找着什么。这里的一切无法让人们意识到将会发生什么。

这天，大庙的老百姓生活依旧，但他们发现，共有几十户人家的村落里汽车骤然多了起来，大庙小学东边的部队大院里显然与往常不同。联想到昨天还飞来几架直升机，他们在猜想着什么。

序幕已经拉开

11：15，部队大院里的车辆一线排开，空中、地面分队等十几个单位的参试人员列队完毕，总装备部首长进行了动员。11：30，地面分队的 30 多辆越野车和特种车辆鱼贯驶出大院，前面两辆闪着警灯、车顶架着天线的开道车已消失在山的北面，而尾车却刚驶出大院，整个车队绵延 1 000 多米。着陆场站孙站长目送着熟悉的车队。此时，地方政府和警方的 20 多辆车组成的车队也加入到搜索车队的后面，浩浩荡荡开赴返回舱预报落点。

14：00，地面分队到达待命地点，此时飞船仍在太空遨游，还需围绕地球运行一圈多，地面测控网正将返回控制参数注入飞船，飞船在作返回的最后准备。

15：40，停在大庙小学南侧的四架直升机马达轰鸣；15：50，四架直升机从大庙腾空而起，飞赴四个方向，分别布在距预报落点 40 千米处，形成一个口袋，等待着祖国骄子的回归。

此时飞船已飞入远在南非以西海洋“远望三号”测量船的测控弧段内，飞船调姿 90°，将轨道舱留在原轨道上继续飞行；再调姿 90°，将飞船尾部调到前头；16：03，两台制动发动机同时准确点火，巨大的火焰将飞驰的飞船从 7.4 千米 / 秒的速度降到了 7.3 千米 / 秒，飞船环绕地球飞行的轨道进入了回归地面的轨道。此刻飞船距地面高约 340 千米，距着陆点航程约 1.4 万千米……

黑障

16：29，飞船返回舱下降至 80 千米高度，逐渐进入稠密大气层。返回舱与大气开始剧烈摩擦。摩擦产生了阻力，阻力在急速地降低返回舱速度。同时，摩擦也急速地对其加热，舱体表面温度高达 1 200℃，舱外防热材料在顽强地保护着舱体，使舱内温度控制在航天员舒适的范围内。摩擦在返回舱周围及尾部形成了离子鞘，像电子屏蔽层一样将返回舱与外界的通信隔离，地面测控设备只能依靠反射式方式进行返回轨迹测量，而无法接收从返回舱发出的无线电信号，这就是所谓的“黑障”。

2002年3月25日晚10时15分，“神舟三号”飞船在甘肃酒泉卫星发射中心成功升入太空。

内蒙古着陆场站的监控雷达对飞船持续跟踪。

2002年4月1日，“神舟三号”飞船于下午
时许准确降落在内蒙古中部地区。

（李刚/摄，图片来源：新华社

同时，返回舱也充分利用了大气阻力，根据预定落点巧妙地调整自己的姿态，使阻力的一部分变成升力，返回舱如同长着翅膀一样在大气层中飞翔。这样，既增加了返回航程，减少了高度下降速度，缓解了过载对航天员造成的不适，又可以用来修正各种误差，使着陆点更加准确。

返回舱在黑障内飞行 5 分多钟后高度下降至 40 千米，其速度已大大降低，离子鞘在逐渐消失，无线电信号开始重新出现……

游子归来

“一分钟准备！”16：36，着陆场地面指挥部发出调度口令。四架直升机上所有搜救人员顿时忙碌起来，布在西南方向的二号直升机飞行员密切注视着超短波定向仪指针，所有机舱内的搜救人员向窗外望去……

“有信号！”16：37，二号直升机飞行员喊了一声，但见定向仪指针左右动了几下，但不稳。此时机舱内的紧张程度达到了极点，人们多么希望它能定在一个方向……

几乎同时，布在西北方向的一号直升机也发现了信号，但同样不稳定。驾驶员袁副团长看到左右摆动的指针，试图立即确定信号的方位。

正在这时，布在东南、东北方向的两架直升机也相继收到超短波信标信号，四架直升机收到的信标信号在逐渐稳定。一会儿，地面指挥车显示屏上明显标出四架直升机的定向仪同时指向一个点，均指向了“口袋”中部附近……

“归零飞行！”地面指挥车上负责指挥直升机的陆航局肖参谋果断发出命令。四架直升机如同脱缰的骏马风驰电掣般飞赴落点。

此时的返回舱正在离地面搜索分队待命地点以西约 10 千米处的上空，正以近乎完美的程序完成着陆前的一系列动作：从 40 千米降至 10 千米高度时，返回舱准确弹开伞舱盖，随即拉出两具引导伞和减速伞，返回舱速度慢慢在降低，近半分钟后降至 6 千米高度……

此时地面搜索分队的所有参试人员均在车外，仰头向天空望去，着陆场指挥部指挥长夏副司令多么希望能马上亲眼目睹飘然若仙的归来游子。

“砰”一声巨响，所有的人都听得真切。地面搜索分队中空间技术研究院的专家马上意识到主伞开了，而且距此处不远，但空中仍然空无一物。

此时地面搜索车辆短波定向仪收到了短波信标信号。

一具1 200平方米、红白相间的大伞正吊着返回舱在西边10千米处缓缓下降。在距地面约1.5米高度时，四台缓冲发动机点火，舱底猛然喷出一团火焰，返回舱像踩着海绵一样平稳地垂直落地。此时是16：51。几秒后，返回舱准时切断伞绳，这时地面正是西风，风速约10米/秒，大伞被风鼓起，拖着90多米长的伞绳继续向东飘去，终于伞绳被草挂住，完成了使命的大伞不情愿地倒向了东方，伞绳整齐地排列着，如同铺开的“回家”歌曲中的五线谱，在等待着祖国亲人的歌唱。大伞倒地后由圆形变成了月牙形，弯弯的，鼓鼓的，像是躺着但又扬着头的哨兵，继续忠实地观望守护着西边150米处的返回舱。“藕断丝连”之情溢于言表。

追赶落点

16：54，首先发现信标信号的二号直升机距落点35千米；16：59，距落点还有12千米。人们的心情焦急着，中央电视台的小张紧紧地抓住摄像机，紧张地望着窗外。

“发现目标！”17：02，二号直升机驾驶员兴奋地喊了起来。我们顺着机头方向望去，但见返回舱傲立在祖国的大地上，大伞仍被西风鼓动着。我的照相机记住了这历史的一刻。

先于我们几分钟到达的一号直升机在我们的下方盘旋着，盘旋了几圈后首先落地。17：09，二号直升机落地，搜索人员立即将返回舱现场保护了起来。

另两架直升机朝这里飞驰着，地面的50辆搜索车如同长蛇般在短波信标信号和直升机的引导下向落点赶去。

突然，地面搜索车队旁边杀出一串摩托车，有20多辆，一色年轻人，打头的还高举着红旗，场面甚是壮观。搜索人员都觉纳闷，忙驱车追去问个究竟。原来是内蒙古地方政府组织的摩托车队，带着介绍信，来帮助搜索和寻找返回舱散落物的。

这边风景独好

17：30，地面搜索车队赶到现场，以30米为半径设置了警戒线。现场处置马上开始，空间技术研究院工作人员开舱，开始进行各种处置。

这时，风不知不觉中变得小了起来，后来简直是静风，处置工作有了很好的环境。真是天助我也。

两架直升机在放下搜索工作人员后马上起飞，在附近寻找返回舱在下降过程中的散落物。

"减速伞找到！"

"大底找到！"

"伞舱盖找到！"

原先需花几天甚至几个月时间才能找到的东西，直升机在返回舱落地后不到两个小时就全部找到。

"英雄啊，我们的飞行员！"现场首长由衷地赞叹。

太阳渐渐降到西地平线上，把整个天边映得通红，辽阔的草原铺上了一层金黄色，刚刚回到祖国怀抱的游子镶嵌在温暖的夕阳中。

19：30，空间技术研究院工作人员取出了科学院的空间蛋白质结晶装置、细胞生物反应器、固体径迹探测器等空间实验样品。19：50，三号直升机直飞北京，以最快的速度将回收样品送回北京实验室。

20：10，工作人员取出了航天员系统的实验样品，模拟航天员安然无恙。

22：20，返回舱处置完毕，搜索部队将返回舱连夜运赴部队驻地。

4月2日凌晨2：50，搜索车队护送返回舱运抵大庙。此时鞭炮齐鸣，大庙的夜空被绚丽的烟花渲染着，构成了一幅动人的画卷，宁静的小村庄顿然成了不夜城，仿佛在告诉着人们，中国载人航天史已由神秘走向现实。

（选自2002年第6期《太空探索》，作者：王朋）

圆梦之旅

——中国海军舰艇编队首次环球远航

2002年5月15日，中国海军舰艇编队开始了中华民族历史上首次环球远航。132个日日夜夜，33 000海里漫漫航程，他们实现了中华民族航海史上具有里程碑意义的伟大壮举，他们用行动向世界证明——中国海军有能力驾驭任何大风大浪，中国海军无愧于神圣的“八一”军旗！

中国，青岛港。

汽笛一声长鸣，阵阵军乐回荡。“青岛号”导弹驱逐舰和“太仓号”综合补给舰就要解缆启航！

历史将铭记这一刻——2002年5月15日9时0分。中国海军舰艇编队犁开了中华民族历史上首次环球远航的航迹。

506名海军官兵带着儿时的梦想，带着父辈的叮咛，今天终于启航！

从台湾海峡到新加坡，从印度洋到地中海，从南美洲到太平洋，这一路上，留下了太多太多值得记录的片断，且让我们撷取些许。

曼德海峡：惊心动魄的一天

5月28日到6月5日，中国首次环球航行舰艇编队穿过马尔代夫环礁、赤道海峡，顺利横跨波涛汹涌的印度洋，完成了本次环球航行的第一个大跨越。5日凌晨，编队绕过位于索马里的非洲之角——阿赛尔角，进入了风平浪静的亚丁湾。然而，这种表面的平和下，却丝毫掩饰不住真实的紧张与动荡，因为前方就是狭窄、繁忙的曼德海峡——世界战略的心脏。

预感终于成真。7日凌晨5时，我上铺的老张悄悄把我推醒："有情况！快起来！"新闻的敏感把我从睡梦中惊醒，我揉着睡眼走出了舱室。好家伙！左舷，微露的晨曦中，一艘不明国籍的军舰就在我们近旁！我们马上跑到指挥室，值班的副舰长告诉我们：这艘军舰已整整跟踪我们编队两个小时，最高追随速度曾达到近30节！根据航迹判断，它应该是从亚丁港出发的。由于能见度所限，具体情况还不清楚。各战位上的操作人员一丝不苟地监视着目标的一举一动，一种淡淡的紧张气氛笼罩着指挥室。

天色渐渐亮起来，通过高倍望远镜，我们可以清晰地看到外舰的轮廓与舰形：那是一艘德国的不莱登堡级新型导弹护卫舰，舰桥后部的警戒雷达呈开机状态，不停地转动着，搜索着海面和空中的情况。舷号也渐渐清晰：F217。那是不莱登堡级的三号舰。

一个多小时后，当曼德海峡两边的山峦现出淡淡的轮廓时，德舰悄悄转向，渐渐消失在我们的视野里。"这条舰的使命可能是监控从亚丁港到曼德海峡这一范围内的过往军舰。现在北约在亚丁湾常年有军舰值班巡逻，尤其是美海军'科尔号'导弹驱逐舰在亚丁港被炸之后。"北海舰队航保处李鹏程处长分析。2000年10月12日，美国海军"科尔号"导弹驱逐舰在也门的亚丁港被一条装满炸药的小艇炸成重伤，17名舰员丧生，多人受伤，左舷中段被炸开了一个数米见方的大洞，一部主机严重受损，舰体大量进水造成了40多度的横倾，几乎完全丧失了航行能力。不少国家把袭击"科尔号"当作一次成功的海战行动：以区区两个人的牺牲、不足万元美金的小艇和炸药，却使美国付出数十人伤亡、上亿美元损失和一艘主力战舰长时间丧失战斗能力的代价，这是世界海战史上少有的得失比！

"科尔号"被炸事件也给当代海军作战理论造成了不小的冲击。其实，战争的法则就是没有法则。作战打仗，历来是你打你的，我打我的，只要能有效打击敌人，又有谁会拘泥于传统的、固定的作战模式呢？不少西方军事专家把这种恐怖活动的作战方式称为"穷人的海战方式"，因为这种袭击方式简单、行动隐蔽、方法灵活，让人防不胜防。

曼德海峡东西宽十多海里，丕林岛把海峡一分为二。东边的那条称小海峡，是原来从红海进出印度洋的主要航道。西边一条较宽，称为大海峡，但大海峡内暗礁较多。我们的舰艇编队从大海峡紧靠丕林岛一侧通过。站在顶层驾驶台上远眺，丕林岛上的景物一览无余。几个小山包构成的这个弹丸小岛，面积不过 13 平方公里，可战略地位却相当重要。小岛属也门所有，可为了这个小岛，英、法两国在这里争夺了上百年。通过望远镜，古老的灯塔、残存的工事仍历历在目。

紧张的气氛贯穿在整个海峡。中午，一架 P3C 巡逻机超低空接近我编队进行侦察，在官兵中引起了不小的震动，因为这种飞机同 2001 年中美撞机事件中的美机属同一型号。高温笼罩着整个海面，海峡内火炉般干燥炎热的气候和它作为战略心脏的种种迹象一起考验着来自中国的军舰。有了前车之鉴，我们舰艇编队在这里也是分外小心翼翼。因为这里除了外军的侦察，还有恐怖分子活动，还有猖獗的海盗作案。在接近海峡北口时，我雷达显示：有两个高速移动的物体向我们编队接近！全舰马上进入戒备状态。高速物体渐渐逼近后，我们才发现，原来是两艘巡逻的导弹护卫艇。两艇在我们左舷数海里处减速，与我们擦肩而过。"又是来侦察我们的！"李处长说，"不过，可不能大意。现代海盗和恐怖分子通常也是乘坐高速小艇出其不意地抵近作案和破坏，这种可能不能完全排除。"果然，没隔多久，戒备信号再次响起。左舷和右舷同时出现了六个高速小目标，他们在我们编队附近游弋着，仿佛在寻找着下手的机会，让人不敢有丝毫的大意。大约十多分钟后，也许他们看到两条军舰早有戒备，也无利可图，才悻悻地离去。

入夜，编队进入了反恐怖战斗操演状态。反恐战斗小组严守自己的战位，紧握手中的武器，一双双警惕的眼睛密切监控着漆黑海空中的所有可疑目标……

我们需要大洋风浪的考验

葡萄牙位于欧洲大陆的最西端，葡萄牙著名诗人卡蒙斯的诗句"大地止于此，沧海始于斯"就刻在里斯本以西约 30 公里的"欧洲之角"——罗卡角的一块石碑上。7 月 10 日，中国海军环球航行舰艇编队来到这里。就在这 500 年前一批伟大的航海家、探险家启航探索世界的地方，迎着大西洋猎猎的季风，我们采访了中国海军首次环球航行舰艇编队指挥员丁一平将军。

问题之一：作为中国海军首次环球航行舰艇编队的指挥员，此刻身在这块人类迎接浩瀚大洋挑战、开创地理大发现时代的地方，你有何感想？

丁一平：此时此刻，我的心情是很复杂的。这次环球航行，对中国海军来讲，具有重要的历史意义。作为一个海洋大国，作为一个有着悠久航海历史的国家，作为一个古老文明一直延续至今的国家，我们现在进行环球航行，从时间上讲是有些晚了。古代中国曾经有过辉煌的航海历史。最早有记载的航海壮举，如徐福东渡，发生在秦代；法显越洋，发生在东晋时期。这些中国古代早期的航海壮举，比迪亚士、达·伽马等早了 1 000 多年。著名的郑和七下西洋，不仅到达了东亚各国，而且到达了非洲东岸，其年代之早、历时之久、航程之远、舰船数量之多、吨位之大，都是西方航海家所无法比拟的。中华民族不仅有悠久的航海史，还有悠久的海军史。早在公元前 6 世纪，舟师、水师就已诞生，到战国时期有了较大发展，唐宋时期趋于成熟，明代中叶达到鼎盛，有文字记载的海战就有许多次。如公元 663 年的白江口海战，唐朝水师在今朝鲜锦江口大败日本水军，使朝鲜 900 年没有倭寇之患。1598 年的露梁海战，明代水师与朝鲜水师联合对日作战，几乎全歼日本水师，取得了海战的空前胜利。这些都是历史上中国海军取得的辉煌战例。从这个意义上讲，我们中华民族早就该完成环球航行了。但历史往往是无情的，是不能改写的。由于我们民族在相当长的一段时间里政治衰落、闭关锁国、发展滞后，造成了海洋意识的淡薄，海军的全面落后，不仅海洋权益得不到保障，甚至沦落到有海无防的境地。自 1840 年鸦片战争后的 100 多年间，帝国主义列强 84 次从海上入侵我国。每一次入侵，给中国人民留下的是一个个不平等条约，是水深火热的痛苦，是半封建、半殖民地的深渊。甲午海战中北洋水师的全军覆没，更使我国签订了丧权辱国的《马关条约》。从那时起，台湾被分割出去，直到抗日战争胜利后，才回到祖国怀抱。但现在有一些“台独”分子，妄图分裂祖国，加上有外国人撑腰，使我国的统一大业至今尚未完成。

一个国家、一个民族，如果不重视海洋，不重视海洋权益，不重视海军建设，就不可能真正强盛起来。孙中山曾多方呼吁重视中国的海权问题。毛泽东等老一辈的无产阶级革命家，深谙有海无防的历史教训，亲自决策创建了人民海军。在海军建设初期，毛泽东就视察海军，并为海军题词：“为了反对帝国主义的侵略，我们一定要建立强大的海军。”毛泽东的这一题词是联系我国近代血泪历史的教训来书写的，他一口气就写了好几遍，这是很少见的。今天，以江泽民同志为核心的党的第三代领导集体不仅非常重视海军建设，还亲自制定了新时期海军建设与发展的战略方针，使我人民海军在新的历史条件下，得到了新的发展。中华民族有海无防、任人欺侮的时代已经一去不复返了。

说到环球航行，我们很难想象，一个贫穷落后、半封建半殖民地、闭关锁国的民族能去进行环球航行。清末也有一艘中国军舰到过欧洲，叫“海圻号”，但它去的目的不是环球航行，而是去参加英国国王乔治五世的加冕庆典活动。它也曾经跨越大洋，但在那样的历史条件下，它虽然滞留海外一年多，最终还是没能完成环球航行。从麦哲伦的船队 1522 年 9 月 8 日完成历史上第一次环球航行到现在，正好是 480 年。世界上许多海洋国家都相继完成了环球航行，但是在完成环球航行的名单中，始终还没有写上中国的名字，这不能不说是一个历史的遗憾。今天的环球航行早已不是什么探险活动。一次环球航行的实现，标志着国家政治、经济、科技等综合实力的提高，标志着改革开放政策的成功，也标志着国家外交的大好形势，还标志着国家航海事业的发展。现在，历史的机遇已经落在了我们这一代人身上，无论对于我个人，还是对于我们参加环球航行的所有官兵，都是一件非常幸运的事。我们这支编队满载的是党中央、中央军委和海军党委的信任，满载的是祖国人民的期望和重托。我们所有执行这次任务的官兵，既有强烈的光荣感、使命感，又有强烈的责任感和紧迫感，我们将全力以赴，认真履行职责，以实际行动去填补中华民族历史上的这一空白。

问题之二：500 年过去了，人类世界发生了巨大的变化。当年的达·伽马、哥伦布和麦哲伦等航海家们用的是笨拙的木帆船、简陋的航海仪器，他们探索海洋的重要收获是带回了丰富的航海知识和地理知识，鼓励人们思索世界的真正面貌。在今天的信息时代，拥有现代化武器装备的中国海军舰艇环球航行的意义何在？

丁一平：麦哲伦所进行的环球航行是人类历史上的第一次，具有划时代的意义，它对世界历史产生了重大影响，今天我们再进行环球航行，早已失去了那样的意义。从其他方面讲，我们现在所进行的环球航行跟哥伦布、麦哲伦那个年代的航海相比，也有天壤之别。首先航行的目的就是完全不同的。他们的目的是获取财富和占有土地，梦寐以求的是东方的香料和黄金，他们远航的原动力来自占有更多的财富和开拓新的殖民地。哥伦布、麦哲伦等人第一次踏上美洲、大洋洲和亚洲大陆时，往往受到友好的欢迎，当地的土著居民非常纯朴、善良，把这些陌生人当作客人善待。但是，这些探险家们是抱着占领、掠夺、获取的目的来的，因而他们带去的不是和平，而是欺骗、掠夺和杀戮。而我们今天的环球航行则是代表国家、代表军队去与世界各国人民和军队进行友好交往，宣传、展示我们中华民族新时代的精神风貌，增进与被访问国家人民与军队之间的了解、信任和友谊。所以简单地说，我们今天环球航行的目的就是为了和平和友谊。

其次，哥伦布、麦哲伦等人的航海活动，在他们那个年代确实是一种探险。他们用笨拙的木帆船、简陋的航海仪器，去探索一个对他们来讲未知的世界，他们的探险需要巨大的勇气、坚定的决心和顽强的意志，他们所遇到的困难是常人难以承受的。像哥伦布第一次西行发现美洲岛屿，三艘船中，最后只有一艘船跟随他返回。麦哲伦环球航行的五艘船中最后也只有一艘完成环球航行回到祖国，连麦哲伦自己也未能生还。不光船只可能回不来，还要经受风暴、疾病、哗变、冲突及死亡的严峻考验。在“向回走就是家乡，向前走生死难料”的情况下，只有最勇敢、最坚强的人才能去完成这样的航行。毫无疑问，我们今天的环球航行与那个时代的环球航行相比，就危险性而言，不可同日而语，不仅风险小得多，而且也容易得多。我们是在已知的世界中以一种现代的、科学的态度去进行环球航行的。比如，大洋上的风暴，对探险家们只能是一种无奈的遭遇，而我们则可以准确地掌握，并选择最佳航线、最佳的航行状态以减小其影响；再比如，对于航行经过的海域、水道、海峡、港湾和锚地，探险家们不可能有全面的了解，因此，往往只能盲目航行，而我们则是在充分了解和掌握现代航海知识和科学技术条件下的航行，我们所有的行动都不是盲目的，都是在预定的计划之中、在科学的指挥之下完成的。正因如此，对我们环球航行的要求也是完全不一样的，我们必须克服一切困难，做到按计划准时准点地完成环球航行，必须在保证装备及人员安全的情况下完成环球航行。这对我们来说，可以认为是一种新的挑战。

完成环球航行，对任何一个国家的海军来说，都不是件很容易的事情。比如，一路上，我们不靠港补油，也不接岸电，全过程都依靠我们自己的动力和电力，如果没有这个能力，就完成不了环球航行。环球航行过程中所有装备机械都会超强度地运行，如果没有连续运行及维修保障能力，完成环球航行也将是十分困难的。再比如，克服自然气象条件造成的困难是我们不能回避的，在浩瀚大洋上航行，再大的军舰也不过是一叶孤舟，风浪对世界上任何一个国家的海军都是考验。访问中，各国海军朋友对我们最多的祝愿，就是祝我们一帆风顺、风平浪静、航行顺利，由此也可以证明这一点。这次环球航行，我们要六过赤道，航行的大部分海域都是低纬度区域，高温、高盐、高湿的自然条件对我们也是很大的挑战，不仅对人员的影响大，对装备的影响也很大。我们的许多装备是靠海水冷却的，海水温度升高对我们非常不利，如果海水温度达到三十多度，那么淡水温度就会达到六七十度，滑油温度就能接近一百度。不仅是动力系统，其他武备系统也会受到很大的影响。还比如，这次我们所航经的海区有许多是中国海军第一次进入的海区，尽管我们在图上、资料上研究过，但没有真正地航行过，实际上我们对这些海区是陌生的。像爱琴海、马尔马拉海、黑海、加勒比海等等，像达达尼尔海峡、博斯普鲁斯海峡、巴拿马运河等等，像我们这次访问的多数国家和港口，就连大西洋也是第一次穿越。此外，由于国际形势的变化，我们还会遇到一些新的情况，例如，我们要进入海盗活动猖獗的海区，进入恐怖活动比较敏感的海区，以及面临民运、台独、藏独、法轮功等反动势力的捣乱等等。

当然，我们面临的挑战不仅在于航海本身，更重要的是，我们要执行重要的军事外交任务。我们要通过全方位、多层面的交流，增进与世界各国人民和军队的友好关系，以达到“展民族形象、扬国威军威、促和平友谊、创环球壮举”的目的，完成这样的使命任务，对于我们现代中国海军，无疑是一个重大的考验。

问题之三：海军被称为“国际军种”，比起我军其他军兵种，海军得天独厚地能够在和平时期徜徉于世界。此行已经接受了印度洋、红海、地中海风浪的洗礼，体验了苏伊士运河与博斯普鲁斯海峡的壮观，感受了亚、非、欧六国港口城市的现代文明与恢宏的历史文化，作为新一代的中国海军舰队指挥员，你和编队官兵有了哪些收获和启示？

丁一平：军舰作为国家流动国土的一部分，它的出访与其他形式的出访是不一样的，它有两个特点十分显著：一是既可当客人又可当主人，具有双向性。外方请我们去，我们是客人；我们请外方登舰，我们就是主人。这种双向性的交流往往能够达到最佳的效果，可以更快、更直接地达到增进了解、信任和加深友谊的目的。

军舰访问的这种双向交流样式，很难有其他的样式来取代。二是军舰的访问是一种全方位的访问，可以开展多层面的交流。与军方进行的交流，与市政当局的交流，与当地市民的交流，与华人华侨、留学生的交流，交流的对象是非常广泛的。军舰访问中，可运用的交流手段也具有多样性，既可以进行官方活动、军事活动，也可以进行民间活动；既可以采用拜会、参观、会谈的形式，也可以采用体育、文化、娱乐等多种形式。从 1985 年开始，国家和军队将军舰出访作为军事外交的一个重要组成部分，不断加强这方面的工作，就说明了它的重要性。我们每访问一个国家，都抓住机会有力地宣传我们国家建设与发展的大好形势、宣传我们的和平外交政策，展现我们的民族形象和国威军威、展示当代中国海军的良好形象，很多被访城市出现了中国热、海军热，短短几天的时间，就让当地许多民众、华人华侨恋恋不舍、热泪盈眶。访问取得了非常好的效果。

我们这次环球航行访问，收获将是多方面的。我们一路访问，一路与被访国家的人民、军队进行广泛交流，通过交流，相互了解，通过了解，建立信任，在建立信任的基础上加深友谊。交往中，我们确实感到很多国家及军队，很多当地群众，并不了解中国，由于受海外媒体不很准确的宣传，他们对中国的了解甚至停留在很原始、很落后的水平。通过我们的访问，他们真正地了解了中国、了解了中国军队、了解了中国海军，不少被访问国家的民众和官兵反映，他们没想到中国能造这么现代化的军舰，没想到中国军舰的管理、保养水平这么高，没想到中国海军军人的素质这么高、纪律这么严。我们还一路航行，一路学习训练。官兵们在不断地学习新知识、新技术，也包括学习外军的好经验，通过学习训练，不断提高我们的管理水平、保养水平和训练水平，提高我们的远航能力，最终使我们官兵的综合素质得到提高。中国海军需要经受这样的锻炼，需要在风浪中培养出一大批具有现代科技知识、现代意识、现代精神的海军官兵，这对于中国海军今后的发展也具有十分重要的意义。

“浮动基地”显威大西洋

蓝天簇拥着白云，大海翻腾着浪花。西一区时间 7 月 17 日上午，正航行在大西洋的太仓舰舰桅下打出“VP”的旗语，同时挂上黑色球棱球。这是国际上的航海通用信号：我编队两舰将进行补给，由于行动受限，请航经舰船注意避碰。

“补给部署，右舷二站、三站分别对青岛舰进行油水、干货补给。”当时针指向8时30分，舰长张涛锡下达了补给部署命令。二站、三站是补给平台上的第二和第三个补给站位。

号称“中华补给第一舰”的“太仓号”，是我人民海军服役最早的大型远洋综合补给舰，可在复杂的海况下进行“两舷三站四向”立体补给，被誉为大洋上的“浮动基地”。

伴随一阵清脆的报警铃声，“青岛号”从“太仓号”右舷高速插来，迅速占领补给阵位。两舰并艏同速，间距约40米。两舰间的海浪受激引起四五米高的涌浪，咆哮地撞击着舰舷，发出震耳巨响。头戴蓝色安全帽、身穿橘红色救生衣的官兵迅速忙碌起来：一箱箱待补给干货从存储舱源源不断运到补给平台，装进吊筐；20多米高的吊架下，油水管线随着吊车的启动，抖擞着长龙般的身躯，蓄势待发；臂戴红十字袖标的医疗救护队、携带防火装置的应急小分队坚守战位，严阵以待……

激动人心的补给开始了。

“发射！”令出枪响，一道红光飞过两舷，枪帆班长陈海忠历来弹无虚发，缆头准确地落在“青岛号”中部平台上。

“架设输油管！”各战位迅速行动起来：机械班长王玉海立即拉动主绞车手柄，放钢索、收引缆，在“青岛号”的配合下，很快在两舰之间凌空架起一条杯口粗的斜拉钢索。重达200多斤的输油管头连着油管、滑轮很快升上半空，沿着钢索滑动，缓缓冲向“青岛号”。经过来回几次调整，管头“咣”的一声，稳稳扎进“青岛号”的受油口——对接成功！随即，输油泵启动，输油管逐渐由扁鼓圆，油水喷涌着射向“青岛号”的钢铁巨腹。

在滔滔海浪中齐头同速并行，这对舰艇驾控技术提出了相当高的要求，稍有不慎，就会造成钢索拉断或两舰相撞，引发事故。舰长张涛锡不时下达“左半度”、“右半度”的口令，及时调整航向，使两舰始终保持最佳间距。“补给几个钟头，舰长就会在属于自己的战位上站上几个钟头。”值更官赵长根这样告诉记者。

“三站准备，进行干货补给。”油水补给正在进行，张舰长又按计划下达了干货补给命令。

10时18分，在副补给长范树杰指挥下，第三补给站的官兵迅速在两舰之间、巨浪之上架起了第二根钢索。

10时37分，满载着蔬菜、小米、绿豆和各种副食的补给筐被稳稳吊起送上滑轮，匀速滑向“青岛号”。

此时，“海豚”舰载机从“青岛号”起飞，绕着我舰艇编队盘旋，进行例行的大洋飞行训练。“太仓号”政委祝行业对记者说:“如果需要，我们也可以通过直升机对编队其他舰艇进行空中垂直干货补给，从而将补给区域由海面拓展到空中，形成全方位立体补给阵式，那场面是非常壮观的。”

一路随舰采访，记者注意到，我舰艇编队自5月15日启航以来，航程已达1.3万多海里。从南中国海到印度洋，从亚丁湾到红海，从地中海到大西洋，我编队在海区陌生、海况复杂的情况下共成功地进行了八次海上综合补给，多次填补我舰艇编队海上补给的空白。我人民海军远洋作战能力也由此实现了新的突破。

时针悄悄指向10时50分，两个多小时过去了，人民海军舰艇编队首次横穿大西洋进行的海上补给宣告结束，“青岛号”撤离补给阵位，两舰同时转入正常航行值更状态。

在驾控室，记者随手翻开航泊日志，上面有一行整齐的钢笔字：2002年7月17日，大西洋，补给柴油230吨，淡水40吨，干货900公斤。

夜闯瓜亚基尔湾

人们都说“蜀道难”，可是谁能想象，黑夜里通过狭窄水道的航行也同样充满了艰险。8月7日午夜至清晨，记者随中国海军环球航行舰艇编队通过瓜亚基尔湾抵达厄瓜多尔访问，真切地体会了一回“难于上青天”的艰险。

瓜亚基尔湾是一个喇叭状开口的天然屏障，密布着各种浅滩与沙洲，厄瓜多尔最大的海港城市——瓜亚基尔就在瓜亚基尔湾的最深处。从海图上看，几乎找不到一条适宜的进港通道；更让人担心的是，本就窄浅的航道上，还有几处引人注目的浅点，退潮时水深竟小于“太仓号”的最大吃水深度！在港口外海锚泊时，航海长于平作了一个形象的比较：虽说巴拿马运河航道窄浅，但它的航法完善，因而它是透明的；在瓜亚基尔湾，由于进出船只不多，航道复杂，呈现出一种半透明状态——有太多的不确定因素在影响着这个浅浅的海湾。

就在通过瓜亚基尔湾的前一天晚上，“太仓号”舰长张涛锡还和航海部门的同志又一次认真研究了瓜亚基尔湾所在的海图——地图上每一个细节都是不能放过的。哪里有浮标？浮标是什么颜色？哪里有叠标？方位是多少？这些东西对夜航的人来说，几乎要求烂熟于心。

也许越大的挑战越能激起人的斗志，而这时候睡眠往往显得那样无足轻重，午夜刚过，舰长张涛锡和航海长于平就分别来到了各自的战位上——尽管离起锚出发还有一个多小时，尽管从躺下到现在仅仅过去了不到两个小时。风向、流速、潮高等所有的数据对于航海长于平来说，是再熟悉不过的了。可此时，他却也不敢有丝毫的马虎——从资料上得到消息，一艘与我们排水量相当的船只在经过 39 号浮标时，出现了海底门被堵的情况，被迫关掉主机、就地抛锚检修，等待下一个高潮。海底门位于舰体的腹部，提供了全舰冷却水的来源，一旦被堵，就会影响主机的工作，轻则机器效率下降，重则烧毁主机。

危险无处不在。启航不久，进口航标灯就出现在我们视野里，然而伴随进口浮标一起到来的，是速度相当快的一股股横向急流。狭窄水道航行是最怕强侧流的，侧流容易导致偏航，而在有的航段这就意味着搁浅。“前方两个绿色的航标就是叠标，它们设在岸上，一前一后，一高一低。如果航向与它们的连线重合，就表明航向正确；反之，就需要不断地修正航向。现在我们的航向有些偏左。”航海长一边向我普及着航海知识，一边及时把航行情况报告给舰长。

从 6A 号浮标转向，按叠标航行，到莫洛（Morro）水道，全长 4.7 海里，可海图上却密密麻麻地布满了各种航海标识物，最窄的两侧浮标间航道不足 1 链（1 链≈ 185 米）！右舷，一座座红色的浮标不时地飞驰而过，最近的不足 40 米，让我感到阵阵心惊。“在这里转向要特别谨慎，要结合流向和水道宽度适时下达舵令，否则很容易因为船体巨大的惯性导致舰艏或舰尾搁浅。”舰长密切注视着前方的航标，不时地下达着各种舵令，以修正航向。厄方的引水员也登上了我舰。“引水员虽然熟悉航法，但他们不需对事故负责，因此我们自己仍然必须全神贯注、全力以赴。”张舰长告诉我。

“太仓号”沿着窄窄的航道前行，莫洛水道的湍流和漩涡渐渐被我们甩在了身后，航道流速渐渐减小，但紧张的氛围并没有因此消失。从莫洛水道到塞拉多（Estero Salado）航道，分布着几个醒目的浅点标志，最浅的地方只有7.5米，而“太仓号”吃水达到了8米多！“这怎么过呢？”我不解地问航海长。“是海潮把我们托进来的。”航海长笑着说。厚潮的时候水位能上升近4米！他指了指旁边的水深探测仪，上面显示，从船底到河底的距离已不足2米，我们正在通过浅点！“可以想象，我们的螺旋桨肯定把泥质的河底全翻了个遍。”

越往前走，心情越轻松。东方曙光渐亮，瓜亚斯河三角洲渐渐呈现在我们面前：密织的水网，飞翔的苍鹭，以及一望无垠的红树林，好一片迷人的湿地风光！前方瓜亚基尔港的轮廓渐渐出现在雾蒙蒙的晨光里。“见到码头时的心情其实是很矛盾的，一方面想靠上去休整一下，另一方面又怕靠港，因为这意味着一大堆的具体事务，甚至比过瓜亚基尔湾更辛苦。”

张舰长带着一脸的倦容。的确，他现在还不能休息。

发生在水下的故事

军舰出访，人们往往只看到了水上的无限风光：海面上威武气派的出访舰艇编队，码头上热烈感人的迎来送往场面。很少有人能够想象，与此同时，发生在水下的故事也一样精彩纷呈。

每次结束访问离开码头前，为了确保舰艇水下部分设备完好，确保航行安全，有一样工作是必不可少的——水下探摸。这是目前各国海军的普遍做法。8月16日，我出访舰艇编队离开秘鲁的前一天，两舰潜水员进行了例行的水下探摸。

12时30分，“太仓号”潜水员吴海利、兼职潜水员吴志宵按照要求将潜水装具、器材准备完毕。12时50分，根据秘方安排，他们和秘方人员一行五人乘上了秘鲁港方提供的橡皮艇，到达潜水作业点。与此同时，“青岛号”的潜水探摸工作由潜水员鲍兆强进行。13时，坐在橡皮艇上的吴海利第一个以漂亮的后滚翻入水中，让秘方人员惊讶得连连点头：动作很专业！吴海利随即又一个鱼跃式的潜水姿势潜入了水中，秘方人员向我们伸出了手指：OK！OK！秘鲁正值冬季，卡亚俄特殊的阴沉天气让人感到阵阵寒意，海水温度只有 10℃多一点。这不由得让人有些担忧。

卡亚俄港内海水能见度较差，他们在水下的一举一动我们没法看见，只有阵阵上浮的气泡和不时搅动的水流告诉我们，水下正发生着一场紧张的战斗。

大约半个多小时后，吴海利和鲍兆强相继浮出水面，爬上了橡皮舟，离港前的水下探摸顺利完成。微微发红的眼角膜和发紫的嘴唇让我们感到了水下工作的艰辛。“我们的主要任务是对舵系的上下舵轴、舵面，对桨系的尾轴、轴缝、桨叶，以及左右两舷的海底门等部位进行仔细的检查，确保它们的安全完好。”

2002年6月18日，由“青岛号”导弹驱逐舰和“太仓号”综合补给舰组成的中国海军首次环球航行访问舰艇编队结束对埃及为期五天的访问，离开亚历山大港，继续其环球航行。
（黄敬文/摄，图片来源：新华社）

吴海利笑着告诉我们，不停地眨着眼睛——由于水质污染刺激的缘故，他的眼睛感到极不舒服。

“现在港口内水质恶化的情况越来越严重。在不少国家，即使用强光潜水手电，能见度也不到30厘米。”提起水质的问题，老鲍真是有点深恶痛绝。鲍兆强年龄比我们大，长得很憨厚，我们都叫他老鲍。水质的严重污染，每次都让他浑身不舒服。当然，水下的威胁还来自别的方面：海蛇、水母，甚至鲨鱼。鲨鱼自不必说，据说给小小的海蛇咬上一口，就可能危及生命。厄瓜多尔的瓜亚基尔港是内河港，瓜亚斯河有短嘴鳄出没的报道。但是为了下一个阶段航渡的安全，他们克服了恐惧心理，坚持下水，只是在身上多备了一把锋利的潜水刀。“当时只是想着完成任务，至于其他的一切，包括生命安全，似乎都已不重要。”提起在瓜亚斯河水下的37分钟，吴海利的情绪依然有些激动。

“但有时水下也蛮有意思的。”老鲍说得有点神秘，他指的主要是和外国潜水员一起在水下时的情形。有些国家一般是不会轻易让我们的潜水员单独下去的，他们要派自己的潜水员跟我们一起下。其目的无非两个，一个是监控我们的水下作业过程，另外也想看看我们舰艇水下部分的情况。而对于军舰来说，有些水下部分是保密的。“人家跟你一起下水，又不能公开地给他讲那些东西你不能看，这就考验我们的潜水技术了。”老鲍给我们讲起了他在埃及的遭遇，显得很兴奋。

那天，埃方潜水员和他一起下水，老鲍采取的策略是“让他跟着走”。整个过程，埃方潜水员一直是被动地跟着老鲍，因为他的技术的确不如老鲍娴熟。遇到舰艇两侧海底门和一些敏感部位，老鲍一个侧身护住那些部位，用最快的速度检查完毕，然后就带着对方潜水员向别的地方游去。整个舵系、桨系，以及舰艏球鼻首的检查，老鲍也是利用他过硬的水下技术让对方始终不能从正面细看，最大限度地保住了舰艇的秘密。

“我们从水下上岸，埃方潜水员走到我跟前，主动拥抱了我一下，并长时间地握住了我的手，眼睛里满是敬佩的眼神。”老鲍说，外方这种友善的举动是对他们技术的认可，也是对他们工作的肯定，这让他深感自豪。

然而，让他们自豪的可不仅仅是这些，经过两万多海里的远洋航行后，经过那么多陌生海区和狭窄水道的航行后，两舰的水下设备依然完好如初，依然运行正常，这也许更让人钦佩。

特殊的“百日”纪念

就在中国海军首次环球航行舰艇编队从青岛启航的前一天——5月14日，随编队出访的海军军乐团演奏员何云的儿子在陕西老家诞生了。当天他从电话中得知这一喜讯后激动不已，立即给儿子取名为“伟航”，意为“伟大的航行”，以此纪念人民海军的首次环球航行壮举。

8月21日，环球百日，伟航正好诞生100天。北京时间当日13时，正在辽阔的南太平洋上航行的中国海军首次环球航行舰艇编队官兵派出代表，向“太仓号”上的何云赠送写有祝愿伟航茁壮成长等内容的贺卡和送给伟航的纪念品，编队副总指挥王登平将军特批他通过卫星电话与数万里之外的妻子短暂通话一次，倾听伟航的笑声。可何云等了好久，儿子却没有说一句话!

特殊的“百日”纪念，让每一个人为之动容。

是啊，就是我们这些普普通通的官兵、普普通通的家属，默默奉献、勇于牺牲，铺就了人民海军前进道路上每一步的梦想与辉煌!

长时间的海上航行，单调、乏味，官兵的生理、心理都面临着种种考验。编队针对官兵思想变化的特点，积极探索思想政治工作的新方法、新途径，开展了“驶离祖国海疆”“圆千年梦想”“跨越三大洋”等系列主题活动，还举办各种知识讲座，做到了早晚有锻炼、天天有广播、周周有快报、经常有晚会。舰员们在恶劣的生活环境中，在超强度的体力消耗下，始终保持着强健的体魄和旺盛的工作热情，始终忠实地履行着自己的职责。

“八一”建军节那天中午，我们正航行在加勒比海，“太仓之声”广播里，传来了士官陈海忠妻子的声音。这是编队在启航前特意录下的。她向出访官兵祝贺节日，勉励爱人和战友不要为家庭分心，要认真履行职责，圆满完成环球航行访问任务，实现中华民族的千年梦想。祖国亲人熟悉的声音、真挚的关爱让官兵们心潮澎湃。很多人听着听着就掉下了眼泪。战士们都说，虽然与亲人远隔万里，却感到亲人就在身边。50多岁的大校参谋杨占顺边听边流着泪说:“环球航行如果没有亲人的支持是很难成功的。”

“青岛号”反潜长张若飞的妻子剖腹产生下了一个女儿，三天后，小张才在遥远的大西洋上接到家人传来的喜讯。

翻译朱念斌到达厄瓜多尔后急忙给家里打电话，这才得知，女儿已经出生13天了。

护士詹宪凤的女儿刚刚1岁，编队到达第一站新加坡时，她给家里打电话，女儿拿着电话，足足几分钟一句话也没说。她多想听听女儿的声音，哪怕是一句哭声，泪水止不住地流了下来。一个月后，当她在埃及给女儿打电话时，女儿已经能叫“妈妈”了。女儿的一声“妈妈”叫得她泣不成声。爱人在电话中告诉她，这一个月里，家人一直在教女儿说“妈妈”，现在，女儿只要一听到电话铃响，就会主动跑来接，一听到是女同志的声音就喊“妈妈”。

出访中，战士金建鹏的姥姥、奶奶不幸相继病故。为了不影响他的工作，家里一直瞒着他。直到返航靠岸，前来迎接的母亲才哭泣着把噩耗告诉了他，而他只能眼含泪花，在码头上对着两位老人安息的方向深深地鞠了三个躬。访问结束后，有人作了一个统计，得出一组数据：出访官兵中，有9人推迟婚期，有13人刚刚结婚就告别新婚的妻子，有6人在远航中做了父亲，有56人的亲属生病住院，有9名官兵的亲人不幸病故。

环球路上的困苦与不幸，官兵们默默承受，肩负的神圣使命，让他们一往无前，无怨无悔。他们无愧于神圣的“八一”军旗、无愧于光荣的五星红旗！

中国“海豚”：老师面前的亮相

我舰艇编队离开帕皮提港时，与法国海军进行了海上“联合演练”。

在塔希提岛附近海域，我“直9”舰载机与法“牧月号”舰载“海豚”直升机进行了空中合练。由于我“直9”是在法国海豚直升机的基础上发展起来的一种机型，因此，这次合练对于我们中国“直9”和飞行员来说，实际上是一次师生间的较量。

我方精心指挥，准确下达口令，我两舰和机组密切与对方协同，转向机动和占位把握得十分准确和干脆利落。双方在空中实际展开了一场技术较量。法方频频向我做出悬停、后退、大坡度转向等动作。我方机组毫不示弱，你做什么动作，我随后就给你也来个什么动作，甚至飞出了一些连法国飞行员都不敢做的动作。对方通过无线电连连向我方称好:“你们飞出了‘海豚’系列直升机的最高水平，你们是真正的高手！”

中国舰载机首次飞翔在异国的海空，以高超的技艺赢得了外军同行的尊重。在与法方编队告别时，法方“海豚”舰载机绕着我方编队飞了两圈，作为一种告别，也作为向中国同行表达的深深敬意！

由海军航空兵“海豚”直升机组成的中国海军首次环球航行舰艇编队舰载机组，在漫漫征途上，克服高温、高湿、高盐对机械性能和人员生理、心理的影响，向陌生的海域进军，向未知的天空挑战，先后起飞140多架次，成功飞行在太平洋、印度洋、大西洋的海空，在三大洋蔚蓝色的海空中划下了中国海军舰载机的闪亮航迹。

向陌生海域进发

6月28日，这是一个特殊的日子。中国海军舰艇编队顺利完成了对乌克兰的首次访问后，离开美丽的塞瓦斯托波尔港，再次航行在茫茫的黑海上。这天下午，深邃的黑海海面第一次映红了中国舰载机红色的“八一”机徽。机长张国亮从容地驾机从“青岛号”甲板上腾空而起，在飞行甲板上空稍作悬停，随后一压机头，“海豚”迅速飞离甲板，飞翔在黑海上空。张国亮熟练地完成了一系列搜索、着舰等科目训练。接着副驾驶崔敖也驾机升空，几个优美的起落，完成了黑海上的行进着舰训练。这是整个航程中“海豚”舰载机的第七次飞行，就像前几次一样，张国亮和崔敖并没有感到太多的不同，可平静的黑海水却默默记下了这一历史时刻：公元2002年6月28日，中国海军舰载直升机第一次在黑海上空飞行。

向陌生海域进军，向未知的天空进军！

对中国舰载机来说，在陌生海域起飞，最大的障碍是得不到水文气象的保障。无法对所在海域的水文气象进行预测，没有相关的气象数据资料，也就直接影响飞行的安全，影响飞行员的心理。为此，机组根据编队的简单水文气象预报，结合自己的观察实践，科学判断、大胆决策，保证了每次飞行的顺利完成。“相信自己，相信战友，相信你的战鹰！”张国亮告诉我们，“其实哪个海空不是由陌生到熟悉？”

这种自信心建立在过硬的技术、科学的决策之上，正是凭借这些，他们不断征服这一片片陌生的海域。领队李民告诉记者：在本次航行中，中国舰载机先后在黑海、地中海、大西洋、加勒比海、西太平洋升起，在这些陌生海域上空创下了首飞的记录。

飞行在赤道上空

7 月 21 日，浩瀚的大西洋晴空万里，能见度大于 10 公里。16 时，经过 68 天高温、高盐、高湿考验的“海豚”舰载机，再次从“青岛号”上起飞。机长张国亮完成了两个漂亮的起落后，开始沿一条直线作蛇形机动飞行——飞行经纬仪显示，此时纬度为 0 度！“海豚”正沿着赤道飞行！一会儿，飞机在南半球飞行，一会儿又回到了北半球。整个飞行历时 1 小时 13 分，共完成了七个起降。“那种痛快、酣畅真是令人回味无穷。”提起跨越赤道的飞行，领航员但汉国一脸的兴奋。

赤道地区海域的高温、高盐、高湿，对飞机的性能、人员的素质提出了严峻的挑战，而此次环球航行的航线，几乎都在赤道附近！其难度可想而知。

每次降落的时候，飞机蒙皮、旋翼上都会结下一层薄薄的盐霜，这是高温、高盐、高湿对飞机最直观的影响，可很多影响是肉眼和外观所见不到的。因此，每次入库前，地勤人员总是按最高的标准对飞机进行保养。水雾喷淋，全面擦拭、上油，通电检测，一丝不苟，比陆上更认真、更严格。

“发动机转速异常！”“滑油温度过高！”……恶劣的环境总是无情的，有些问题发生在起飞之前的试飞检测中，这是最幸运的事，他们可以及时采取措施，化险为夷。而有些问题是在天上发生的，他们只能凭冷静的心理和全面的技术。那天，我舰载机在红海上空进行舰机协同飞行时，自动驾驶仪突然失灵！这对正在进行近距离战术协同的舰艇和飞机都构成了威胁。机组人员沉着应战，机长牢牢地控制住操纵杆，在领航员和副驾驶的协助下，凭着丰富的经验，瞄准、定位、着舰，把飞机稳稳地停在了飞机甲板的圆圈中央。后来的检查发现，是长时间处于高盐、高湿的恶劣环境导致电子装备性能下降。

蓝天上的闪亮航迹

130 多天的漫漫航程，对于所有机组成员来说，是一个巨大的挑战。尤其对于天之骄子飞行员来说，他们的生理、心理承受能力所受的考验更是空前的。从陆上优越的环境一下子转到茫茫大海上的狭小舱室，晕船、烦躁等不适无时不在侵扰着他们。机长张国亮刚上舰时，五根弹簧的拉力器可以一口气做三十多下，两个月下来，连一下都拉不动了。但恶劣的环境并没有把他们吓倒，张机长说："一坐到驾驶室，我就马上来了精神。因为我们自豪，我们以自己的忠诚和智慧，用自己的热情和汗水写就了一曲环球飞行的壮丽凯歌，在环球航行漫长航线的上空留下了一道闪光的航迹！"

编队出航以来，舰载机分队按照编队总指挥丁一平司令员"走一路训练一路"的指示，把辽阔的大洋作为历练精兵的训练场，先后在南中国海、印度洋、红海、地中海、黑海、大西洋、加勒比海、秘鲁以西海域、塔希提岛附近海域和南太平洋、西北太平洋等航经的主要海区进行了18个飞行日的训练和任务飞行，共完成140余架次起落，先后进行了舰机协同反潜、超视距引导、空中侦察、海上联合救护、行进着舰等协同演练，积累了在陌生大洋、海域及低纬度环境下飞行的宝贵经验。

在领队李民的航行记录上，我惊讶地发现，在这次中国航海史上具有里程碑意义的环球航行访问中，我海军舰载航空兵创下了一连串的辉煌战果：

一是创下了舰载机驻舰时间最长、随舰航程最远、时间跨度最大的记录。

二是创下了随舰出访舰载机飞行时间最长、架次最多的记录。

三是创下了一次随舰航行经历海域最多、最复杂，飞行区域最广的记录。

四是创下了一次随舰远航中在东西南北四个半球均进行飞行的记录。

五是创下了地中海、黑海、大西洋、加勒比海、西太平洋的首飞记录。

六是创下了首次跨赤道、跨国际日期变更线飞行的记录。

七是中国舰载机首次与外国海军航空兵进行了空中编队飞行的记录。

穿行在大风浪区

从帕皮提，我们从南太平洋驶入西太平洋。这里是台风的生成区、高发区，按理论计算，我们在这个季节穿过这片大洋，至少会碰上两次台风。第二次世界大战期间，美军和日军的舰艇及飞机多次在这里折戟沉沙，也无疑给这条航线蒙上了一层恐怖的阴影。

但同屋的气象工程师孙立尹却显得相当从容，我们从他的脸上仿佛也看到了胜利的曙光。他告诉我们，现在，我们编队对气象的掌握判断能力早已是今非昔比了。

事实上，浩瀚的三大洋已经留下了中国海军首次环球航行舰艇编队驾风驭浪的身影：穿越印度洋中心时，原计划航线是走一度半海峡，由于马尔代夫海域有一强气旋，编指果断调整航线，改走赤道海峡，成功规避了强气旋的影响；横跨大西洋过程中，通过佛得角群岛后，针对大西洋天气系统及洋流开始转向西、赤道两侧海面东风强劲形成长涌的实际，我编队巧妙地改走180度航向，直插巴西东北近海后顺风浪航行；穿行在南太平洋，因为南纬13度航线横向涌浪较大，编队从15度航线避开了大横涌的颠簸……在征服三大洋风浪的过程中，“海军舰艇编队水文气象保障系统”提供了相当精确的水文、气象保障数据，这对于编队指挥员随机应变、正确决策提供了重要参考。一路上，我们共七次成功地避开了大风浪对舰艇航行安全的影响。

科学地战风斗浪，官兵们体会到了什么是真正的现代化海军！

对于穿越大洋的舰船，最担心的是得不到准确、及时的水文气象预报，这也是环球航行之所以艰难的一个重要原因。以往传统的水文气象保障大多是通过接收沿岸国家的气象传真图实现对航经海区水文、气象情况的预测。这种做法的缺点是只能被动接收，而且图像质量差、保障速度慢、气象要素不全，舰艇编队无法根据传真图实现对未来水文气象情况的主动、准确的预测和分析。在远离大陆的大洋中心航行时，有时甚至连这种传真图也接收不到，这对舰艇航行安全构成了严重威胁。

由海军气象中心开发的“海军编队水文气象保障系统”，以数值天气预报技术、信息处理技术和卫星通信技术为依托，借助舰载通信手段，实现陆基固定保障平台与海上编队机动保障平台水文气象信息流的连接。通过陆基固定保障平台对海上编队机动保障平台提供水文气象资料和指导预报，解决了这一难题，使我们的气象保障逐步实现从模糊判断到精确判断的飞跃。

孙立尹介绍说，“海军编队水文气象保障系统”由陆基固定保障平台、海上编队机动保障平台和远洋通信系统三部分组成。陆基固定保障平台是“海军编队水文气象保障系统”的核心，它通过各类水文气象资料采集、实况分析资料、卫星云图资料、数值预报产品资料、互联网资料、数据分析处理，制作出24～120小时内地面和不同高度层内的气压场和风场预报，及24～72小时海浪预报。机动保障平台通过舰载远洋通信系统接收或主动获取陆基保障平台提供的水文气象资料和预报产品（包括图像产品），并进行解压缩、解密和拼接，在电子海图上直观形象地显示水文气象各类要素图表。

由于该系统可以不受时间、地域限制实现全球任何海域的全要素预测，尤其对危险天气系统可进行实时的监测，并可根据需要对复杂天气系统进行远程会商，改变了过去水文气象资料只能被动接收、可靠性不高的局限，使我军远航水文气象保障水平跨入了世界先进行列。

一个明显的证据就是，在穿越西太平洋时，我们几乎是从台风的缝隙里钻过来的。在卫星云图上，我们的身后经常是一片片有蓝色箭头标志的狂浪区！

我们远航回来了

沐三大洋巨浪惊涛，携五大洲和平友谊。人民海军首次环球航行今朝归航！

“再理理飘带，再整整军帽。祖国，我们远航回来了！”面对熟悉的码头，面对如潮的人群，面对飘飞的彩旗，远航官兵们心潮澎湃，思绪万千：祖国啊，此时此刻，我们心中有太多太多的话要向您倾诉——

三大洋的肆虐风浪，我们没有退缩；高温、高湿、高盐的恶劣环境，我们没有屈服；长时间航行的孤寂烦躁，没有把我们击倒；可是见到了您，我们却禁不住泪湿衣衫。一路上，我们没有让您失望，我们始终牢记您的重托。抗疲劳、慎操作，恪尽职守，我们勇敢地挑战生理、心理极限，在大洋风浪中展示了海军的本色；我们积极宣传我国的和平外交政策，向访问国展示我威武之师、文明之师的良好形象，展示中国改革开放的欣欣向荣。所到之处，都会掀起一股“中国潮”、“中国海军热”。在巴西短短的三天，近两万名群众冒着酷热排队参观，他们对万里航行后依然崭新整洁的中国军舰，对身着洁白海军制服举止文明的中国水兵投来钦佩的目光，不少人在下舰的时候向我们值勤的战士竖起了大拇指：“中国水兵，OK！中国，OK！”

远航在外，祖国无与伦比。在跨过第一岛链那天晚上，不少官兵失眠了。如水的月光透过舷窗洒进舱室，“举头望明月，低头思故乡”——祖国已近在咫尺，我们多想马上投入您的怀抱。祖国啊，当我们驾驶着威武的战舰踏上异国土地的时候，我们深深地知道，我们所有的一切骄傲和荣耀都是您——强大的祖国所给予！没有祖国的强大，就没有我们自豪的今天。从外军同行羡慕惊讶的眼神里，从华人华侨热泪盈眶的面庞上，从官兵们自豪骄傲的神情中，我们看到的是您改革开放取得的巨大成就，看到的是中华民族血脉相连的强大凝聚力，看到的是您日益强大的综合国力和蒸蒸日上的国际地位。回到祖国也就回到了家，我们此刻最想说的一句话是："环球一周，看了十个国家，哪个都不如祖国好。祖国，我们永远为您自豪！"

因为爱得深，所以我们不会忘记，苦难的近代中国所遭受的 84 次海上入侵；我们不会忘记，"兴我中华、强我海防"是我们心底最真挚的诺言。航行一路、学习一路，训练一路、提高一路。我们连续横跨三大洋，跨越了 68 个纬度，六次穿越赤道，七次经历大风浪和强低压气旋的考验；我们广泛借鉴、吸纳世界各国海军的先进思想和成功经验，借他山之石以攻玉；我们坚持从严、从难、从实战要求出发，全面检验，提高了人民海军舰艇的全球导航能力、指挥通信能力、连续航行能力、气象保障能力和后勤支援能力，把出访全程作为历练精兵的全过程。这一切，都是为了促进我国海军的全面建设和发展，为了给祖国母亲筑起一道牢不可破的海上长城，为了让祖国母亲永保安宁！

难忘，这 132 个日日夜夜，我们用忠诚和汗水书写了中华民族航海史上具有里程碑意义的伟大壮举；难忘，这 33 000 海里漫漫航程，我们用行动向世界证明——中国海军有能力驾驭任何大风大浪，中国海军无愧于神圣的"八一"军旗！

祖国，我们环球远航回来了！祖国，506 名官兵深情地凝望着您，等待着您的检阅！

大海写下忠诚

看！"青岛号"导弹驱逐舰和"太仓号"综合补给舰远航归来了！

听！公元 2002 年 9 月 23 日的青岛港欢声如潮！

人们在纵情欢呼，欢呼中华民族航海史上的又一壮举——中国海军首次环球航行圆满成功！

此时此刻，我们仿佛触摸到了军营改革脉搏，感受到了我军现代化足音。

此时此刻，不禁使人想起 52 年前毛泽东的咏叹："长夜难明赤县天，百年魔怪舞翩跹。"在半殖民地半封建的旧中国，曾有过北洋水师的梦想与悲伤，也曾有过"海圻号"远航的记录与遗憾。一百多年来，先辈们的环球航海梦只能在苦涩中企盼。

2002年6月12日，由“青岛号”导弹驱逐舰和“太仓号”综合补给舰组成的中国海军首次环球航行访问舰艇编队抵达苏伊士运河。图为“青岛号”导弹驱逐舰行使在埃及伊斯梅利亚境内的苏伊士运河河道上。（黄敬文/摄，图片来源：新华社）

今天我们终于迎来了这一刻。当历史前进到20世纪80年代中期，我人民海军驾驶着国产舰艇走出了国门，驶向了深海。特别是1989年迄今的13年中，人民海军舰艇先后20次出访，遨游三大洋，遍访五大洲，这13年，我人民海军远航大洋的航迹远远胜过过去的百年。华夏子孙怎能不为此扬眉吐气!

透过青岛港的阵阵号乐，我的耳边又一次回响起人民海军阔步走向世界的铿锵足音——

越来越远的出访航迹：从近岸串门到连跨三大洋

这是一条17年前的消息：1985年11月16日，由国产132导弹驱逐舰、X615远洋综合补给舰组成的中国海军舰艇编队离开上海吴淞码头，应邀赴南亚三国——

巴基斯坦、斯里兰卡、孟加拉国进行友好访问。

这是我海军舰艇编队第一次正式出访，是改革开放后的中国海军对世界的庄严亮相。美联社当时评论说，中国海军出访南亚是走向世界的开始。饶有意味的是，那次我海军返航途中，在我国南海曾与美国军舰相遇，双方互致问候。这“问候”中是否蕴含着：中国海军军舰何时能驾着国产舰艇造访当今世界海军第一强国？

四年后，这一天到来了。1989年4月11日，中国海军“郑和号”航海训练舰经过长途跋涉，经受住太平洋风浪的考验，驶抵美国夏威夷珍珠港。这是中国人民海军第一次越过第二岛链，第一次来到西方发达国家的家门口。

如果说此前四年的首次出访南亚还只是近岸串门式的访问，那么1989年的这次出访则意味着中国海军开始了真正意义上的走向远海大洋。此后的13年中，中国海军几乎连年出访，有的年份则同时或先后有两支、三支甚至四支舰艇编队出现在国际洋面上，航程越来越远，次数越来越多，在人民海军史册上书写了一项又一项新纪录。

1997年，“哈尔滨号”导弹驱逐舰、“珠海号”导弹驱逐舰和“南仓号”综合补给舰跨越东西、南北半球，首访美国、墨西哥、秘鲁、智利等美洲四国五港，首次抵达美国本土，首次完成环太平洋航行。

2000年，“深圳号”导弹驱逐舰和“南仓号”综合补给舰首次横穿印度洋，穿越世界航海界称为“风暴角”、“死亡角”的好望角，首访非洲大陆的坦桑尼亚和南非。

2001年，“深圳号”导弹驱逐舰和“丰仓号”补给舰出访德国、英国、法国、意大利四国。这是我人民海军首次来到老牌资本主义国家面前，也是首次通过苏伊士运河，首次横穿地中海，首次穿过直布罗陀海峡，首次进入北大西洋。

浩瀚的大洋，恰如一个巨大的淬火池，中国海军的钢铁舰队在这里一次又一次淬火加钢。于是，也便顺理成章地有了2002年9月23日这一历史性的时刻——中国海军舰艇编队顺利完成首次环球之旅。此行连跨三大洋，航迹遍五洲，连续访问了新加坡、埃及、土耳其、乌克兰、希腊、葡萄牙、巴西、厄瓜多尔、秘鲁、法属波利尼西亚十国十港，首次通过了国际战略要道——巴拿马运河，首次横跨大西洋，总航程33 000余海里，圆了中华民族的百年梦。

至此，短短十多年，中国海军已派出了21支舰艇编队、39艘次舰艇，访问了33个国家。

国外舆论评价说，中国海军舰艇的蔚蓝色航迹，打开了中国通向世界的窗口，也打开了世界了解中国的窗口，其意义绝不能仅仅用海里来衡量。中国海军不断延伸的航迹，向世人展示着改革开放的中国走向世界的步伐，展示着中国海军现代化建设的最新成就。

越来越新的中国战舰：从无舰出访到新型战舰遨游大洋

这是一条八年前的消息：1994年5月17日，由“珠海号”导弹驱逐舰、“淮南号”导弹护卫舰和“长兴岛号”远洋打捞救生船组成的中国海军舰艇编队首抵俄罗斯海参崴访问。

有人说，这是一次推迟了38年的“回访”。原来早在1956年苏联太平洋舰队司令切库罗夫中将率舰艇编队首访我国时，就曾邀请中国海军访问苏联。然而，当时年轻的人民海军却找不出一艘合适的舰艇进行回访。

远航需要世界一流的战舰，是改革开放的春风鼓起了人民海军现代化的风帆。改革开放带来了中国经济飞跃式的发展，这才使中国海军装备随之而有跨越式的发展，这才有了80年代中期以后海军舰艇一次又一次的跨洋远航。

1989年第一次出访美国的“郑和号”航海训练舰最先成为人民海军出访的明星舰，曾在四年间连续三次代表中国海军舰艇出访了五个国家。

此后，随着中国新一代新型舰艇的陆续问世，出访明星舰也越来越多。

1997年2月，一支现代化的中国海军舰艇编队从祖国的港口出发，向着浩瀚的太平洋深处挺进，它的目的地是大洋彼岸的美洲四国。这支编队的旗舰是“哈尔滨号”导弹驱逐舰，它的同行舰是“珠海号”导弹驱逐舰。几乎在同时，刚刚下水不久的新型导弹驱逐舰“青岛号”和新型导弹护卫舰“铜陵号”出访泰国、马来西亚、菲律宾三国。

两支代表着中国最新科技成果的舰艇编队同时出现在大洋上，吸引了世界的目光。这是中国海军在世界面前的一次自豪的亮相。世界关注着中国海军，关注着中国海军的新型装备。

时间仅仅过去三年，2000年7月，代表着中国海军现代化最新成就的“深圳号”导弹驱逐舰威武亮相，与“南仓号”综合补给舰组成编队出访马来西亚、坦桑尼亚、南非三国。这条集最新高科技成果于一身的新战舰刚一出现便让世界为之震惊，更让华夏子孙为之骄傲，被誉为“神州第一舰”！

在此次环球航行中，我亲眼目睹国外同行对我“青岛号”横渡大洋后依然保持良好的舰容舰貌钦佩有加，舰上先进的武器装备也引来外军同行的一片赞叹。在谈及他们对中国军舰的印象时，他们不约而同地用了一个词——“惊讶”！他们惊讶：“这是中国制造的吗？”

他们能不惊讶吗！这些年来，中国的飞速发展不断让世界惊讶。军舰是一个国家工业化水平的缩影，也是一个国家现代化水平的缩影。中国海军一代又一代新型战舰走向深海大洋，向世界展示的正是中国现代化建设的最新成就。

越来越高的官兵素质：从拘谨尴尬到洒脱自信

中国海军跨出国门之初，曾给人以中国军人拘谨严肃、不那么善于交际的印象。那时也的确有些官兵因为文化素质不高或对当地情况不熟悉而遭遇过不少尴尬。在国外参观游览时，甚至有人因语言障碍连厕所都找不着。然而，正如一代代新型战舰的亮相令世人惊讶一样，频频出现在世界面前的中国军人也日益令世人刮目相看。

此次随舰出访，记者对此深有感触。一路访问，中国官兵不仅用威武的军姿感染了当地民众，更以内在的素质赢得了他们的尊重。所到之处，不论是被访国军政官员还是普通群众，他们都有一个共同的感受：中国军人不仅敬业，军事素质好，而且受过良好的教育，知识面很宽，对海洋、环境和世界格局有着广泛而又深刻的认识。他们中不少人的多才多艺更令世人称绝。当帕皮提的艺术家热情地邀请中国官兵一起跳草裙舞时，坐在观礼台上的我驻法大使吴建民的夫人开始不禁为他们捏把汗，她悄悄问编队总指挥丁一平将军:“他们行吗？”丁一平微微点点头。果然，这些年轻的中国军人欣然接受邀请，一个个舞姿漂亮、潇洒，引来观众们阵阵掌声。

中国海军官兵素质的提高不仅仅表现于交际能力的增强，更表现在一大批高素质的人才在驾驭着现代化的军舰。

在访问乌克兰时，一向颇为自信的乌海军司令叶热列上将一开始对来访的中国军舰还有颇多疑惑。三天的访问中，当他面对中国海军舰艇编队指挥员丁一平的几个非常专业性的咨询而不得不耸耸肩时，当他走上中国战舰从武器装备看到整洁卫生的厨具而瞪大眼睛时，当他在参观中为“青岛号”舰长李玉杰回答他的一个个提问而频频点头时，他心悦诚服了。我们军舰离别乌克兰本来计划由乌海军副司令作代表送行，他却坚持要亲自来码头，长时间握着编队总指挥丁一平的手，对中国官兵大加赞赏："你们让我真正了解了中国海军，你们让我真正了解了——中国！"

在本次环球航行编队里，仅博士就有3名，硕士加上在读研究生更是多达数十名。工学博士刘东风，有国外深造的经历，负责舰艇装备的质量监控，他第一次将装备的主动维修理论贯彻到航行的全过程，保证了舰艇装备始终处于良好的技术状态。"青岛号"舰长李玉杰有着蹈海踏浪的丰富阅历：毕业于大连舰艇学院，入广州舰艇学院舰长班深造，接受过高级培训，参加过13次海上重大演习，3次驾舰出访世界7个国家，3次荣立三等功，是知识型的水面舰艇指挥员。

编队指挥员丁一平将军是典型的学者型将领，他是海军指挥学院的客座教授、硕士生导师，对海战史、联合战役指挥有着广泛深入的研究。谈到首次环球航行，他说："编队每到一港，中国海军整洁威武的战舰和素质优良的官兵都赢得了外国同行和当地群众的交口称赞。这次出访，增进了与被访国之间的相互了解、相互信任和友谊；全方位展示了人民海军威武之师、文明之师、和平之师的良好形象。事实证明，我们506名舰员都是合格的。作为指挥员，我为自己能有这么优秀的战友而自豪，我的战友们毫不逊色于其他任何一支海军的官兵！作为中国海军舰队司令员，我每次见到我的外国同行都会告诉他们：中国海军正阔步前进，中国海军官兵有能力驾驭现代化的新型舰艇，有能力征服世界任何大洋，有能力担负起保卫祖国海疆的神圣职责。"

（选自解放军出版社《圆梦之旅——中国海军舰艇编队首次环球远航》，
2003年1月出版，作者：钱晓虎、袁华智）

宝钢，宝山！

东方网2002年7月23日消息：最新出版的《世界钢工业动态》为全球世界级钢铁企业排座次，上海宝钢在2002年的排行榜上名列第四，意味着我国钢铁企业国际竞争力越来越强。

20世纪末以来，汽车、机电和食品工业等以其劲猛的发展成为中国民族工业最耀眼的亮点，成为支撑共和国经济的主体力量。

但令人汗颜的是，支撑这些民族工业的主要原材料仍是舶来品。

上世纪90年代以后，我国国产名牌轿车已经蔚为大观，无处不有，但这些轿车的面板仍然鲜有国货。宝钢的“O5”板虽然已经在1990年开始小批量生产，但由于设备工艺上的限制和系统处理的欠缺，在综合质量上仍无法与国外产品抗衡。

至于家电业，更是羞于启齿。海尔的产品长期不用国产货，他们反映宝钢产品在光洁度和视觉上仍有差距，技术上需要改进。

我国是农产品、果产品大国，随着人们生活方便化的需要，各种罐装和保鲜的饮品、食品成了社会时尚。但包装这些饮品、食品的镀锡板、镀铬板在哪里？这些易拉罐的板材既轻薄又柔韧，直接冲压，没有微纹，长期防锈。而我国钢铁企业能提供的产品只能制作月饼盒、油漆桶之类，不能做液体和汤料罐头。

人类的生产、生活越来越依靠电力，而电力资源紧缺又是我国长期以来的基本事实。据专家分析，在我国庞大而紧张的电网上，有2%的电能被落后的电力设施无谓地消耗掉了，这其中，各种变压器心脏部位的硅钢片是最主要的羁绊。我国传统变压器使用的是热轧硅钢片，不仅体积大，电损大，而且寿命短。20世纪80年代以后，始有国产高牌号冷轧硅钢片，但产量低，终端技术掌握在日本人手中，远远满足不了国内需求。

……

巨大的时代课题！

钢铁工业必须解决这些问题！

这是中国工业化现阶段的呐喊！

第三次起飞

宝钢二期建成后，国际钢铁界看到了宝钢的前景，也看到了中国巨大的市场，纷纷来找宝钢合资。

日本人最为积极。

宝钢人心里说：最困难的时候你们不投资，现在桃子快熟了，桃嘴都红了，你们想搬着梯子摘桃了？不行，我们要自己干。

国务院代表李东冶对日本人说，宝钢我们已经另有考虑，你们要投资办钢铁，中国地方多得是，北仑港、山东日照、冀东都可以。

日本人转了一圈，不干。

钢铁业投资大、周期长，心急吃不了热豆腐。

上三期，势在必行！

已是20世纪90年代了，国内市场与国际市场的壁垒已经逐步打通。钢铁的竞争更是如火如荼，钢铁工业长期以来唯我独尊的优势地位已经荡然无存。

1990年，全国26个具有骨干钢铁企业的省区中，有9个省区出现全行业亏损，连中国的钢都——鞍钢也自身难保了。

钢铁已被完全推向了市场！

形势明摆着，宝钢要在残酷的竞争中长成大树，必须沿着自己的路走下去。

年产600万吨的规模，在国际钢铁界只是一个中型企业，更主要的是在高新技术和产品上，也缺少与国外竞争的优势。如果就此下去，只是勉强保持生存。如果趁热打铁，一鼓作气，在现有基础上进行第三期建设，把国际最新技术全部嫁接过来，形成千万吨的规模，则可以跻身世界一流，面向四海竞争。

这是一着明棋。

这着棋，宝钢人早就看到了。

1988年9月，宝钢举行了为期6天的发展战略研讨会，重点研讨三期工程方案，初步确定了产品结构和设备选型等问题。

……

但三期工程的准备却遇到了重重困难。

最关键的当然还是钱的问题。

据估算，由于经济体制和汇率的变化，宝钢三期工程最低需要600个亿(含21亿美元)。

如此天文数字，如何筹集？宝钢决定全部自筹！

已是20世纪90年代了，市场经济了，所有的经济活动都是企业行为了，靠国家投资是没有希望的，靠银行贷款是不可能的，靠冶金部拿钱显然更是不现实的。

怎么办？

国家计划的冶金投资总额度只有一个，全由冶金部掌握。如果冶金部不向宝钢三期投入，那么三期项目和自筹资金不就是在国家计划之外的非法运作了？如何把宝钢三期工程项目纳入国家的合法轨道内，这是宝钢人迫切需要解决的问题。

这时，国务院宝钢办主任石启荣出面，把国家计委主管资金分配的副主任和主管司长请到了宝钢，进行现场商议。经过宝钢人再三陈情，国家计委终于同意在“八五”冶金投资的额度之外再专门为宝钢安排一个额度，这样既免去了钢铁界同行的非议，又保证了宝钢三期工程的合法合理。

600亿巨款，从何而来？

他们想的招是按照国家最高折旧的规定提高企业固定资产的折旧费，从中提取建设资金。

国家有规定，企业可以从固定资产中提取折旧费进行自我改造，提取比例1988年为3.5%，1991年为5.5%，1994年重新规定最高为9.5%。

这是一个绝好的途径。

石启荣根据当时物价指数，建议对宝钢固定资产进行评估。宝钢委托中国国际工程咨询公司等4家权威机构对宝钢资产进行了全面评估，并报国家批准，宝钢固定资产由295亿元升值为549亿元。

这样，按 9.5%的折旧率，每年可以提取建设资金近 50 亿元。

这是三期建设的主要资金来源。

宝钢人愿意承担由于高折旧率带来的低利润和利润大幅下降所带来的社会指责。

利用宝钢良好的国际声誉，从日本海外协力基金贷款（最终落实 310 亿日元）。

另外，宝钢每年的企业留利也是一笔可观的数目。

……

宝钢，把所有的老底全抖了出来。

破釜沉舟。

623 亿巨资，全部自行筹措。

1987 年春节刚过，黎明和宝钢工程指挥部党委书记张浩波及设计总工程师黄锦发就走进了位于上海市康平路的市政府办公楼。

上海市市长江泽民正在办公室等候他们。

在座的还有上海市计委、经委、冶金局的有关人员。

会谈结束时，江市长明确表示宝钢意见有道理，内部再研究一下。

随后，上海市政府批准了三期建设新征用地 8 平方公里。

三期工程还没有着落，宝钢就遇到了一个极为棘手的问题。

一号高炉于 1985 年投产，设计寿命是 8 年，寿限到 1993 年，到时必须大修，大修时间最少半年。高炉一停，整个宝钢系统将减产一半。这一减，一年就是数十个亿啊。

必须先把三号高炉建起来！

但三期工程还没有影子，何谈三号高炉？

要知道国家审批程序极其严格，任何一项工程，投资只要超过 2 000 万，都必须经过国务院办公会议，更别说这是一项投资 600 个亿的天字号工程了，更不知要等到何时。

宝钢心急如焚。

这时，有人提出了一个变通的主意，可以利用高炉易地大修的名义。

高炉易地大修是冶金企业一个特有的现象。因为高炉建设周期长，投资大，生产衔接紧，而大修时间又长，所以往往在大修来临之前，重新修建一座，顶替生产，待新高炉建成后，原高炉停产。

重新修造一座高炉，对外不说是三期高炉，而说是一号高炉的替身，这样不就是一项单独的工程吗？

但这毕竟需要 10 亿的投资，冶金界内部格外关注，不少人议论纷纷。

传言引起了中央领导的警觉。所以，当宝钢要求单独建设高炉的报告到国务院时，国务院主要领导说，等到和宝钢三期工程一起批准吧。

此事被悬了起来。

建一座高炉最少需要 4 年时间，如果不尽早动手，赶到 1993 年建成，宝钢的损失将不可估量，三期建设的资金也将大受影响。而现在已是 1990 年年底了，十万火急啊。

这期间，李东冶以国务院代表的名义给国务院主要领导再次写信，陈述了高炉建设的紧急情况，并亲自面谈解释。

1990 年 12 月，国家计委主任邹家华陪同国务院总理李鹏到日本访问，途中又谈到此事。

李鹏说，既然这样，可以批准。

1991 年元月 1 日，宝钢高炉率先开工。

高炉提前开工，是整个三期工程的一个前哨战。

宝钢三期工程由此加快了步伐。

1991 年 6 月，宝钢二期工程全面投产，情况良好，效益陡然猛增。当年除了扣除固定资产折旧费等自我改造资金之外，仍实现利税总额达 36.4 亿元。1992 年年初，邓小平南巡，市场经济全面铺开，宝钢更是如虎添翼，冷轧机、热轧机简直成了印钞机。

这种情况下，社会各界对宝钢利用自有资金进行三期建设的种种担心和怀疑已经全部冰消雪化。

1992 年 8 月，国务院批准项目建议书。

1993 年 8 月，国务院批准可行性报告，同意宝钢三期工程建设。

由此，宝钢再创一项中国之最，它是建国以来自筹资金进行建设涉及金额最大的工业项目。

宝钢已经卓卓成材。

宝钢已经力能举鼎！

钢铁“奥运会”

看看宝钢三期工程引进的主体设备，就可以看到宝钢进攻世界的决心。

一座4 063立方米高炉和两座250吨转炉，都是当今世界先进技术，可以炼出最好的铁水和钢水，从前道工序上保证终端产品的质量。

1580连续热轧机。这套投资80多亿从日本引进的具有21世纪初期世界先进水平的轧机，可保证为后续的冷轧机组提供最优质的热轧板卷。

1420冷轧系统和1550冷轧机。同时上马两套世界最先进的冷轧设备，意图十分明显，那就是在利润最丰厚的冷轧板领域与诸位列强进行决战。这两套投资超过130亿的包括酸洗、连续退火涂层、电镀锡、热镀锌、电镀锌以及电工钢等最新技术的全数控轧机，可以生产出当今世界需要的各类各型的冷轧板。

为了进一步加强管材竞争，上马150吨电炉和圆坯连铸，以保证石油工业用管和锅炉管走向世界。

……

> 如此强优的设备，世上罕见！
>
> 宝钢，为此付出了21.87亿美元的代价。
>
> 21亿美元购买的是21世纪的市场！

21亿美元，这在20世纪90年代初期世界经济低迷的市场上是一笔不小的生意。

东、西方的钢铁设备制造大鳄们纷纷游过太平洋、大西洋，聚会上海滩。

已经看惯了海浪、熟悉了潮汛的宝钢人气定神闲，他们知道如何用好这自筹而来的21亿美元，他们知道如何稳坐岸台，把最大最鲜的鱼钓到手中。

1992年年初，谈判伊始，宝钢提出了一个让世界震惊的构想：希望各国厂商联合起来，优势互补，组成最强的阵容进行投标。

负责技术引进的工程副指挥杨广说，宝钢招标是钢铁世界的“奥林匹克运动会”，不希望以个体名义参赛，希望他们组成国家队，把最优秀的技术和设备集中起来，然后再参加竞争。

因为世界上冶金制造厂家众多，各有所长，而冷轧设备系统庞大，除了主体设备、酸洗机组和轧制机组外，还有各单项技术项目。如果由一家承制，只能保证其某单元技术是世界一流，而不能保证其他设备的最优化。如果众多的厂家自由组合，各取其长，联合设计制造，不是可以把全球的最先进技术集于一体吗？

老外们全惊呆了。

他们再一次领教了中国人的智谋。

长期以来，他们已习惯了竞争。德马克和西马克是世界一流的冶金设备制造厂，虽然同在德国，却互不联络。两家有一个不成文的规定：公开场合，只要有一家介绍技术，另一家必须退场。日本的三菱、日立、石川岛播磨等大公司也是多年的老对手，怎能坐到一张圆桌上呢？

但面对强硬的宝钢，面对绿花花的美元的诱惑，他们不得不拉起了手。

德马克集团长于酸洗，西马克集团优于冷轧，各集团下又有若干制造厂，这些制造厂们以设备联结为纽带，组成了一个个制造联合体。日本三菱、住友、川琦、新日铁、日立、石川岛播磨等也纷纷效仿，进行强强联合，包括美国、法国、意大利等国厂商也参加了进来。

这样，东、西方各自组成最强阵营，相互竞争，在技术、价格上分别向各自的方向艰难挺进。

长期的对手，短暂的朋友，各方意见分歧，矛盾重重。

中方居中协调。

一场连续五年的谈判大战又开始了。

这种新颖独特的引进方法保证了宝钢每套设备的每个单元都是世界先进水平。

比如1420冷轧系统，精整机组由美国莱特尔公司为主制造；德马克和西马克联合体负责酸洗和冷轧联合机组；而电镀锡机组则由新日铁与石川岛联合体制造。

全是顶呱呱的世界一流。

1550冷轧机更是如此。三菱和日立联合设计制造了酸洗冷轧机组，住友和川琦联合设计制造了电工钢连退镀层机组，NKK公司承包了连续退火机组，电工钢精整机组的制造商则又是德国GEOP公司了。

后来，不少冶金专家到宝钢参观后，惊叹地说，宝山真是梁山，把天下的好汉们全集中起来了。

世纪之战

宝钢三期工程的前哨战是高炉工程，是从1991年元月1日鸣枪的。这座世界在建的最大的4 350立方米高炉是整个三期工程的基础，为宝钢产品竞争世界提供了最纯正的原料。

1994年以后，整个工程进入高潮。其战略部署大致分三步，依次开工，依次投产，相互衔接，像多米诺骨牌一样。

1580热轧机和一座150吨超高功率直流电弧炉及管坯连铸机率先开工。前者年产280万吨热轧带钢，既可为轧制各种高档板打下基础，也可直接走向市场；后者将进一步提高钢水质量，把石油工业用管和高压锅炉管提升到世界一流水平。

接着该是冷轧出场了，1420率先揭幕。这套由德马克、西马克联合设计的冷轧机，可以在热轧板的基础上轧出各种高档冷轧板型，把钢材效益提升到最高水平。与它同时出场的是两座250吨炼钢转炉。宝钢已有3座大高炉了，转炉必须配套，这样3座高炉配以5座转炉，滚滚铁水转眼间化成滚滚钢水，钢城血脉澎湃。

最后压轴的是最先进的1550冷轧机。这套由日本多家公司联合打造的冷轧机更是出神入化，把钢铁的处理发挥到了艺术的境界，它不仅可以轧出轻薄如纸的各种易拉罐用板，各种尺幅的高档汽车、冰箱面板，还可以自动酸洗、镀锡、镀锌、镀铬，更巧妙的是还可以直接涂彩，五颜六色，宛若美丽的画卷，恰似江南的丝绸……

中国钢铁，终于在世纪末演奏出了一曲最绚丽、最高亢的华彩乐章。

黄钟大吕，响彻天地。

世纪的绝唱！

民族的豪情！

高炉之王

1991 年 1 月 1 日，经国务院特批，宝钢三号高炉开工，国务院副总理朱镕基、邹家华亲临工地，给建设者鼓劲加油。

这座容积 4 350 立方米的特大高炉，集当今世界最新技术为一体，可谓世界上现代化程度最高的高炉，也是世界在建的最大的高炉。

每一个高炉的脚下，都有一个被立柱支撑起来的银灰色的球形水塔，设计新颖，造型别致，它像一个忠诚的卫士，日夜守护着主人。这架水球直径 12 米、重 78 吨，可贮水 844 立方米，它是预防高炉供水系统突然发生意外时的应急装置。由于水球板厚度不一，弹性不同，画线和成型困难，所以设计制造难度很大。

宝钢一号高炉水球从日本引进，因立柱设计刚性不够，水球贮满水进行负荷试验时，左右摇晃，造成误工。二号高炉高架水球也有不少周折，仅现场安装就耗时两个月。

承担三号高炉水球设计制造任务的是宝冶结构厂。

“你们吃了豹子胆了？”不少人惊奇地说。

“要跳海让厂长跳去，我们可不跟着。”有些工人不理解地说。

主管该厂的公司副经理傅润庭坚定地说：“要跳海我一个人跳，你们只管按我的安排干活就行。”

厂里组成攻关小组，开始了连续三个月的鏖战。

当时正是春节期间，可攻关小组的十多个技术员谁也没有感觉。除夕晚上，大家不约而同地都来到了实验车间。傅润庭特意买了几包好烟，散给大家，他盯着现场尚未成型的球瓣，说：“我给你们拜年了，你们可要给我争气啊。”

水球模具制作、水球单瓣压迫成型、双曲面切割……

一个个难关被艰难地撬开了。

当最后一瓣瓦形结构进行预组装时，竟弥合得天衣无缝。

1992年5月，在两台300吨坦克吊的配合下，高架水球仅用10天时间就完成了安装。

贮水负荷结束后，现场一片欢腾。傅润庭高兴异常，他走到攻关负责人熊科建的面前，猛地在他胸脯上打了一拳，想赞扬一番。他万万没想到，这一拳下去，壮壮的小伙子竟然给打倒了。

几个月的劳累，小伙子们疲惫至极。

一块砖重达一吨半，你见过吗？一块砖价值7 000美元，你相信吗？

高炉炉底必须使用一种极为特殊的碳砖，共705块，重1 004吨，价值500万美元。

这是高炉的要害部位，通过碳砖和它上边的一层黏土保护层迅速传递热能，来保护炉基。因为烧制这种碳砖工艺十分复杂，尺寸要求异常精确，截止到上世纪末我国还不能生产，所以只好从美国美联公司引进。

宝钢一、二号高炉建设时，均多引进了7块备用砖。三号炉购砖时考虑到价格太昂贵，没有多买。所以指挥部再三告诫，一定要小心又小心，不能有丝毫大意。

这种砖的垒砌方式可不同于一般，因为它不是平常的长方体，而是一种造型各异的组合砖，每块砖都有编号，都有顺序，必须严格按图纸施工。而且砖面不能有丝毫的损伤，砖缝的衔接处不能有丝毫的缝隙，其工程难度比医生做手术还要严密。

炉底碳砖砌筑期间，正遇上连续11天的35度以上高温。工人在炉内挥汗施工，用自己的精心呵护着这些宝贝们不受一丝一毫的损伤。

两个月后，炉基砌筑完毕，用精密无损探测仪透视，整个炉基完整如一，内部没有一丝缝隙。

1994年9月20日，宝钢三号高炉顺利点火，这只巨大的火炬开始了跨世纪的燃烧。

由于三号高炉工期较短，而一号高炉炉况比较稳定，尚可维持，所以宝钢人想起了一个绝妙的主意——搭接：一号高炉推迟半年大修，与三号高炉同时冶炼，把两座高炉的运输系统搭接起来，一同供应炼钢。

炼钢转炉顿时铁水充足，产量大增。

半年之内，增创效益近亿元。

只要用心，处处是金。

“不孝之子”

宝钢150吨电炉及圆坯连铸工程是一个配套系统，从法国克莱西姆公司和意大利达涅利公司引进，它采用150吨直流电弧炉炼钢、炉外精炼、圆坯连铸先进工艺，代替了转炉炼钢、模铸钢锭、初轧开坯生产无缝管坯的旧工艺，生产规模为年产100万吨钢水、96万吨管坯，可从根本上提高宝钢无缝管的质量产量。

这是当今世界上设备技术最先进的直流电弧炉，人称“天下第一炉”。

工期是参照韩国浦项公司的最高速度制定的，投资近20亿的工程从打桩到投产只有两年零四个月，这是世界纪录。

但中国的国情不一样，工业基础不一样，好多设备和零部件从质量上和时间上配不上套。

由于种种原因，电炉工程未开工就脱期三个月。

还执不执行原工程进度表？如果执行，只剩下两年零一个月了。

坚决执行！

1995年的夏天，上海百年未遇的高温暴雨天气。

挖好的基础被暴雨冲垮了，支好的钢筋骨架被泥水挤倒了。工人们在高温和酷暑中在密不透风的地坑里施工。有天中午，工地上一会儿之间就躺倒十几个人，口吐白沫，四肢瘫软。工地经理吓坏了，马上联络救护车，可这些中暑的工人不让，让人背到通风阴凉处，在身上放了几十根雪糕，在地上躺了半个小时后，又回到了工地。

工地上有几个女服务员，专门负责送水送饮料，兼管照顾中暑人员。刚开始，这些女孩子们见到中暑的人口吐白沫，欲死欲活，害怕得不行；后来见多了，也习惯了。

工地上人手太紧了，往往中暑的人刚刚抬过来不久，那边就喊：“好一点了没有？”

中暑人赶紧往嘴里塞一块冰块，自己用凉水兜头浇湿，就跑回去了。

一个叫王在春的工人，热极了，渴极了，执意不喝服务员递来的温开水，一口气竟喝了一脸盆自来水。

三公司副经理王大山是工地现场总指挥，忙得一天天像个旋转的陀螺。

开工没多长时间，他突然收到远在湖北农村老家的一个电报："母病危，速归！"他压抑着焦思，悄悄把电报藏了起来。

几天后，又一封电报："母亡，速归！"他号啕大哭，给远在老家的哥哥打电话，汇去一笔钱，让哥哥替自己在坟前多添一把土。

几个月后，电报又来了："父病危，速归！"他想父亲身体一向不错，不会有什么危险吧。工地上事太多了，他一忙，把此事耽误了。

没想到几天后，又是一封电报："父亡，速归！"

猛接噩耗，他昏厥于地，自己是个多么不孝的儿子啊。父母亲含辛茹苦抚养自己，临终前连见上一面都不能。

他从地上爬起来，想马上回去，哪怕看一下父亲的遗体。

可工地上一天一天的工期都是自己制定的，别人接过去不合适啊，一千多人的工地，一耽误就是十多天啊。

思前想后，还是脱不开身。

他跪着给哥哥打电话，再次拜求哥哥原谅。

憨厚的哥哥勃然大怒："你还是王家儿孙不是？你还有一点孝心没有？"说完就把电话摔了。

王大山这个倔强的汉子，只得面对家乡的方向，长跪不起，以额磕地，泪流满面……

水战

1580热轧工程是宝钢有史以来单项投资最大的工程，工程概算的总投资为89.75亿元。

1580热轧厂房的外部有一个俗称铁皮坑的漩流池，用于汇集轧机在轧制过程中产生的大量冷却水和氧化铁皮。周长超过300米的漩流池四周是用钢筋混凝土构筑的深达53米的地下连续墙。整个工程耗资3 000余万元，是轧机的主要配套设施。

1995年10月26日深夜。

深53米的地下连续墙浇铸和35米深的基坑开挖工作已经完毕，30多名工人正在35米深的坑底施工，突然发现连续墙的壁上出现渗水，不多时，汹涌的地下水就从28米深的接口处喷涌而出。

宝山地区的地下水位只有−0.5米，稍一开挖就会水涌如注，平时施工都要在工程区周围多打井点降低地下水位。漩流井施工是宝钢历史上开挖最深的工程，周围自然也实施了降水。原来，这是由邻近工程施工引起的地基震动和强大的地下承压水的作用造成的。

突然的事故，像一颗重磅炸弹震动宝钢。如果不立即排除险情，地下墙有可能坍塌，不仅造成重大生命财产损失，还会引起整个工程的连锁反应，使原定总工期和投产目标彻底化为泡影。

险情就是命令，宝冶五公司负责人袁斌臣马上组成一个抢险队，进入随时都有险情发生的35米深处，用棉纱、破布和枕木去堵地下漏洞。可地下水的力量太大了，把塞进的东西全“吐”了出来。没有别的办法，只有拼命堵住，才能保住工程。于是，人们轮番跳进激流之中，夹着泥沙的冰冷的水从人们的头上无情地浇下来，眼睛里，嘴巴里，全是泥沙，一批冻僵的人被拖了出来，又一批人冲了上去……

必须马上降低地下水位！

由于土位位移，使原来的14口深井降水泵均有不同程度的损坏。马上购买40余台深井降水泵！然而由于地下水中含有大量泥沙，这40余台泵也无法继续使用。

危急关头，上海勘察院伸出援助之手，火速调集先进钻井设备，连夜抢打了9口深井，并修复了5口，14口深井连同继续修复的深井陆续抽水……

截止到2000年6月，宝钢三期工程基本完成。

宝钢经过一、二、三期全方位的吸收引进，装备和工艺已集西欧、日本、美国等国家20世纪末不同流派技术之大成，荟萃了当代世界钢铁工业发展的最高水平，已形成年产1 000万吨的规模。

这1 000万吨，不是传统意义上的1 000万吨，它产出的都是精品钢，都是工业化链条上最精粹、最闪光的部分。这1 000万吨钢连同它雄厚无比的创新能力，和蓬勃激扬的民族精神，正在形成一只硕大无比的钢拳，一把锋锐无比的钢剑。

拔剑向世界，敢与天下争！

打造航母

宝钢投产后，国内用户因钢材紧俏从不提什么意见。宝钢每年出口10%的产品，目的之一就是到国外最挑剔的用户那里经受检验。

中国是世界钢铁消费最大的市场。

世界上各大钢铁公司都把目光瞄向了中国。

韩国3 000多万人，而韩国仅浦项公司一家就年产钢2 800万吨，浦项的剑锋指向的就是中国。

近年来，浦项已在中国沿海的张家港、大连、顺德、东莞等地合资建立了多家冷轧板深加工工厂，并扶持中国某大型家电制造企业建起了一条年产80万吨的冷轧板彩涂线。而且在中国的东北地区，浦项的运输距离比宝钢还要近，竞争优势十分明显。

2001年，中国对外经贸部已修改外商投资产业有关条目，允许跨国公司收购国有大中型企业。如果境外钢铁大鳄收购中国钢铁公司，进行投资改造后，高薪聘人、高薪挖人，在中国本土进行竞争，那对我国钢铁业更是一个巨大的冲击。

还有，东邻的日本，新日铁、川琦等钢铁巨鳄也是虎视眈眈。现在，他们的目光暂时还瞄向美国、欧洲等西方市场，如果欧、美市场再度降温，他们势必转过头来，进攻中国……

那样，形势就更严峻了。

从这个意义上说，宝钢的联合扩张战略是十分必要的！

1998年11月17日，经国务院批准，以宝钢为主，吸收上海冶金控股公司、上海梅山集团公司，联合重组成立上海宝钢集团公司。

联合之前，上海地区的钢铁企业主要存在着两大难题，一是重复建设问题，二是淘汰落后难问题。各家自成体系，各自独立，产品结构不尽合理，已建成和规划建设的不少项目也有不少是属于低水平的重复建设。

要解决这些问题，最有效的办法就是实施联合重组，进行统一规划，统一布局，调整结构，淘汰落后，实现资源的最优化配置。

重组之后，新的集团公司对三家企业进行了重新规划，谋划出一条六大精品生产基地思路。当年 12 月，新成立的宝钢集团公司董事长徐大铨、总经理谢企华、党委书记关壮民向全世界宣布：到 2010 年，上海宝钢集团公司要发展成为我国最大的汽车用钢、石油管、造船板、不锈钢、电工钢和高效建筑用钢等六大类产品的精品生产基地和新工艺、新技术、新材料研发基地。

2001 年 6 月 13 日，中共中央总书记江泽民在上海市委书记黄菊的陪同下，再一次来到了宝钢。

这已是他第 13 次前来视察了。

在宝钢技术中心大楼，他听取了宝钢三期工程建设和联合重组情况的汇报，并参观了宝钢股份公司冷轧部 1550 冷轧热镀锌机组和宝钢展示厅。对宝钢的发展变化，江泽民高兴地表示赞许。

他勉励宝钢人要集中精力抓好主要方向，搞好钢铁精品基地的建设。

宝钢人请总书记题词。江泽民说，对宝钢的希望和要求还是那句话：办世界一流企业，创世界一流水平 (1995 年 9 月 12 日在宝钢投产 10 周年时的题词)。

殷切的希望，民族的重托!

2001 年在 APEC 工商领导峰会上，宝钢集团公司总经理谢企华作为唯一的中国国有企业代表登台演讲。她详细阐述了全球化和新经济挑战下传统企业的因应之策，其精辟而超前的见解令与会各经济体工商界人士为之刮目相看。

15 分钟演讲完毕，台下掌声雷动。

三钢合并，组建上海宝钢集团公司后，以原宝钢的绝大部分资产为主体，登记注册组成的宝钢股份公司，成为集团公司最大的子公司。

国内的冶金行家也把赞许的目光投向宝钢。

是的，经过近 20 年的打造，宝钢已形成了国内独一无二的优势，这些优势足以使它称雄世界。

其一，宝钢股份公司是中国最现代化的钢铁联合企业，多年的经营业绩表明，已完全具备了与世界第一流钢铁企业进行决战的规模和实力。

其二，宝钢股份公司与世界上任何一家钢铁企业相比，其吨钢成本消耗为最低之一，尤其是劳动力成本最低。目前，主作业线从原一、二期设计定员的 4 万人已减至 1 万人以内，人均产钢 600 吨。一、二、三期工程总定员 15 000 人，人均设计产钢 800 吨，1995 年即宝钢投产 10 周年时已减至 14 000 人左右。近年内，有望达到人均年产钢 1 000 吨。

其三，宝钢股份公司地处中国这个独特的大市场，地域大、人口多、经济发展迅猛，钢铁产品需求量呈上升趋势。在这个广阔的地域内，宝钢以长期以来形成的产品优势、质量优势、信誉优势、服务优势等确立了稳固的地位，几乎没有对手。特别是宝钢从一开始就确立了“生产国内钢铁企业不能生产的高技术含量、高附加值产品”的经营理念，80％以上产品实物质量均达到世界一流水平，多项产品在国内市场占有率已超过 50％。

其四，宝钢股份公司是一个年轻的企业。管理者皆为钢铁业精英，平均从事钢铁业管理工作达 18 年以上，半数以上高级管理人员具有硕士以上学位，并有海外工作经验；有一支一流的人才队伍，公司一方面选送专业人才到国内外知名学府及公司深造，一方面在国内外广招高级技术管理人才，形成能支持公司持久创新发展、参与国际竞争的人才梯队。公司集中了大量的财力、物力进行全方位的技术创新，建起了高水准的技术中心，400 多名工程技术人员专业从事新技术、新产品、新工艺、新装备的开发研制，170 多名专业人员从事产品质量检验工作。

其五，宝钢股份公司的整体装备水平在全球是一流的，引进了日本、德国、美国等世界发达国家钢铁工业的先进技术和装备，在此基础上建起了高度自动化、连续化、大型化的世界一流钢铁联合企业。投产后，不断加大科技投入，在三期工程建设同时，对一、二期设备进行了更新改造，使整体装备继续保持世界先进水平。

其六，宝钢股份公司享有十分理想的地理条件，公司总部和生产设施所在的上海市是中国最富庶、最繁荣的城市，也是经济最发达的地区。有利的地理条件蕴藏着巨大的商机——濒临江海，使公司原材料的供应源源不断，快捷的水路、铁路、航空，以及四通八达的公路运输，把宝钢与世界联系在一起。

为了实现效益的最大化，宝钢正在实施一个向上、下游产品进行延伸开发的庞大计划。

2002年7月，宝钢与澳大利亚哈默斯利铁矿有限公司合资组建宝瑞吉矿山合资企业。

据此间《新民晚报》报道，宝瑞吉矿山合资企业的组建，从合作备忘录到最终形成矿山合资法律文件，历时一年。根据协议，合资企业由宝钢澳大利亚矿业有限公司作为中方投资主体，中方出资比例为46%，澳方为54%，投资总额为1.2亿澳元，合资期20年。合资企业拥有的可开采铁矿资源达2亿吨，年生产规模约1 000万吨。

在此之前的2001年8月，宝钢曾在巴西合资组建宝华瑞矿山有限公司。

宝钢由向国外购买矿石已逐渐转向直接投资在国外开矿。

这一战略大转移，将导致原料价格大大降低，竞争能力大大增强。

另外，宝钢也已经着手筹划一个海外登陆计划：投巨资比照宝钢的建厂设计模式，在巴西合资建设一座年产300万吨的钢铁厂，直接把钢厂建在海外市场上……

与此同时，宝钢长期以来酝酿的另一个大梦也大功告成——宝钢三期投资13亿在东海深处的浙江省嵊泗县马迹山建设的20万吨级深水码头也已于2002年3月正式启用。

宝钢进口原料长期依靠20世纪80年代初建在浙江镇海的北仑港。北仑港建成后，长江流域的不少吃进口矿石的钢厂都通过此处中转，港务调度十分繁忙，中转费用相对提高。从长远看，北仑港运务将更加紧张。从经济上计算，北仑港设计停靠10万吨散货码头可停泊15万吨级船只，但国际间远距离航运，20～25万吨级大船更合算，可省一半运费。

宝钢考虑另建自己的码头。最后选定在东海深处的马迹山。

这里靠近国际航道——长江主航道，适宜建造20万吨级以上大港。进口大船在这里可以全部卸载，用3万吨小船短途倒驳直达宝钢，不受潮水限制，不仅成本大大降低，而且调配更加自由。

马迹山港的建成，为宝钢之舰顺利出海再添一面风帆！

永远的宝山

坐在钢铁的汽车里，行驶在以钢铁为骨骼的上海高架道路上，左右两侧是钢铁护板，前追后逐、迤逦而行的是钢铁的汽车群。再远处是钢铁的楼群，钢铁楼群里是钢铁门窗，钢铁门窗后是钢铁的家电、家具、餐具。巍巍数十层的高楼，真正支撑楼体的结构件能用别的材质替代吗？上下楼的载体是电梯，电梯的轴心事关生命，除了钢铁还能用什么制造？

上海的高楼里都用上了电梯，富丽堂皇，光洁如镜，站上去，眨眼之间就升到了18楼，舒服无比，妙不可言。

吃饭时，面对满桌菜肴，忽然想到，古人吃东西煮的多、蒸的多，而煎炒的少。因为那时锅多是砂的，火也不猛，刀也不利。所以，现在餐桌上的好多美味，古人未必品尝过。而钢铁全面走进人类的生活后，餐桌上的内容丰富多了，人们的嘴巴也享受多了。薄薄的钢锅炒瓢，猛猛的燃气灶火，切葱断姜，添油加醋，一眨眼，就是七盘八碟，山珍海味……

钢铁的便捷，钢铁的文明，真是惠及世界的末端了。

舒适、简便、细腻、轻灵是文明进步的标志和永远的方向。

人类的生活用具随着科技的发展，由骨器、石器、木器、陶器、瓷器、铜器到铁器再到现在，越来越细腻、灵巧、光亮、轻便。

为什么冷轧薄板在生活中用途越来越大?

这是文明的选择！

遍观眼下，电冰箱、汽车、电饭锅、VCD、微波炉等等，它们的实用功能已臻完备，但用什么样的材质能把它们变成最轻便最廉价最美观的商品呢?

骨、石、木、陶、瓷、铁器显然不行；传统的钢铁又笨又重且易锈蚀；塑料也不行；铝、铜等金属不划算；显然只能用超薄钢板——又光洁又坚韧又轻便又耐锈的那种。这神圣的历史重任无可替代地就落在了它的肩上。

所以它就有了最优的使用价值，它就昂贵奇缺，它就是时代的潮流、时代的新宠。富人们喜欢它、炫耀它；百姓们羡慕它、追求它；商人们追逐它、销售它；企业们投资它、生产它。

所以，它就风靡城乡，走进寻常百姓家，成了社会的时尚。人类的文明不经意间也向前滑翔了一大步。

还有人类的生产工具，最初是木棒、石头，后来是铁器，再后来是机械，现代人正在远离机械，从一个人操作一台机器到一个人操纵一片机器。现在，一个人已经可以遥控指挥整条生产线了……

这一切轻便舒适的前提都是钢铁们轻灵智慧的连接！

还有交通工具，由爬行到直行，由走到跑，到骑牛骑马，到乘车坐轿，直到工业时代出现了汽车、火车，速度越来越快；近世纪又有了飞机、磁悬浮列车；最近宇宙飞船又做起了太空试验，不远的将来，人类将结伴到太空旅行……

速度真是越来越不可思议了。

这一切都是文明的力量，而文明的基础是：科技＋特殊钢铁。

还是钢铁！

人类在目前已知的视野里，仍然离不开钢铁！

永远的钢铁！

永远的宝山！

（选自花山文艺出版社《宝山》，2002年10月出版，作者：李春雷）

2002：中国制造

开始于1998年前后的“中国制造”浪潮在这年活力四射，物美价廉的中国商品终于向全世界发威。中国国家统计局在2002年8月16日的一次新闻发布会上宣称，中国经济的比较优势仍然在制造业，过去20年的经济增长主要依靠制造业的成长，制造业增加值占国内生产总值比重基本维持在40%左右。

《经济学人》在1979年做出的那个预言终于在23年后变成了现实。这家老牌的英国杂志在1979年3月做出大胆分析：尽管从眼前看，中国需要大量的进口，这将刺激工业发达国家的生产，但从长远而言，“洪水猛兽般的中国出口品会成为必然”。2002年年初，美国零售业巨子沃尔玛决定把它的亚洲采购中心从香港搬到深圳的罗湖区，中国区总裁张嘉声对记者说：“我们找到了最大的卖家。”在不久前《财富》公布的“世界500强”企业中，沃尔玛以2 198亿美元营业收入名列第一，这也是历史上服务业公司第一次成为500强的老大。沃尔玛当年度在中国的采购商品总额为120亿美元，相当于中国与俄罗斯之间的贸易总额。根据《纽约时报》专栏作家托马斯·弗里德曼的计算：“沃尔玛若是一个国家，将成为中国第六大商品输出国和第八大贸易伙伴。”

开始于1998年前后的“中国制造”浪潮在这年活力四射，物美价廉的中国商品终于向全世界发威。在2002年5月份举办的韩日世界杯足球赛上，中国足球队颗粒无收，中国商品却出尽风头。江苏扬州的玩具工厂制造了30万只世界杯吉祥物，浙江义乌的服饰公司生产了225万面球迷呐喊旗和数十万件“球迷假发”，福建的工厂则提供了上百万件球迷服、护腕及足球袜等。中国国家统计局在8月16日的一次新闻发布会上宣称，中国经济的比较优势仍然在制造业，过去20年的经济增长主要依靠制造业的成长，制造业增加值占国内生产总值比重基本维持在40%左右。

北京长城企业战略研究所在一份题为《中国科技发展报告》的综合报告中勾勒了“中国制造”的轮廓：初步估计，我国已有上百种制造产品的产量在世界上居首位。自1990年起，中国内地吸收投资2300亿美元，占亚洲总额的45%，其中制造业是最重要的投资领域，中国已成为世界第四大生产国，“中国制造”正在世界范围内崛起。在区域结构上，“中国制造”形成了环渤海湾、长江三角洲、珠江三角洲三大世界级的制造中心。三大区域的人口总数占全国总人口的35.45%，国土面积不到全国的10%，却创造了57%的国内生产总值和66%的工业总产值；而在对外贸易方面更是占据全国85%以上的份额，外资的利用也接近全国利用外资的八成。在出口企业群体中，小型企业在数量上占据绝对优势，产值方面，大型企业和小型企业则相差无几。报告分析认为：“国有大型企业能够更好体现制造业规模化生产的优势，但上升空间有限；而小型企业中，新兴的民营制造企业代表制造业新生力量，近年发展迅速，是‘中国制造’崛起的主要推动力量，也是今后发展的主要动力。”

也是从这年开始，一个真实的笑话开始以各种版本流传起来：很多人出国旅游买回一大堆纪念品和时髦的商品，回到家里扒开商标一看，都是“Made in China”。这种让人哭笑不得的笑话背后，却洋溢着一种特别的自豪。《中国经营报》在一篇述评中写道：“中国制造是2002年的某一夜冒出来的新名词，或者说它是一个老词，但在2002年被一下子激活，并赋予了新意：在世界经济发展委靡不振的前提下，中国经济欣欣向荣，由于全球经济一体化和比较优势等多种原因，使世界越来越感到了中国的存在和力量。”该报继而用十分骄傲的口吻说：“正如大国的兴衰印证的是制造业的兴衰一样，从曾经的日不落帝国大不列颠到当今全球唯一的超级大国美利坚，从挑起两次世界大战的德国到创造东亚奇迹的日本，无一例外。即使是后来的东亚‘四小龙’，也莫不以制造业为发展的开路先锋。如今，世界经济一体化的浪潮，把制造业这个机会涌到了中国的门前。”

这样的评论铿锵有力，不过却只观察到了事实的一半，中国公众及舆论对“中国制造”的深度认识还有待时日。事实上，从一开始，“中国制造”的全部优势就在于价格的低廉。广东格兰仕是全球最大的生产微波炉的专业工厂，它的厂区绵延3公里。到2002年，格兰仕的产量突破1 200万台，占到全球市场份额的1/3。主管营销的副总裁俞尧昌在媒体上撰文说：“我们的唯一秘诀就是将劳动力低廉的优势发挥到极致。”他讲述了一个打败国外企业的故事：微波炉重要的上游零部件是变压器，日本产品的价格是20多美元，欧美企业的价格是30多美元，在日货冲击面前，欧美企业痛苦不已。格兰仕就和美国企业谈判：把机器拿给我做，按美方现在的产量，我一台给你8美元。美国人很痛快地就把生产线搬过来了。由于格兰仕员工工资很低，而且工人可以24小时“三班倒”，因此一周里，只有一至两天为美国人生产，其余时间几乎在享用免费的晚餐，所以，格兰仕横扫国内市场。在国际上，它的低价战略很快把变压器也逼成了日本人的鸡肋。格兰仕又去找日本人谈判：我每台给你5美元，你把生产线也租赁给我吧。就这样，多国的生产线汇集顺德，格兰仕因此奠定了“微波炉世界工厂”的龙头地位。

加纳首都阿克拉的中国城中，商家在销售中国生产的厨具。（图片来源：新华社）

如果说格兰仕的故事很生动地说明了“中国制造”在成本上的优势来源，那么芭比娃娃的故事则能显示中国商品在价值链上的地位。“芭比”是美泰公司最热销的儿童品牌玩具，每年在全球120个国家销售，其最主要的制造基地在中国。一个在北美市场零售价为20美元的芭比娃娃，中国工厂的离岸价为1美元，这1美元里包括了制造商和渠道商的成本、利润以及各项税收。

中国在外贸和内需两大市场的“双引擎”启动，让宏观经济展现出多年未见的繁荣景象，亚洲金融风暴的阴霾已经散去，加入WTO后的“中国产业崩溃论”也不攻自破，连一向对中国经济不甚看好的人士也不得不改变观点。日本管理学家大前研一曾经是“中国崩盘论”的提出者之一，在这年新出版的《中国冲击》(China Impact)一书中，他承认:“在飞临中国第 50 次以后，我现在成了中国经济繁荣论的最积极的鼓吹者。未来 10 年，世界最重要的课题就是如何与一个强大的中国相处。”日本前首相桥本龙太郎在这年访问中国时，对中央电视台记者说:“说实话，我特别羡慕你们。日本迟迟不能解决通货紧缩的经济问题，而中国经济却能够几年保持 8%以上的增长，我除了羡慕，还是羡慕。”

任何人读了下面的数据都会像桥本龙太郎一样羡慕中国：2002 年，3 万家外商投资企业在中国落户，吸引外资 500 亿美元，比上年增长 14%；全年的国内民间投资增长幅度达到 18%，是上年增速的两倍，在浙江、广东等省份，民间投资占到全省社会投资总额的 60%；外贸出口的增长超过 20%。根据世界银行的统计，中国的人均国民生产总值已达到 960 美元，逼近 1 000 美元，这标志着“中国社会已经走过温饱阶段，初步实现了小康”。2002 年，中国被越来越多的溢美之词包围，诺贝尔经济学奖得主斯蒂格利茨说:“中国可以被称为整个世界经济发展的一个模式或者范例。”《华尔街日报》的评论是:“中国正在成为亚洲最重要的政治力量。”《经济学人》杂志则用数据说话:“在 1995 年～2002 年的全球增长中，美国只贡献了 20%，而中国的比例是 25%。”

在宏观经济阳光明媚的同时，企业界却发生了一连串令人惊心动魄的公司风波——李经纬被赶出健力宝，顾雏军得手科龙，仰融出走华晨，春兰改制搁浅。这些发生在 2002 年的事件看上去情节各有曲折，内幕云缠雾绕，而其实质都与实施了四年多的产权清晰化运动有关。

以产权变革为主要手段的“国退民进”战略进入了最后的“收官期”，最重要的原因是第二年初将进行中央及省市各级政府的换届，而国有企业的扭亏比例显然是最重要的考核指标之一。因此，尽快将陷入亏损困境的国有及集体企业出售成为一个具有政治和经济双重意义的改革任务。到年底，工作的成效是显著的，江苏的苏南及浙江的绍兴和宁波，原本是东南沿海最著名的集体经济地带，如今，民营企业的比重都已超过了 90%，数以十万计的集体经济经营者一夜之间变身为千万乃至亿万富豪。然而，就在这股进退浪潮中，一些地方政府与企业家对企业产权的处置发生了分歧，政商博弈直接导致了致命的危机。

1月9日，健力宝的李经纬与三水市市长冷冷地相向而坐。自1998年以来，他们已经因健力宝产权的分歧而势同水火。上年7月，市政府为健力宝召开了转制工作联席会议，市委、市政府领导全数到齐，与会的官员依次表态，结果90%的人主张卖掉健力宝，并且不能卖给李经纬团队。

在一开始，新加坡第一食品公司险些成为健力宝的新主人。在那次关键性的联席会议后的第三个月，李经纬被通知去参加一个晚宴。就在宴席上，一个名叫魏成辉的新加坡商人被介绍给了李经纬。市长开宗明义地说，政府已选中魏先生的公司来购买健力宝。李经纬闻言，如惊雷轰顶，愤懑之情可以想见。第二天，在内部的工作餐上，他突然失去控制地说出了粗话："他妈的，市里要卖股，我一点都不知道，就只通知我一起吃个饭。"更让他不堪的是，政府拒绝以4.5亿元的价格将健力宝卖给他的团队，却接受了新加坡人3.8亿元的开价，而在草签的协议中，号称"中国第一饮料品牌"的健力宝商标的评估价值居然为零。

李经纬无法理解为什么政府宁可把企业卖给素不相识的外国公司，也不卖给一手将企业创建起来、为此呕心沥血了一辈子而且还愿意出更高价格的自己。在他的幕后策动下，国内媒体闻风而动，一时间"健力宝被无情贱卖""中国第一民族品牌旗帜被砍"等舆论铺天盖地，其间夹杂的激动情绪显然让三水市政府难以招架，而健力宝则向外宣称，愿以4.5亿元的价格"赎身"健力宝。李经纬的对抗姿态和汹涌而来的舆论攻势，把本来就缺少公关应对能力的三水市政府逼到了一个万分尴尬的墙角。一位官员后来大为光火地说："媒体的提前介入打乱了我们的计划，使我们完全陷入被动的地步。"新加坡方案很快就流产了，而三水市政府也找不到合适的"国内买家"。就这样，市长与李经纬再次开会对话。在社会舆论上颇占上风的李经纬以指斥的口吻问市长："为什么完全抛开健力宝创业团队，一意要将健力宝对外出售，为什么不让我们买回来？！"市长当即表态："要买可以，我给你们一个星期的时间。"

眼看着峰回路转，谁也没有想到就在这一周里，冒出来一个28岁的资本庄家张海。他提出按李经纬的出价收购，而出面的公司将是一家名叫浙江国际投资信托公司（浙江国投）的国有企业。正憋着一肚子气的三水市官员如遇旷世知音，1月14日，就在承诺"一周内筹足钱就卖给经营团队"的第六天，正在四处筹措资金的李经纬突然被紧急召到市政府。他的屁股还没有坐到椅子上，市长就开口通知他："这事已经定了，我们现在决定把健力宝卖给浙江国投。"第二天，在三水的健力宝山庄，一场仓促筹备的签约仪式在众目睽睽下举行了。三水市政府向浙江国投转让健力宝 75%的股份，作价 3.38 亿元。在仪式上，功败垂成的李经纬如一匹被弃的老马，默默地坐在会场的一角，一脸难掩的落寞神情。第二天，他“含泪仰天，不发一语”的照片被刊登在国内所有的新闻网站和财经媒体上，观者无不为之动容。此照堪称 30 年企业史上最悲情的一张企业家照片。

李经纬的噩运还没有到头。在签约仪式后的第九天，他在家中突发脑溢血，亲属急拨“120”送广州空军医院急救，医生立即为李经纬施行脑内血肿碎吸排空术，把脑内的积血全部抽出。自此，他再没有离开过病房。举国之内，对他的同情之声四起。10 月中旬，病榻上的李经纬收到一纸通知，广东省第九届人大常委会第三十七次会议通过决定，以涉嫌贪污为罪名罢免了他的全国人民代表大会代表职务。检察院的立案案由是:“身为受国家机关委托管理、经营国有财产的人员，无视国家法律，伙同他人利用职务之便，以购买人寿保险的形式，侵吞国有财产 331.88 万元。”李经纬团队中的四位副总裁三人相继被“双规”、拘捕，一人“出逃国外”。

2002 年 1 月 15 日，广东健力宝集团股权转让签约仪式在三水举行，标志着有“中国魔水”之称的“健力宝”正式易主。图为签约仪式上眼含泪花的健力宝集团董事长李经纬。（刘大伟/摄，图片来源：新华社）

至此，扑朔迷离、一波三折的健力宝产权交易事件，以李经纬的涉嫌犯罪而尘埃落定。无论如何，没有人愿意去同情一个贪污犯。健力宝自此元气大伤。

客观而言，在健力宝风波中，

地方政府并没有搞垮企业的意图，官员们放弃李经纬团队，选择“宁与外客，不与家人”的策略，主要有两个原因：一是担心经营层上下其手，难以控制；二是为了避嫌，害怕承担国有资产流失的责任。“国退民进”在各地实施过程中，始终只有战略而没有具体的法规依据，确实存在私相授受的现象，有很多企业通过暗箱操作的方式实现了产权的私有化。因此，有些政府官员害怕承担相关责任，出于避嫌考虑，宁可把企业卖给人际关系较为单纯的外来者。正是在这种“制度缺陷”的前提下，对现有经营者的强势排除，与对外来力量的盲目信托，形成了鲜明的对比，实业家们被无情地阻挡在他们开创的事业殿堂之外，所谓的资本掮客们则得以轻易地从小门从容进出。在与这些娴熟的“门口野蛮人”的过招中，地方政府表现出了易于轻信和不善博弈的稚嫩。我们看到了中国公司改革最令人哭笑不得的景象。

如果说，地方官员在健力宝风波中展现了猜疑和意气用事的一面，那么同样发生在华南的科龙事件则透露出另外的一种介入思路。这年 1 月，一个叫顾雏军的人突然成为科龙的新主人。

自从 1998 年年底，创办人潘宁以“莫须有”的理由突然“辞职”之后，这家中国家电业最具高科技特质、效益最好的企业从此陷入了神秘的动荡之中。潘宁离去后，接替他的是多年助手王国端。王国端就任一年半后又宣布“辞职”，容桂镇镇长徐铁峰拍马上阵，亲自出任科龙总裁。在开放之风颇盛的华南地区，由镇政府正职官员转任辖内最大企业总裁，此前并无先例，此人事更迭激起一片惊呼。或许也是从这种非同寻常的举动中，媒体嗅出了科龙事件的戏剧性。2000 年，科龙报亏 6.78 亿元。对于这家已经八年稳居中国冰箱行业老大的明星公司而言，巨额亏损无疑是向市场投掷了一颗大炸弹，市场对此的反应几乎可以用“骇人听闻”来形容。

根据公开的解释，科龙亏损是经营不善所造成的。可是，从 1997 年开始，科龙的盈利能力每年都保持在 6 亿元以上。1999 年，净利润为 6.3 亿元，冰箱产量达到创纪录的 265 万台，实现销售总额 58 亿元。但是，这样的科龙怎么会在来年掉头亏掉将近 7 亿元，一来一去将近 14 亿元的反差如何说得清楚？从财务的角度分析，科龙亏损有三种可能性：

第一种可能是，市场突发重大恶性事件，销售急剧萎缩，因运营成本过大，造成巨额亏空。事实上，这种状况在当时并没有发生。

第二种可能是，应收款过大，巨大的呆坏账，形成财务黑洞。曾全面主管科龙营销的屈云波披露说："2000年我上任时，科龙拖欠广告费2亿多元。我来之前，科龙的最高应收账款是12个亿，我刚上任时是七八个亿。而到我2001年年底离去时，广告费只剩下几千万了，账面上还有2个亿的应收账款，应在正常范围之内。"如果是这样，也就是说，尽管在2000年前后公司的应收款项惊人，最终却并没有形成坏账。

最后一种可能就是，大股东有转移资产的嫌疑。在潘宁创建科龙品牌之后，其上级一直存在着一个"容声集团"，它是科龙电器的大股东，受政府委托管理集体资产。尽管科龙先后在香港和深圳上市，成为一家公众公司，但是真正握有资产权的"容声集团"始终隐身其后。科龙与大股东之间的资产状况究竟如何，外界尽管存在种种猜测，但是从来没有得到过清晰的交代。有专家大胆地推测：国有股东在否决了潘宁的改制方案后，采取了"转移资产"的方式从科龙电器退出，在短短三年的时间里，科龙电器被彻底"掏空"和"消耗而空"。

2001年10月31日，全国各大媒体的财经记者在毫无预兆的情形下得到一条消息：一家名不见经传的格林柯尔公司成为制冷家电龙头企业科龙的第一大股东。格林柯尔以5.6亿元收购科龙电器20.6%的股权（后来这个金额降至3.48亿元）。

顾雏军是一个经历很可疑的企业家。他30岁时曾经"发明"了一套以自己名字命名的"顾氏"热力循环理论，号称能够生产节能型空调，潘宁还曾专门派人探询此技术的可行性。1991年，顾雏军在惠州办了一家空调工厂，广告自称其产品是"目前世界上耗电最省的家用空调器"，后来被技术监督局认定质量不合格，硬是把厂子给查封了。他接着在天津新建了一家无氟制冷剂工厂，名字是"格林柯尔"。2000年，格林柯尔在香港创业板上市。上市第一年，格林柯尔就宣布实现利润2.69亿元，营业收入在过去三年里增长了3 300倍，名列香港创业板盈利第一。在2001年的年报中，公司宣布实现营业收入5.16亿元，毛利4.1亿元，净利润3.4亿元。以严谨的财务分析著称的《财经》杂志宣称："其收入简直是一个无法达到的数字。"《21世纪经济报道》则爆料，格林柯尔的所谓业绩来自大量的虚假合同，"它的故事的核心就是到处签虚假订单，假订单多得可以用麻袋装"。就是这么一个环绕着众多灰色光环的企业家走进了大雾中的科龙。据《顾雏军调查》作者陈磊引用一位曾任科龙电器董事会秘书的知情人的话，顾雏军与政府谈判的重要筹码，正是科龙电器与母公司容声集团之间藏于账面之下的大量关联交易，“顾雏军向政府表示，如果让他收购，容声集团欠科龙的钱，就可以不用还了”。

顾雏军后来也详细地回忆了收购科龙前后的情形：“2001年9月27日签约的时候，我们只知道可能亏损1个亿，到11月底，告诉我们亏损可能超过6亿元。当时我们大吃一惊，而签的协议已经公告。这种情况下，我们回去开了一个会，最后得出的结论，科龙的成本控制是有大问题的，如果做得很严格，盈利是有可能的。我2002年1月进入科龙，3月份的时候审计报告出来，科龙竟亏损15亿元，开始报告是18亿元，我们担心那么大的亏损会让债权银行失去信心，就决定通过购并收回3个亿。大概有半年到8个月的时间，银行对科龙都是只收不贷。”

在顾雏军接手后的2002年4月，科龙电器按惯例公布年报。尽管市场对其业绩表现不抱幻想，可是听到的数据还是让人从凳子上跳了起来：在上年度亏损6亿多元的基础上，公司年度继续报亏15.55亿元，两年连续亏掉22亿元，创下中国家电上市公司之最。由这些数据可以得出一个结论：顾雏军得到的科龙是一具已经被掏空的虚弱躯体。

与潘宁有过交往的北京大学周其仁教授发表评论认为：“不是科龙改制才给了格林柯尔机会，而恰恰是因为它没有及时改制。科龙的主要教训就是潘宁时代没有及时发起并完成产权改革，否则顾雏军就没有入主的机会。”他在一篇题为“可惜了，科龙”的专栏文章中写道：“读科龙的报道，被一个问题折磨：要是还由创业老总潘宁那一代人领导，科龙至于落到今天这步田地吗？知道历史不容假设，可忍不住就要那样想科龙的结局似乎是时也，运也，命也。欲哭无泪。”

这些产权丑闻在各地此起彼伏地引爆，在当时让人看得眼花缭乱。一个值得记取的事实是，在大面积的产权改制过程中，出现了“小企业易改，大企业难改，无名企业易改，知名企业难改，亏损企业易改，盈利企业难改”的景象，于是，一些盈利能力强的知名大企业的产权变革便成了难中之难。年初，一度高调操作的“春兰改制”正式宣告搁浅。

春兰改制有很强的标本意义。春兰的前身是江苏泰州一家濒临破产的县办集体企业——泰州冷气设备厂。1985年，其资产为280万元，负债550万元，净资产值为负。在陶建幸的经营下，春兰在空调市场上异军突起，到1994年，春兰成为中国最大空调生产基地、世界空调七强之一。2000年，春兰的资产规模达到120亿元，净资产80亿元，成为中国家电业的翘楚。陶建幸因此与四川长虹的倪润峰一起当选中共十五届中央候补委员，他同时还进入党政机关，出任中共泰州市委常委。

2000年10月，在产权改革声浪渐起、“苏南模式”开始大规模转型的背景下，春兰董事会发出公告，宣布在不涉及国有资产的前提下，春兰集团公司从近50亿元的集体资产中切割25%，用现金按1∶1的比例向经营层和万余名员工进行量化配股。陶建幸认为，春兰改制符合中央政策，因此高调推行，引来舆论广泛而热烈的关注。他看上去已经考虑到了种种可能存在的隐患，比如，改制方案明确规定，公司不得以包括担保、资助、借款等在内的任何形式帮助任何人购买公司股份。为了解决技术性问题，工商银行、建设银行江苏省分行和春兰方面达成协议，两家银行以股票质押方式向春兰全体员工提供90%的贷款。为了“避嫌”，陶建幸还拒绝接受其他人提出的管理层控大股的建议，而是实行“普惠制”，这也意味着他主动放弃了超过价值数亿元的股份。他对《三联生活周刊》的记者说:“有关部门考虑过给我春兰集团的10%股份，但我拒绝了。在春兰拼死拼活干，真的不是为多赚钱。给我7个亿，我干什么花呀？在我心里，春兰似乎是自己的。金钱对我的驱动力为零。”

陶建幸的自信和高调，意外地让自己成了舆论讨论的焦点。有人计算说，春兰改制将一夜之间造就上千个百万富翁、上百个千万富翁以及数个亿万富翁，陶建幸本人的财富自然成了最大的聚焦。改制前，他的月薪为3 500元，而根据改制方案，他估算可得5 000万元（股）左右。于是，种种质疑追踪而来，第一个质疑是:“春兰到底姓啥？”有人设问道:“春兰的国有股份所占比重为75%，按照春兰的方案，在员工购买股份时还将以1∶1的比例配给职工分红权（干股），那么这部分分红权从何而来？是否意味着国有股东放弃其分红权利而让出了一块？这是否存在着国有资产流失的问题？”第二个质疑是:“陶建幸凭什么？”一个大型国有企业的经营者、一个享受显赫政治地位的改革人物，一夜之间“摇身”变成亿万富翁，跟传统的价值判断实在存在很大的认知落差。最后一个更大的质疑是:“春兰效应将带来什么？”有人评论说:“当前中国贫富差距正在拉大，其中最主要的表现之一，是一些经营者在国有企业的产权改制过程中，实现了财富的迅速膨胀。如果转制成功，陶建幸便可能成为中国国有企业改革的先锋和财富的标兵。春兰集团的举动向世人显示：干国有企业照样可以成为富翁。春兰改制完成之后，中国可能出现一波国有企业大规模的产权制度改革。像青岛海尔的张瑞敏、青岛海信的周厚健、四川长虹的倪润锋都可能成为中国21世纪历史上的第一批资本家。”

这都是一些很难正面回答的质疑，在某种意义上，它几乎触及了企业改革中一直被隐晦回避的制度和道德底线。陶建幸的高调让春兰改制意外地陷入了一场十分敏感的大争论中。有的人把春兰改制视为“国内大型国有企业中，数量级最高的一次突破性变革”，《21世纪经济报道》的记者写道：“春兰改制，全中国都凝神屏气地关注着这件事。”而另外的意见则直指“陶建幸用几十天时间就把春兰给‘分’了”。有媒体采访江苏省主管工业的副省长陈必亭，陈必亭很有技巧地回答称：“我个人对此表示支持。”而中央有关部门官员则称，国家并未制定可以这样做的相应政策。一个叫张涌的经济观察者评论说：“春兰改制从经济理论上讲，似乎并无不妥之处，但所影响到的人数之多、钱数之多前所未见，这样的量化，实在吓人一跳。”

“吓人一跳”的结果是，春兰改制“见光而夭”。事实上，在春兰改制新闻公之于世的时候，其员工持股计划已基本完成。但是，在巨大的舆论压力下，改制戛然而止，春兰方案被递交到中央政府讨论，要对其进行否决几乎不需要太多理由。2001年年初，陶建幸被告知“这个方案还存在着法律上的障碍，需要进行更科学、更严密、更合理的论证和计算，需要经济学家和法学家的集体会诊”。到2002年，此方案无疾而终。自以为好局抵定的陶建幸用力过度，棋落盘碎，空余一地叹息。

春兰改制的叫停，在产权清晰化运动中是一个标志性的事件。此后，那些与它情况非常类似的大型企业，如海尔、长虹及海信等的改制方案都被一一搁置。

在这场产权运动中，“可惜了”的显然不只李经纬、潘宁和陶建幸。由于没有制度上的保障和规范，几乎所有企业的产权变革都变成了一场巨大的冒险，是与非、合法与非法往往没有清晰的界线，企业家的命运突然变得无比凶险和莫测起来。就在2002年，中国乳业的两个传奇人物都在自己创办的企业中展开了产权上的探索，而其命运的差异让人在多年后仍然欷歔不已。

10月8日的《人民日报》刊登了一篇改革人物特写《郑俊怀：造民族品牌》。文章评价这位刚刚当选中共十六大代表的企业家：“从郑俊怀初到伊利至今，近20年过去了，现已52岁的郑俊怀把最好的年华贡献给了一个企业，用心血和胆识打造出了‘伊利’这一中国乳业的品牌。”1983年，伊利只是呼和浩特市政府属下一个年利税仅4.7万元的回民食品厂。在郑俊怀的经营下，伊利抓住了中国纯奶市场的发展机遇，建成了当时国内最大的乳制品企业。1996年，伊利成为内蒙古最早上市的企业之一，2002年，销售收入达到了40亿元。早在1999年，郑俊怀就试图进行产权改革，在直接谋求产权清晰化不可能的前提下，他跟当时的很多人一样选择了曲线MBO的道路。他和伊利的二十多名主管出资成立了一家“华世商贸公司”，相继收购了一些国有企业所持的伊利法人股。由于郑俊怀团队并没有太多的现金，因此在收购中便采取了灰色的做法。有一次，郑俊怀将伊利公司的150万元资金辗转至华世公司，用这笔钱去购买伊利法人股，不久后，又将这笔钱悄悄归还。还有一次，为了一笔1 500万元的伊利股份，他授意一家与伊利有密切业务往来的牛奶场向银行贷款，供华世购买伊利的股票，然后，华世又以所购法人股做质押，从银行获得贷款归还给牛奶场，随后牛奶场将此款归还银行。这种“空手套白狼”的做法几乎在当年是一种被普遍使用的“MBO方式”。郑俊怀的做法看上去非常顺利，并似乎得到了地方政府的默许。到这年，呼和浩特市国有资产管理局将所持有的国家股全部划拨到市财政局名下，并将其中的500万股有偿转让给郑俊怀团队投资的公司——此时，华世商贸已经改名为启元投资，后者一跃成为伊利股份的第二大股东。

就当郑俊怀试图曲线获取伊利的同时，他的一个老部下牛根生则选择了另外一种方式。比郑俊怀小4岁的牛根生曾跟郑俊怀一起打拼天下，他是一个苦孩子，出生一个月就被贫困之极的父母以50元的价钱卖给了别人。他从小随养父在大草原上放牛，后来进回民食品厂当了一名洗瓶工，靠苦干升到车间主任，1992年得到郑俊怀赏识，担任主管经营的副总经理。牛根生做市场有特别的狠劲，而且很会体恤人心。此人读书不多，却天生懂得“财散人聚，财聚人散”的道理。有一年，郑俊怀发奖金让他购买一辆高档轿车，他一转身就把这笔钱分拆成几辆低档车分给了部下。由于他分管伊利的市场营销与广告宣传，因此在媒体上表现得十分活跃，外界一度“只知老牛不识郑”。1998年，郑、牛关系急速恶化，后者突然被免职，理由是“莫须有”。第二年，牛根生就带着几个旧部筹集1 000万元资金创办蒙牛。他后来回忆说:“当时在呼和浩特的一个居民区里租了一间小平房作为办公室，一共只有53平方米，月租金200多元。蒙牛成立的时候，没有奶源，没有厂房，没有市场，可以说是一无所有，在全国乳制品企业中的排名是第1 116位。”牛根生有的是多年来在市场经营中积累下来的人脉和经验。当时，全球最大的软包装供应商利乐公司在中国推广“利乐枕”（那时候，国内牛奶包装主要采用“利乐砖”和“巴氏奶”），并愿意免费向牛奶工厂提供生产设备，伊利等大企业都不愿冒险，唯有没钱买生产线的牛根生敢于一试，不料想竟大获成功。到2001年年底，蒙牛销售收入已突破7.24亿元，成为国内第四大乳制品企业。

2002年，几乎跟郑俊怀搞曲线MBO同一时间，牛根生也进行了股权上的创新。6月，摩根士丹利、鼎晖投资、英联投资三家国际机构宣布投资6 000万美元入股蒙牛。三家投资商在投资的同时，还提出一个苛刻的“对赌协议”：未来三年，如果蒙牛每年每股盈利复合增长率低于50%，以牛根生为首的管理层要向三家外资股东赔上7 830万股股票，或者以等值现金代价支付；如果管理层可以完成上述指标，三家外资股东会将7 800万股股票赠予牛根生团队。牛根生“求钱若渴”，再度冒险签字。

在未来相当长时期内，对于企业产权改革的讨论将成为中国公众社会及政商学界观点分歧最严重的经济话题。其中有两个重要的争议焦点，一是如何看待“国有和集体资产的严重流失”，二是如何看待国有或集体企业的经营者“赎买”。这场关于流失的争论从1998年就隐约开始了。

以香港教授郎咸平为代表的观点认为，“国退民进”是一场分食国有资产的盛宴，其间出现了“掌勺者私分大锅饭”的现象，改革的策略出现了严重的过失与扭曲。而北京大学的张维迎教授和同样来自香港的张五常教授则不以为然，他们认为，尽管改制中存在种种灰色行为，但是改革总体的方向和积极效应是不容怀疑的。张五常的观点更为直接，他辩论道：“不可能完全没有这种事情，可是总是要慢慢改良的。你想把那么多人全部杀掉，你杀不了那么多人的。改革过程中，有些事情是不可避免的，是需要改进，但你不要因为有这种事情就说这个国家不行。怎么可以避免呢？这个国企我把它买过来，我拿过来的手段未必很正确，但是我把赔钱的国企变成赚钱的企业，这对中国的经济整体来说不是一件坏事。”比张教授更为激进的观点是所谓的“冰棒理论”。一些专家认为国有资产就像太阳下的冰棒，如果不把它“吃掉”，那么它也会完全融化掉、浪费掉。这样的论调显然很难拿到阳光下来讨论，郑俊怀是做冰棒起家的，他就栽倒在“冰棒理论”上。

这一年，中国出口国外的最大“单宗商品”，是一个叫姚明的篮球运动员。这位身高 2.26 米的亚洲小巨人以选秀冠军的身份到美国职业篮球联盟（NBA）打球。有人替他算账，如果他在 NBA 打球打到 38 岁，可以有 2.7 亿～2.9 亿美元的收入，这还不包括他获得的场外赞助、广告等巨额收入。仅这一价值按当时的国际商品价值来换算，就相当于中国出口了 102 万吨大米或 46 万吨钢材，或 239 万台电视机，或 630 万辆自行车，或 98 万吨原油，或 6 489 万米丝绸。

12 月 3 日，在摩纳哥蒙特卡洛举行的国际展览局第 132 次代表大会上，中国上海在与其他四个申办城市的激烈角逐中一路领先，最终以 54 票的大比数赢得了 2010 年世博会的主办权。这是中国继北京成功申办奥运会之后，另一个重大的国际性胜利。世博会将在上海举办半年，预计吸引 7 000 万人观展。无疑，这成为继北京奥运会之后，中国经济将在未来数年内持续成长的又一个醒目的指标。

（选自中信出版社《激荡三十年》，2008 年 1 月出版，作者：吴晓波）

姚明：一战成名

2002年，姚明作为NBA历史上第一位外籍“状元秀”加盟了休斯敦火箭队。从那时候开始，第一次入选全明星赛首发阵容，第一次参加季后赛，成为NBA全明星赛历史上的票王……姚明创造了中国球员在NBA历史上的一个又一个纪录。

姚明现象

2002年10月20日下午，一个高大腼腆的青年步出休斯敦布希国际机场。短短两个月内，他的名字已经传遍美国。支持他的球迷欣喜不已，看轻他的“名嘴”自取其辱，球评不吝溢美之词，专为他谱写的歌曲在全美电视网传唱。这个青年就是NBA休斯敦火箭队的主力中锋姚明。

来自中国大陆的姚明身高七英尺五英寸，篮球天赋过人。2002年NBA的选秀会上，姚明被火箭队以第一签选中，成为“状元”，顺利加入火箭队。第一位来自亚洲的“状元郎”加盟NBA，当然是一件大事。可是，姚明引发的激荡，显然超出了篮球场，也越出美国华人社区。美国不同族裔、不同阶层的人士，都很快熟悉了姚明的名字。

美国人崇尚英雄。他们热爱姚明，首先自然是姚明身手出众。姚明在高手林立的赛场脱颖而出，得分、篮板连连达到两位数。他视野开阔、基本功扎实，有效提高全队的战斗力，难怪已经有人将姚明同NBA历史上几位最伟大的球星比较。

姚明并非第一个成为NBA选秀状元的外国人。1997年第一签相中的马刺大前锋邓肯来自维京群岛，1998年的“状元”奥洛沃坎迪，则与姚明最崇拜的偶像、1984年的首签欧拉朱万一样，来自非洲的尼日利亚。可是，他们投身NBA之前，

这是2003年2月10日出版的美国杂志《体育画刊》，该杂志将姚明的头像刊登在封面上。这本著名的体育杂志把过去的一年称为“姚明之年”。（吕明响/摄，图片来源：新华社）

都在美国大学男篮受过洗礼。因此，姚明踏入 NBA 之初，满怀期许者有之，恶意嘲讽者有之，而更多的人则心存疑惑，不知姚明的 NBA 之路到底能走多远。

对一个年仅 22 岁、连英文都说不流畅的外国青年，这条路确实是荆棘之途。姚明首次登场，交了白卷，一时舆论哗然。姚明当时所受压力之重，不难想象。但是，姚明昂然面对，用实力赢得队友与教练的信赖，也征服了对手，打出了自己的一片天。

姚明的成功之路，堪称无数来美华人奋斗历程的缩影。面对新环境，战胜挑战，这就是姚明给同胞的启示。而姚明特别令人钦佩之处，并不在于他的篮球天赋，而在于他融入环境的能力。他性格宽容，为人幽默，令队友倾心，从而建立场上默契。而他面对媒体时表现得从容不迫，更令挑剔的主流媒体心折。

数十年来，来自台湾、港澳、大陆的留学生，为中国人奠定了学术声誉。无数华裔商业长才，为美国经济发展作出了不可磨灭的贡献。而近年，无论是在美国出生的华裔，还是两岸三地来美的中国人中，都涌现出一批杰出体育人才，令美国主流社会见识到华人在体育方面的成就，姚明正是个中翘楚。他的迅速崛起，对消除种族偏见、促进各族裔和谐共处，都有深远意义。

有一晚，姚明率队在洛杉矶战胜了湖人队。赛后，原先尽力为姚明喝倒彩的数百名湖人球迷迟迟不肯离去。他们一直等到姚明接受完电视采访，才齐声大呼：“姚明，我们爱你！”在场的华文记者都同姚明一起为之感动。偏见的阴影终究会让步给成就的光辉。

姚明还年轻，脚下的路正长。

一战成名

记得我第一次采访，是在 2002 年 11 月 17 日。当天姚明第一次现身斯台普斯中心，而我到洛杉矶《世界日报》上班刚好一个月零一天。此前我在洛杉矶《星岛日报》工作。《世界日报》属于总部设在台北的联合报系，是北美洲最大的中文报纸，五个分社分别设在美国的纽约、旧金山、洛杉矶以及加拿大的多伦多、温哥华等华人集中的主要城市，另在若干其他城市设办事处，形成庞大的新闻网络。

洛杉矶《世界日报》副总编辑兼采访部主任洪锦福邀我加入《世界日报》，希望我重点报道南加州地区与华人有关的科技新闻，包括当地华裔科学家的新成果和读者关心的科技话题，我便答应下来。我上班还不到一个星期，姚明就抵达美国。当年的选秀会上，姚明被手持第一签的休斯敦火箭队选中，成为第一位未在美国大学打过篮球的NBA新秀“状元”。他的一举一动，都引起各界密切关注，美国的中文媒体自然不敢掉以轻心。

其实美国的中文报纸一直重视刊载NBA新闻，然而过去通常采用英文通讯社、报纸发的消息加以翻译。王治郅、巴特尔2001年先后加盟NBA，中文媒体记者纷纷赶到赛场，追踪报道两大中国中锋的新闻。现在又添了一个新秀“状元”姚明，同时原先在达拉斯小牛队打球的王治郅转到洛杉矶快船队旗下，洛杉矶《世界日报》报道NBA的任务顿时加重。

NBA 2002 ~ 2003赛季正式比赛2002年10月30日开打，报社特地派人到斯台普斯中心采访王治郅代表快船队的第一场比赛。前往现场采访的同事对NBA不大熟悉，拿到成绩统计表，见到一大堆“FGM-A”（投篮命中数出手次数）、“BS”（盖帽）等缩写，如坠云里雾里。他知道我在《星岛日报》工作时写过NBA评论，便打电话向我求援。此后，洪副总编提出，不如改由我负责采访NBA，我遂答应下来。就从11月17日这场比赛开始，我正式接过采访NBA的接力棒。

当天我走进球场，一眼就看见姚明正在场上练习投篮，许多照相机、摄像机的镜头对着他。球场上有一大群两米上下的大汉，姚明仍然明显“高人一等”。他每次练跳投，都有队友上前跃起封堵，但是他们的指尖往往比姚明的出手位置矮上一截。

按照NBA官方网站的资料，姚明身高2.26米，相当于7英尺6英寸。雄霸NBA球场禁区的超级中锋个子都很高，张伯伦高2.16米，比尔·拉塞尔高2.06米，贾巴尔高2.18米，沙奎尔·奥尼尔高2.16米，姚明最欣赏的立陶宛人萨博尼斯高2.21米。而这些欧美高个子如果面对姚明，无一例外要仰视。

在中国人中，姚明的身高更加突出。古代典籍中提到过许多名人的身高，但要将之换算成如今通行的长度单位。神武过人、力能扛鼎的西楚霸王项羽“长八尺余”（《史记·项羽本纪》），而据《中国历代度量衡制演变简表》，秦、汉时一尺仅等于0.231米，因此项羽的身高当在1.85米至2.08米之间。三国时期一尺等于0.242米，《三国演义》第一回称刘备“身长七尺五寸”，实际上相当于1.82米。同理，“身长八

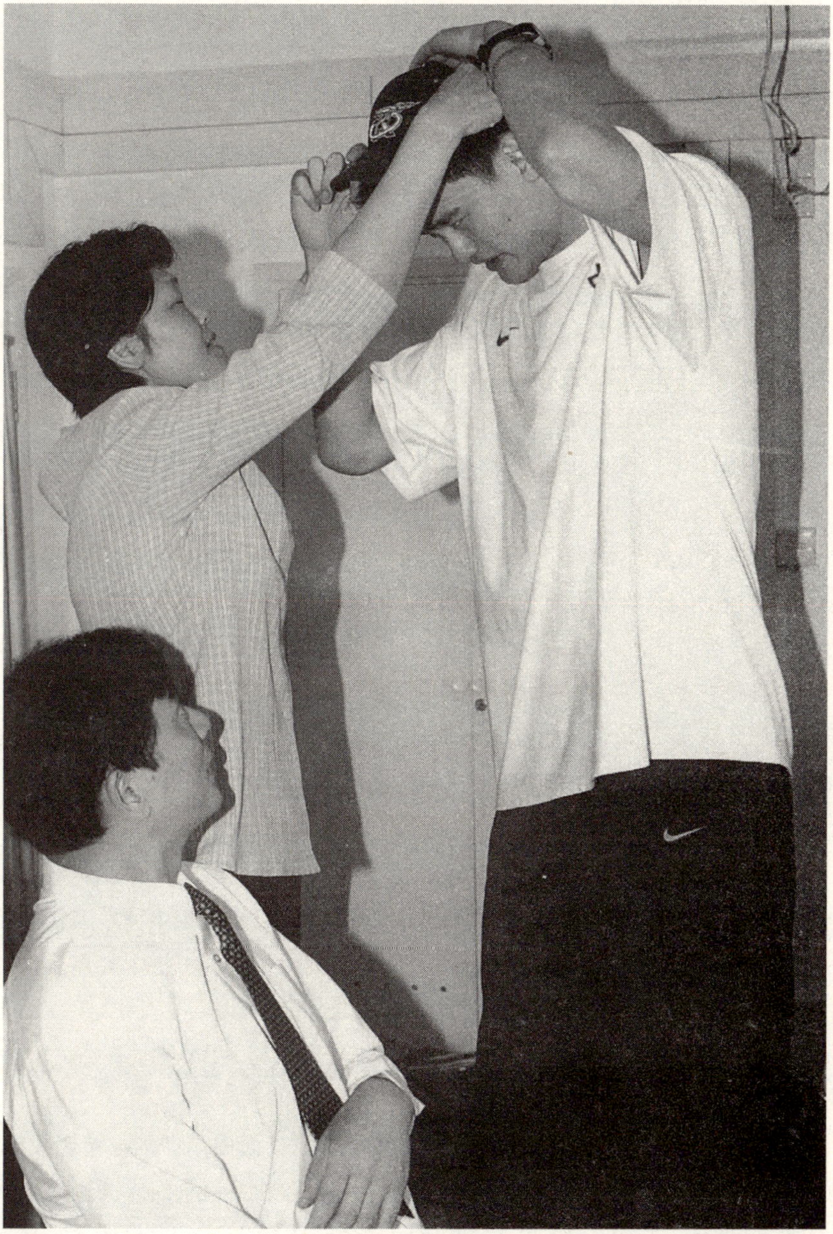

姚明入选休斯敦火箭队后，母亲方凤娣为他戴上印有火箭队标志的帽子。
（陈晓伟/摄，图片来源：新华社）

尺”的张飞、“身长九尺”的关羽，身高分别为 1.94 米、2.18 米。这些英雄魁梧则魁梧矣，但比姚明还是矮了一截。

姚明的父亲姚增源和母亲方凤娣都是高个子。姚增源高 2.08 米，曾效力于上海男篮；方凤娣高 1.88 米，曾担任中国国家女篮队长。姚明 4 岁时身高 1.20 米，9 岁达到 1.70 米，与多数中国成年男子不相上下，13 岁更蹿升到 1.97 米。据透露，姚明成年之后的床必须特制。他来美国之前，先定做好一张加长的床，长度为 9 英尺（2.74 米）。姚明外出住旅馆，也不容易找到合适的床。美国加大双人床的标准尺寸长 2.03 米、宽 1.93 米，姚明躺上去，脚要伸出床外。若外出比赛住酒店，姚明往往要在床尾加一张与床同高的长凳，用来搁脚，否则他必须沿床的对角线斜着睡。

姚明个子高，脚自然也大。中国的鞋码多年沿用欧洲系统，多数成年男人穿 40 码至 44 码的鞋，相当于美国鞋码系统的 6 码至 10 码。同样，按美国鞋码系统，适合姚明的鞋为 18 码至 18½ 码，大致相当于欧洲系统的 53 码至 54 码。姚明尚未与运动鞋公司签约之前，深受无鞋可穿之苦，曾经借过中国女篮名将郑海霞一双旧鞋上场打球。在中国为姚明找鞋委实不容易，姚明父母不得不转托海外亲友帮忙，也由此结识后来为姚明进入 NBA 起了重大作用的美籍华人章明基。

姚明的身材令他在日常生活中处处碰到麻烦，但在篮球行家眼中，却是罕见的宝藏。具如此身高，再加上在球场上表现日益优异，姚明早就被 NBA 的球探盯牢。从 2001 年起，姚明可能参加 NBA 选秀的传言不时浮起。

其实，早在 1996 年，章明基就动员过姚明到美国大学打篮球。在此前后，中国人进军 NBA 的步伐从未停止。出身运动世家的张嗣汉，在加州大学伯克利分校打球时声名鹊起，照片登上大型运动杂志封面，曾被金州勇士队相中，后因私人原因放弃，转到台湾发展。1987 年，宋涛被亚特兰大老鹰队选中，可惜因膝盖受伤，未能成行。马健于 1992 年起在犹他州大学留学时代表校队打球，期间两次参加快船队的训练营。2001 ~ 2002 赛季，王治郅、巴特尔先后正式与 NBA 球队签约。NBA 正式比赛的球场上，终于出现中国人的身影。

姚明目睹这一切，也立志进军 NBA，并向自己提出更高要求，希望成为 NBA 第一个从未在美国受过篮球训练的选秀状元。中国篮球界某头面人物推出一个“常青公司”，硬要充当姚明在美国的经纪。遭遇此事之后，姚明的父母托章明基寻找合适的经纪人。章明基几经周折，最后决定自己组织一个经纪班子“姚之队”，将姚明推向 NBA。姚明率上海东方队夺得 2001 ~ 2002 赛季 CBA 冠军之后，东方队终于同意放姚明到 NBA 打球，姚明赶到芝加哥参加选秀前的测试。

NBA 每年举行新秀选拔，制度相当完善。报名参选的新秀按表现打分，成绩好者排在前，供球队依次挑选，通常共挑选三轮。按道理，球队常规赛成绩越差，越应当得到优先选新秀权力，以保证各支球队实力相差不致太悬殊。但是这样一来，便可能出现个别球队故意打败仗，以求来年得到出色的新秀。NBA 于是采取摸彩方式，决定首轮前三位的选秀权次序，战绩相同的球队也要靠抽签来决定选秀次序先后。

摸彩的具体程序是取 14 个球，依次标上 1 到 14，每次取 4 个，总共可能出现 1 001 个组合。未进入季后赛的球队，由计算机随机分配彩票组合，成绩越差的队分配到的越多。到摸彩的日子，最先开出的组合自然就是第一签，手中持有这个组合的球队便得到此签，其分配得的其他组合随即作废，余下各签也依此方式一一抽出。进入季后赛的球队没有资格参加摸彩，纯粹按成绩排在有权摸彩的球队之后选秀，常规赛成绩越好的队排得越后。

2001 ~ 2002 赛季结束后，公牛队与勇士队的成绩并列倒数第一，各得 225 组数字，而火箭队只分配到 89 组数字，抽得第一签的几率很低。然而，幸运之神颇为眷顾火箭队。5 月 19 日的抽签仪式上，开出的第一签居然落到火箭队囊中。代表火箭队参加抽签的明星后卫史蒂夫·弗朗西斯在一片嫉妒的目光中，洋洋得意走出抽签会场。

抽签结果公布那一刻，我正在采访途中，见时间快到，赶紧找个酒吧，买了杯咖啡，坐在吧台前看电视转播。见到弗朗西斯的笑脸，我知道姚明的状元当定了，因为火箭队迫切需要优秀中锋，而在当年参加选秀的大学生、高中生、国际球员中，姚明毫无争议是最杰出的中锋人材，火箭队绝对不肯放过。果然，6 月 26 日的选秀夜没有悬念，姚明鹊屏中选，成为状元，遗憾的是姚明远在上海，没有到会场。

当时我不知道，在此之前，姚明的父母和“姚之队”为了买断姚明的合同，陷入同上海东方队的艰苦谈判。据透露，东方队开出的价钱，相当于姚明在 NBA 前几个赛季的全部收入。最后，筋疲力尽的姚家同意支付一笔巨款，才扫清姚明通往 NBA 的最后障碍。

辗转听到这个消息之后，我对姚明父母的敬意不由加深。他们分别为中国篮球贡献过青春，又培养出一个出色的儿子，却要遭遇如此不公平的对待。依我看，他们背负的不仅是金钱的损失，而且还有难堪。但是，他们为了儿子的前途，不惜作出痛苦的决定。这种境界，有多少人可以达到？

“姚之队”的表现也令人赞赏。他们在姚明赴NBA前后表现出来的耐心与机智，为今后中国运动员的经纪开创了一个成功模式。后来，他们协助姚明续约、开拓广告市场，都做得有声有色。我早就听说，他们从超过350名申请人中，挑选到去台湾留过学的美国国务院中文译员潘克伦担任姚明的随身翻译。

赛前采访时段，我在更衣室门口见到潘克伦，跟他攀谈了几句。《世界日报》在休斯敦设办事处，有五个记者，也归洛杉矶《世界日报》社管辖。相信潘克伦对我的休斯敦同事印象良好，他跟我谈起来大有一见如故的感觉。可是，《世界日报》的台湾背景曾使姚明产生误会。我的同事第一次采访姚明先自报家门：“你好，我是《世界日报》记者。”姚明说：“哦，我知道，就是那个反动报纸。”当然，这个小误会很快就冰释了。

吃晚饭时，潘克伦和我坐在同一桌，边吃边聊天。我觉得他中文名字中有个“克”字不是很理想，想劝他改成“柏柯鳞”。他本姓“Pine”，是松树的意思，“柏”字不仅意思近似，而且用多种中文方言念起来都与英文原姓发音相符。柏树的枝柯布满鳞甲，似乎要化龙飞去，意境很好。不过我还没有开口，潘克伦就告诉我，这名字是他在台湾留学时朋友帮着起的。那位朋友很郑重，还专门找高人算过笔画命理等，才确定下来。我于是打消劝他改名的念头，然而他这个中文名字似乎不怎么受重视，姚明本人以及一帮追踪姚明的中国记者，都管潘克伦叫“科林”。

像美国大多数年轻人，潘克伦开朗健谈，但又比常人多出一份细心持重，责任感特别强。他告诉我，他本来打算当年开始读法学院，已经被著名的乔治城大学录取，却被选为姚明的翻译，人生计划必须改变。他说，姚明性格很冷静，为人幽默，很容易相处。一位英文记者挤过来问潘克伦的收入情形，潘克伦回答得非常认真：“我必须说，我没什么可抱怨的。”我知道他必须日夜陪伴姚明，便问他能否习惯姚家的伙食。他闻言大笑，脸上一片向往之情，说：“姚妈妈做的菜，真的，真的，太好了！”

时间快到了，我随其他记者走向球场，潘克伦叫住我。有个英文电视台计划采访姚明，到节目当中，主持人必须从姚明手中拿过话筒，但为保持节目流畅不想插入翻译。主持人希望事先学一句中国话，观众会觉得有趣，姚明也能听明白，会把话筒递过来。有人建议主持人学说“把话筒转给我”，潘克伦觉得这句话太长，主持人未必能学会，便问我有什么建议。我主张到时主持人只说“话筒”两字，同时伸手，以姚明的聪明，自然马上会意。潘克伦点点头，转身而去。看来姚明还未上场，便陷入各路媒体的多重包围。

当晚比赛开始，姚明未列入火箭队首发名单，直至第一节还剩 1 分 30 秒时才上场。当时火箭队以 19 比 16 领先，姚明防守湖人的中锋斯塔尼斯拉夫·梅德维登科十分成功，但阻拦科比·布莱恩特上篮领了一次犯规。

第二节刚开始，姚明就轻松灌篮得手，接着又抢得进攻篮板投篮得分。一时，全场的目光都集中在姚明身上。场边的华裔郎先生夫妇、陈小姐等更是兴奋得将“姚明加油”的标语牌高高举起。

姚明的第三个进球极其精彩。当时姚明沿边线上篮，受到对方防守队员压迫，身体已经越过篮底，但见姚明反手一勾，篮球应声入网。湖人球迷们忘情地鼓掌欢呼，少顷才发现原来是敌手得分，只好补发嘘声。

接下来，姚明一个中距离跳投中的，又一个灌篮，拿下 10 分，不仅平了自己两天前创下的个人得分记录，而且帮助火箭队将比分追平成 39 比 39。

上半场还剩 2 分 10 秒，姚明被替换下场。他上场不到 11 分 30 秒，六投六中得 12 分，成为上半场火箭队诸将中得分最高者。姚明还抢得 4 个篮板，湖人队的中锋梅德维登科和萨马基·沃克先后被姚明防死，基本无建树。

湖人队中锋奥尼尔脚趾手术后未恢复，无法上场。中场休息时间，球场中央上方的大电视屏幕播出一个短片。但见奥尼尔在健身房努力锻炼，挥汗如雨。为了早日恢复，他还勉力吃生鸡蛋。他拿起一个生鸡蛋，在自己汗津津的光头上砸开，皱着眉苦着脸把蛋浆喝掉，接着又拿起下一个蛋。观众看到这场景，人人开怀大笑。

下半场两队易边再战，姚明整个第三节都没有上场，但他一直认真观战，还不时伸头观看助理教练手中的技术统计表。这段时间，湖人队两名中锋打来得心应手，火箭队比分落后。

第四节一开始，姚明就出现在场上，火箭队防守实力顿时加强，湖人队的内线进攻受阻。姚明投篮得手，又连投带罚连得 3 分，火箭队由此重得先手。此后，火箭队保持领先，但湖人队奋力追赶，科比更是勇不可当，连连得分。当火箭队以 89

比85领先之时，科比一个三分球将比分追到88比89，火箭队只领先一分。姚明在禁区右肋接队友传球，挺身投篮得分，同时因对手犯规而得到罚球机会。全场球迷高声尖叫，声浪震耳欲聋。姚明不为所动，从容将球罚入，再次将比分拉开，确保火箭队的胜果，结果火箭队以93比89战胜湖人队。

当晚姚明弹无虚发，九投九中，两罚两中，共得20分，而且抢得6个篮板。他防守的位置相当灵活，对方不仅是中锋屡屡碰壁，小前锋福克斯、得分后卫科比等都尝到姚明防守的威力。

比赛结束后，姚明光芒盖过全场。一群身穿湖人队球衣的黑人姑娘，比赛进行时全力嘘姚明，而赛后久久守在姚明退场的出口，反复高呼："姚明，我们爱你！"落败的湖人队将士悻悻退场。但那一瞬间最惶惑不安的，恐怕还是TNT电视台的特约篮球评论员查尔斯·巴克利。

巴克利是NBA史上超级巨星之一。绰号"查尔斯爵士"的巴克利对外声称身高1.98米，但许多人认为他只有1.93米。而他凭强壮的体魄及坚强的意志占住大前锋位置，在高个子林立的篮下杀开一条血路，得分、篮板、命中率等均名列前茅，11次入选全明星队，1992～1993赛季被评为最有价值球员，手上虽然缺一枚总决赛冠军戒指，但1996年成为NBA历史上50名最伟大球员之一。

与巴克利球场上的成就一样给人深刻印象的，还有他的超人胃口、暴躁脾气、出格言论。巴克利打球期间，不时传出他与对手或球迷冲突、在酒吧斗殴的新闻。有次巴克利与场边一名观众斗嘴，暴怒中一口唾沫飞过去，却误中旁边一位小姑娘。事后巴克利老老实实被NBA罚款，送鲜花、球票给无辜殃及的小姑娘和她的家人。然而，巴克利致歉的头一句话令人哭笑不得。他说："我非常抱歉，因为我吐唾沫时没瞄准。"

巴克利退役后，出任TNT电视台的篮球评论员，精彩言论更是层出不穷。多事的人专门设立"巴克利语录"网站，不断更新，引来很多访问者。语录中诸如"我真的吃得不多，只是想不停地吃而已""每个人都有诚实的权利，只有体育界和名流圈内可以不诚实"等等，都堪称脍炙人口。他评论篮球还时常爆粗话。看他主持的电视节目，经常会听到表示消音的"嘟"声。有人批评过巴克利，但他满不在乎。他早就说过："我不认为职业运动员要充当道德楷模，家长才应当是楷模。"

论起内线队员，巴克利向来欣赏力量型的球员，对姚明则一直没有什么好话，一有机会就要嘲笑姚明两句。11 月 15 日火箭队对菲尼克斯太阳队，巴克利与另一名退休篮球手肯尼·史密斯共同主持中场评论节目。史密斯夸了姚明两句，巴克利马上装出一副几乎昏厥的样子说："如果这个赛季姚明能一场比赛拿 19 分，我就吻'ASS'。""ASS"这个词本来不宜形诸文字，电视台实况转播时照例作了消音处理，有关文字报道也改用委婉说法。我绞尽脑汁，试图避开直接引用这个词，最后发现姚明自传的英文、中文版都照实写，我才松了一口气。

当晚比赛结束后，姚明先接受电视台采访，更衣后又现身记者会。每个记者都恨不得问同一个问题："你对巴克利打的赌有什么看法？"因为巴克利的原话没明确说吻谁的臀部，当天大家都认定巴克利指的是姚明的臀部，姚明的队友也认为如此。他们在更衣室纷纷打趣说，巴克利履约前来吻臀时，姚明一定要将全过程录像存档，好几个人愿意将自己的录像机借给姚明。姚明对此统统付之一笑。他说了好多遍："我想他（巴克利）只是开玩笑而已。"

事后有消息传出，姚明当晚告诉朋友"今天最爽"。不过我所见到的姚明，在无数的摄像机、照相机前，绝对是不骄不矜，从容冷静。有人称赞他九投九中，为战胜湖人作出关键贡献，姚明笑笑说："我只是运气好。"在记者会上，他特地表示感谢队友的支持。

姚明还说："到湖人的球场，就想起湖人队历史上出过很多伟大中锋，创造过神话，自己更要努力。"听到姚明的话，许多记者微微点头，洛杉矶本地的记者们更是笑容难抑。

看得出来，姚明事先做过功课，至少了解过湖人队的历史。斯台普斯中心，悬挂着湖人队已经退休的七件球衣，每一个号码代表球队历史上一个英雄。其中的 13 号和 33 号，分别属于伟大中锋张伯伦、贾巴尔。

每次回顾张伯伦辉煌的一生，我都要为 NBA 感到幸运。这个体魄过人的体育天才，倘若选择其他运动项目，一样能够出人头地。要知道，张伯伦 1958 年的跳高成绩接近 2 米，当时的世界记录是 2.16 米。他还拿过大学田径联赛铁饼冠军，躺在椅子上可推举 227 公斤，到 60 岁还参加 50 英里（约 80.5 千米）赛跑。幸亏他选择了篮球，在 14 个 NBA 赛季中不断带来惊喜。他曾经在一个赛季中平均每场得 50.4 分，单场拿下 100 分。张伯伦整个职业生涯 1 045 场比赛，平均每场得 30.1 分，抢到 22.9 个篮板，成为难以逾越的高峰。在 1961 ~ 1962 赛季的 79 场比赛中，他总共才休息过 7 分钟。这样一个半人半神的家伙，夸口说自己共有过 2 万个异性伴侣，别人也只好相信。姚明的自传介绍“姚”字与女性、大数字有关时，没忘了幽已故的张伯伦一默。

从加州大学洛杉矶分校打入 NBA 的贾巴尔，成就另一段中锋传奇。我 1988 年初开始看 NBA 时，贾巴尔已经 41 岁，还在打他的第 18 个 NBA 赛季，并赢得自己第 6 枚总决赛冠军戒指。虽然贾巴尔已经从巅峰状态下滑，对手防守他却一点不敢掉以轻心。看着他高高跃起后，右臂向上伸直，手掌向内一压，完成一个招牌式的“天钩”，篮球沿优雅的弧线飞向三四米外的篮筐，连外行人都会觉得心折。到下一年贾巴尔退休时，总共得过 6 次 MVP，入选全明星赛 18 次。他的 NBA 生涯之长，以及多达 38 387 分的总得分，在可预见的将来，相信无人能出其右。

也许因为年代久远，湖人队历史上另一位明星中锋乔治·米肯较少有人提及。恩格斯曾经赞扬《神曲》的作者但丁是“中世纪的最后一位诗人，同时又是新时代的最初一位诗人”(《〈共产党宣言〉意大利文版序言》)。同理，我们可以说，米肯是 NBL 的最后一位明星，同时又是 NBA 的第一位明星。1948 年，米肯随明尼苏达湖人队转入 BAA，马上夺得冠军。翌年 BAA 更名 NBA，米肯率领湖人，七年内六夺桂冠，缔造 NBA 史上第一个王朝。他强悍、扎实的球风，以及得分、抢篮板的过人表现，为后来的中锋树立起楷模。

提到湖人队的中锋，切不可忘记“魔术师”约翰逊。NBA 习惯按位置称控球后卫为 1 号，得分后卫、小前锋、大前锋、中锋则依次从 2 号排到 5 号。“魔术师”最当行出色的，当然是打 1 号位，但这位罕遇的奇才在每一个位置上都创造过奇迹。1979 ~ 1980 赛季，“魔术师”约翰逊以选秀状元身份加盟湖人。这一赛季，湖人队杀入总决赛并以 3 比 2 领先对手，中锋贾巴尔却不幸受伤，无法继续比赛。当此关键时刻，湖人队派身高 2.06 米的新秀后卫“魔术师”代打中锋。“魔术师”果然不负重托，拿下 42 分，率领湖人登上冠军宝座，自己也成为总决赛 MVP。

进入新千年后，湖人队又依靠篮下攻防能力无与伦比的超级中锋奥尼尔，连续三年夺得总决赛冠军。

姚明自然知道这些故事，但他顶住压力显示出实力，赢得了尊敬。这天我没有见到奥尼尔，但姚明在自传中提到，赛后奥尼尔来看他。也许奥尼尔等到记者都离开才溜进来。姚明说:“很高兴见到你。你的脚怎么样了？”奥尼尔对姚明说:“你打得很好。”此前有人请奥尼尔谈谈姚明，奥尼尔满脸不屑，反问：“谁是姚明？”这一场球打下来后，奥尼尔换了口气，说要祝贺姚明，并说姚明技术全面，能带能投，打得很好。

到11月21日，火箭队与小牛队一场球又由TNT向全美国转播，也到了巴克利还全体观众一个公道的时刻。

两队打上半场时，我们都无心看比赛。好不容易等到中场休息，镜头转到设在亚特兰大的TNT电视台转播室。史密斯提醒巴克利：“查尔斯，别忘了你打过赌。过来吻我的ASS。”平素口若悬河的巴克利扭捏良久，一直嘿嘿干笑，却不肯做动作。

史密斯总算手下留情，突然牵出一头驴子，说是他花500美元租来的，驴头上的纸条写着“肯尼的ASS”。原来这个词有几个意思，既可以是臀部，也可以是驴子。巴克利吻这驴子，也算履行诺言。史密斯缓缓掏出一个化妆用的粉扑，作势在驴臀上一挥，然后比出邀请的手势。巴克利被逼得退无可退，只好低头轻轻吻了驴臀一下，才了却这桩公案。这样一闹，姚明的名气更大了。

无数球迷的眼睛注视着他，期待着更加精彩的下一幕。

（选自花城出版社《姚明的NBA生涯》，2005年5月出版，作者：梁国雄）

足球范儿

从 1994 年到 2002 年，中国足球甲 A 联赛职业化道路已经走过了九个年头。2002 年的中国足球，一方面，甲 A 联赛仍在如火如荼地进行着，另一方面，国家队的首次世界杯之旅满目疮痍。欷歔之余，年青一代在球场上所展现的希望也不应该被忽视。

这一年我 23 岁，再度经历着工作上的变更，体会着不可预知的人生际遇。而 2002 年的中国足球，实际上已经处在崩溃的边缘：一方面是首次进军世界杯的国家队“英雄们”终于扬眉吐气的高调亮相，而另一方面却是国内已经被假球、黑哨搞得焦头烂额却总有人想要欲盖弥彰的足球困局。

参加完足协杯赛，国安 2002 新赛季的备战马上开启。其间，国安新赛季将选择外教执教的消息得到证实。一时间，李章洙、霍顿、皮特科维奇等人纷纷同国安扯上关系，更有好事媒体炮制出“国安已经同桑特拉奇签约”等让国安球迷激动不已实则非常不靠谱的假消息。直至曾经执教申花的前红星大帅彼得洛维奇驾临北京，国安真正的外教人选才开始浮出水面。

相比于主教练人选的更替，同期一则国安俱乐部的官方消息在日后看来才是对未来的国安有着更为深远影响的事情！ 1 月 7 日，国安俱乐部宣布：国安俱乐部董事长王军、副董事长李士林自今日起辞去国安俱乐部的领导职位。同时，国安总公司经研究决定：由罗宁主管国安俱乐部，李建一任国安俱乐部董事长，马冰任国安俱乐部总经理。彼得洛维奇为国安队主教练，魏克兴任国安副总经理、领队兼教练，南斯拉夫人米奇继续任助教。另外，原北京威克瑞教练杨洪民顶替退休的老教练李松海成为国安队新的守门员教练。不过，戏剧性的是，这位老兄还没来得及在北京球迷眼前混个脸熟，就被后来老彼得请来传授经验的专家托米奇给取代了。

俱乐部一系列的大动作或许也预示着我们终于可以迎来一个充满希望的新赛季。新帅彼得洛维奇首度接受媒体采访时“作为一个大都市，北京的球队应该实力强大，至少四年内应该得到一个冠军，我来这里，就是要与大家共同努力，打造一支强大的首都球队”的表态，更是让我心潮澎湃。随后的转会摘牌大会，国安成功引进原山东队的中后卫小李明。远赴海埂集训不久，国安又迎来新赛季的首位外援、保加利亚国脚巴辛。新赛季的国安，所有工作有条不紊、按部就班地展开。

不过，随后传来的消息却着实吓了京城球迷一大跳。首先，辽宁抚顺足球俱乐部选择同北京足协开展合作，双方共同宣布，新赛季辽宁队的主场将选择北京奥体中心！其后，再度传出消息，对此举抗议无效的国安打算采取强硬措施将自己的主场迁至山西太原！坦白讲，这对于伴随了国安七年之久的我们而言无异于晴天霹雳！作为国安球迷的我们并不害怕从此多了一个最直接的对手，而是国安要外迁的消息让我们六神无主。虽然，中国足球一度风雨飘摇，而国安过去几个赛季的表现也惨不忍睹，甚至，有些人已经渐渐地淡忘了它的存在。但是，如果让国安真的从此彻底从我们的眼前消失，这恐怕就绝不仅仅是我一个人打死也不能接受的现实了！

当然，在日后看来，这个小插曲不过是不良媒体的恶意猜测而已。辽宁队的进京不但没有让我们失去心爱的国安，反而间接促进了国安青年军的加速成长！当进驻北京的辽小虎首先采取挖墙脚的方式将国安元老郭维维请去负责市场开发的时候，国安方面迅速作出积极回应：闪电签下南斯拉夫外援兰科维奇以增强球队竞争力；对因为泡吧事件被中青队除名的张帅和路姜进行追加处罚以加强球队管理；大年初一即开赴塞浦路斯进行联赛开赛前的准备期集训并确定新赛季主打的352阵型；同时为队员们加薪以稳定军心。而对京城球迷而言最重要的一项举措则是：球迷只要交纳50元会费成为国安球迷俱乐部的会员，就可以免费观看国安队全年所有的主场比赛！

3月3日，“绿化江河杯”义赛开打，经过系统备战的国安队上演了进球风暴，5：0狂胜劲旅八一，老将南方梅开二度，小将高雷雷、田野、外援兰科维奇等人也纷纷建功。新帅彼得麾下的国安队展现出良好的竞技状态。此战过后，国安的第三名外援人选也终于确定为南斯拉夫国青队球员塔尼奇。一切就绪的国安剑指联赛首轮的“同城德比”！

因为去年轰动一时的甲B五鼠的假球事件，新赛季的甲A联赛只增加了上海中远一支球队，也直接导致每轮联赛必须有一支球队轮空的尴尬局面。3月10日，在中国足协延续并出台了“联赛取消升降级”、“每场比赛必须有两名21岁以下球员上场”等荒诞的规定之后，北京国安的2002甲A赛季正式开启，坐镇工人体育场，迎来历史上的第一个“德比”对手——辽宁队！

或许是国安自年初以来一系列大手笔的准备，让京城球迷重新看到了崛起的希望，也或许是打折促销的政策吸引了大批球迷，再或者是辽宁的入侵所衍生出的“同城德比”激发出京城球迷同仇敌忾的决心，此役，京城球市一扫去年的低迷，至少有大约4万球迷奔赴工体为国安的首战呐喊助威！

关于这场“同城德比”的记忆，相信大多数球迷和我一样，首先都会停留在兰科维奇和李铁莫名其妙的两张红牌上面。经过上半场比赛彼此盯防的摩擦之后，中场休息的两人再度纠缠在一起。主裁黄俊杰的两张红牌不仅直接导致国安下半时比赛的全面占优，同时也为他们带来了日后停赛五场的追加处罚。

国安最终凭借小王涛下半时的一记扫射1：0力克对手，延续了近两年的联赛开门红。老帅彼得苦心经营的352阵型也随着巴辛、小李明、陶伟以及威克瑞三少邵佳一、杨璞、徐云龙等人的出色发挥展现出了不俗的竞争力，而彼得对路姜、杨昊等年轻小将们的大胆起用，也让京城球迷对于国安的未来再次增添了太多的憧憬。辽小虎的入侵不但没有让京城球迷呈现分流，反而让出现在工体的我们更加团结，而首战的力克对手也让我们面对新赛季的征程多了几分从容。

唯一的缺憾就是同李铁火拼而牺牲掉的兰科维奇了。随着被寄予厚望的兰科维奇的停赛，国安前锋线人选再度捉襟见肘，田野被彼得定位为小王涛式高中锋类型的替补，而灵巧性前锋人选就只能在路姜、徐云龙、高大卫、高雷雷等人身上轮番尝试。在第二轮比赛客场0：0战平云南红塔之后，第3轮比赛国安凭借小将路姜和李东波的进球，2：0力克四川大河，从而以3战2胜1平积7分的成绩荣登榜首！多年以来都不曾出现过的局面瞬间让工体爆棚，去年零星几千人的场景一去不返，2002年工体一票难求！

在第4轮客场凭借新外援塔尼奇的进球1：1战平青岛之后，眼瞅着形势一片大好的国安俱乐部继续加快动作以保证球队的稳定发挥：赛季初曾经参加球队集训的守门员教练托米奇正式同国安签约，第四外援人选也迅速确定为曾经被评为“南斯拉夫最佳中场”的南斯拉夫球员普雷迪奇。

第5轮比赛，人丁兴旺的国安主场迎战来访的重庆力帆，凭借着杨璞、邵佳一、徐云龙三名国家队球员的优异表现4：0完胜对手。这样，上升到积分榜第一位的国安也就迎来了第6轮同当时积分相同的对手上海中远的榜首大战！

这是一场被太多京城球迷忽略，实际上时至今日想起来也是荡气回肠的经典战役。那一年的上海中远凭借范志毅、申思、祁宏等人的加盟，以及几名实力不错的外援组成的主力阵容还是有着很强的战斗力的，其当时主场两胜一平的战绩也确实要好过客场一直没有胜绩的国安。赛前双方大打口水战。上海媒体放出消息，时任中远老板的徐泽宪宣称此战要为上海足球复仇，因为当年的9：1是上海足球永远的耻辱。而中远的队员和教练则认为至少可以赢北京三个球，甚至将此役目标定位为4：0绝杀对手！反观国安一端，徐云龙轻描淡写："打上海不用动员，这是我们国安的传统。"而老彼得始终坚持认为只有大连队才是自己心目中国安队真正的对手！将对手嚣张的挑衅转化为无形的同时，却难掩一场终将死磕的杀戮！

是役，其实未曾开打国安已呈哀兵之势。原本被视为此战奇兵的国安新援普雷迪奇赛前大腿拉伤无缘出战，外援前锋兰科维奇的停赛处罚还没到解禁之时，而国安前几轮一直仰仗的主力高中锋小王涛也因伤不能登场！比赛开始，彼得祭出小将田野顶替因伤缺席的小王涛出任高中锋，国安开场即反客为主同中远大打对攻。开赛仅仅几分钟，巴辛即利用任意球的机会以一脚极具威胁的爆射给了中远一个下马威。上半时比赛临近尾声，首发出场的田野突入中远禁区，范志毅无奈犯规，裁判果断判罚点球，巴辛一蹴而就。国安一球领先结束上半场！下半场开赛不久，中远外援姆巴肘击巴辛，直接导致其鼻骨骨折，而邵佳一更是两次被对手严重犯规。但是国安球员却没人退缩，即便带伤也要战斗到最后一刻。虽然最终中远利用任意球的机会将比分扳平，但是1：1的结果还是让国安达到了目的，队员们终用自己的力量捍卫了榜首的荣誉，同时更让赛前对手的狂胜复仇的妄言成为笑柄。

徐云龙赛后的表示"结果比较满意，但是过程一般，让中远闭上嘴巴就行了，别动不动就让三球四球的"以及邵佳一的总结"这就是国安，你越强，我还就越不怵"更是铿锵有力、掷地有声！国安的青年军们从此役之后正式扛起了北京足球不畏强手的传统，这面代表着北京足球精神和灵魂的大旗。至此，截至因参加世界杯而暂停的甲A联赛第一阶段比赛，国安队以3胜3平的不败战绩以及净胜球的优势，力压同积12分的山东鲁能和上海中远而居积分榜榜首！

在此期间，虽然因为兰科维奇的受罚停赛而导致国安锋线攻击力不足，但是新赛季激情四射的国安还是凭借中场以及后卫队员的出色发挥，6 场比赛攻进 9 球。而在防守方面，国安不但没有因为老彼得惯用的三后卫而受制敌手，反而依靠着巴辛、小李明、陶伟、姚健等人的出色发挥 6 场比赛仅丢 2 球！经过短暂的第一阶段比赛，红星大帅彼得洛维奇为国安量身定做的 352 阵型开始全面走向成熟，京城球迷那颗尘封已久的冠军的心也随之开始蠢蠢欲动……

北京大学数千学子聚集在农园学生食堂观看世界杯中国队与哥斯达黎加队比赛的电视实况转播。
（王呈选 / 摄，图片来源：新华社）

只可惜，国安队良好的上升势头还是因为 2002 年韩日世界杯的到来而被生生按住。其实，当时作为国安球迷的我们是多么希望世界杯能够晚些时间再开赛啊，即便是有了第一次参加的中国队。

关于这届终于有了中国队身影的世界杯的记忆，其实日后我始终理不出头绪。对于中国足球，或者说我们当下面对的社会，我始终坚持认为，从每一个大家所关注的事件之中找寻不足，继而加以审判，不幸地成为我们一个特定的时代特征，也是作为中国体育职业化先锋的中国足球逃脱不了的宿命。

从十强赛结束到世界杯开始的这段时间注定是中国国家队球员一生的美好记忆。无数的鲜花、掌声、名誉、金钱纷纷落入囊中，当时没有人会去质疑这一切的合理性。对于苦难的中国足球而言，44 年的破冰之旅再怎么庆祝或许都不为过。

经过 0：0 平韩国、3：1 胜泰国、0：2 负乌拉圭、0：1 负埃因霍温、0：2 负葡萄牙等五场热身赛的备战，抛弃了张玉宁和李明新老两代帅哥型球员的米卢带领着自己的队伍奔赴韩国。本来，且不要说和我们同分在一个小组的哥斯达黎加、土

世界杯中国队与巴西队的比赛牵动着北京球迷的心。这是球迷在北京王府井大街通过大屏幕观看比赛，为中国队加油助威。（陈晓伟/摄，图片来源：新华社）

耳其、巴西三个对手，即便是面对热身赛上的乌拉圭、埃因霍温、葡萄牙，我们也毫无胜算，对于中国球迷而言，可以看到我们自己的球员和雷科巴、弗兰、阿布鲁、范博梅尔，以及在2000年欧锦赛上大放异彩的努诺戈麦斯、库托、菲戈、鲁伊科斯塔、康西卡奥等世界大牌球星较量，其实已经是在享受冲进世界杯给我们带来的视觉盛宴了。第一次，其实有我们的参与已经足够！只可惜，浮躁的社会，业余的媒体，加上某些脑子里进水的领导非要提出狗屁不通的“平一场、进一球、胜一场”这种让人啼笑皆非的目标。只能说，我们日后的难堪纯属自找。

不过，不管怎么样，2002年世界杯注定是我们日后回忆起来记忆碎片最多的一届。率先开打的比赛中，塞内加尔爆冷拿下法国、德国8：0完胜沙特、国安旧将冈波斯二战世界杯都让我们侧目。中国队首战，米卢有针对性地一改十强赛祁宏前腰的阵型，把李霄鹏调至中路同李铁组成双后腰，孙继海前提改打右前卫，国安小将徐云龙首发出任右后卫。应该说，米卢的战术还是起到了一定作用，而场上的中国队也一度表现出了可以同哥斯达黎加抗衡的实力。虽然队员们开场还是有些拘

2002 年 6 月 8 日晚，在韩国西归浦进行的第 17 届世界杯小组赛第二轮 C 组比赛中，巴西队以 4 ：0 战胜中国队。这是中国队 15 号肇俊哲摆脱巴西队小罗纳尔多的防守。

（郭大岳 / 摄，图片来源：新华社）

2002年6月13日，在韩国汉城进行的第17届世界杯C组第三轮的比赛中，首次跻身世界杯决赛的中国队以0：3负于土耳其队。这是中国队前锋郝海东与对方球员拼抢。

（戚恒/摄，图片来源：新华社）

谨，不过首战的压力其实比赛双方都是难以避免的。前 20 分钟的比赛，双方互有攻守呈现胶着状态，而随后的比赛却因为一次变故让中国队陷入被动。或许是过于忌惮孙继海的名号，哥斯达黎加主帅吉马良斯明显在赛前对队员作了部署，严防死守孙继海！比赛打了十几分钟，哥斯达黎加队就已经对孙继海两次严重犯规，大约 20 分钟时，哥斯达黎加 8 号索利斯的再次恶意犯规，终于让孙继海无法坚持，被曲波替换下场。上半场比赛双方暂时战成 0：0 平！下半场比赛双方都明显加强攻势，哥斯达黎加开始有意地攻打中国队右路。大约 15 分钟，万乔普的起脚被徐云龙挡出，跟上的戈麦斯顺势一脚，江津扑救不及，哥斯达黎加 1：0 领先！丢球之后，中国队节奏陷入混乱，哥斯达黎加队获得角球，中国队几乎所有球员都回防到禁区，气氛忽然变得紧张起来！战术角球开出，戈麦斯前点接应，瞬间把中国队站好的防线带乱，球传至门前，后排插上的赖特头球再下一城，0：2！两球落后的中国足球很少有值得我们再寄予希望的表现，这次同样也不例外。虽然米卢继续不甘心地调兵遣将，宿茂臻、于根伟纷纷被派上场，但是面对愉快地打起防守反击的对手，我们已经无能为力。赛前因为缺乏系统备战所导致的体能问题，在第一次世界大赛的紧张和压力面前更是显露无遗。中国国家队的首场世界杯比赛就这样以 0：2 的失利告终！

而哥斯达黎加队原本还是我们在赛前设想中三个对手里面最弱的那个。这个设想其实并没有错，错的是我们对自己的定位。后面的两场比赛，我们记住的是卡洛斯的大力任意球，3R 名不虚传的杀伤力，强悍的土耳其人哈桑萨斯，邵佳一的红牌，肇俊哲、杨晨的门柱，三战三负的九个失球！而我们忽略掉的恰恰是我们此次世界杯之行最大的收获：后面两场明显比第一场更为放松的心态、第一次参加大赛所收获的经验、三场比赛打满 270 分钟的徐云龙对大牌卡洛斯的人球分过，以及杨璞、邵佳一、杜威、曲波等年青一代在球场上所展现出来的希望！

其实，对于中国足球而言，一粒挽回面子的进球真的有那么重要吗？三场比赛一球未进净失九球真的就是中国足球的无法承受之重吗？ 1998 年世界杯，韩国曾经被荷兰 5：0 重创，本届杯赛也有沙特在德国人面前的溃不成军，可是，韩国和沙特依旧是我们在亚洲范围内的拦路虎。举例并不是说我们就甘于堕落，而是我们应该正视自己的实力，正视亚洲足球在世界足坛的地位，知耻而后勇，虚心地去学习，努力地总结经验、提高水平才是我们最需要做的事情。奚落、讥

2002年6月4日，在韩国光州进行的世界杯C组第二场比赛中，中国队首战以0：2负于哥斯达黎加队。这是中国队首发阵容。（郭大岳/摄，图片来源：新华社）

讽、谩骂、妄自菲薄不仅于事无补，对于正在成长中的中国足球而言更是一种比失利更残酷的伤害！

2002年世界杯的三场小组赛之后，社会各界对于中国足球的态度迅速有了180度的大转弯。首次进军世界杯的荣耀旋即被抛之脑后，远离甚至都不足以一解自己当初“错误”的关注而浪费了大好青春的恼怒。前一阶段因为冲击世界杯而被忽略掉的假球、黑哨等问题被再度提及，讽刺、挖苦乃至吹毛求疵般的鸡蛋里挑骨头、揪住其中的阴暗面无限放大进行批判、谩骂逐渐开始成为中国人讨论中国足球时主流的意识形态。

此时的我开始明白，社会中，人们在逐渐过上丰衣足食的生活之后，精神状态其实还停留在想要迅速摆脱沉重的阶段。足球，原本应该是一个可以给人们带来快乐的游戏，这其中有胜利，同样也有失败。喜欢、关注足球的人们必须去承受它在成长过程中的不堪和无奈。然而，中国足球却是承载了太多太多从苦难之中逐渐挣脱的中国人民对于未来的希望，当一个个强国、大国的梦想开始在我们心里燃烧的时候，足球的失败就已经变得不能接受。而“不能失败”对于尚属襁褓之中的中国足球而言，才是真正的无法承受之重！

至此，作为中国球迷的我，开始正视中国足球其实背负了太多原本不该由其背负的指责。既然我们爱足球，希望它好，那么只要我们生命不息，就不会远离足球。这就意味着我们必须给它足够的耐心，多些理解和支持，中国足球才会有希望，我们的明天和未来才会更好！

随着中国队的出局，以及韩国、日本两位东道主“蛮横”的异军突起，2002年世界杯其实很难让我们留下太多精彩的记忆。罗纳尔迪尼奥诡异的吊射，英格兰国门老西曼的狼狈，罗纳尔多可爱的阿福头和悲壮的德国战神卡恩就是剩下的日子留给我的所有片段了，相比于暂时还在积分榜上排名第一的国安，我无限期待着我们自己的甲A联赛！

在将近三个月的休战期里，缺少了三名国脚助阵的国安队先是大意失荆州，足协杯赛首轮主场即被甲B新军青岛海利丰一球淘汰，随后的商业比赛迎战故人乔利奇领衔的贝尔格莱德红星再以两球落败。结束国内比赛，在世界杯开展得如火如荼之际，国安队则选择了远赴德国拉练。在德国期间，国安在继续演练磨合352阵型的同时，也同好不容易解除禁赛却腰伤复发无法比赛的兰科维奇解约，取而代之的则是号称多次入选奥地利国家队的31岁攻击型前卫罗兰德。

新援加盟的国安队继续燃烧着我们对冠军的渴望。然而，事情的发展总是不尽如人意！或许是国家队的失败严重地影响到了三名国脚的状态，也或许是缺乏合练导致了配合的生疏，重新开始的联赛，国安队再度成为中国足球的风向标，就像被传染了国家队失利的流感一样，迟迟找不到状态。第7轮主场迎战排名垫底的八一,三名国脚和新援罗兰德相继首发，结果却在高雷雷率先进球领先到90分钟的情况下，用张帅换下邵佳一力图守住胜果的国安在补时阶段被八一的小将钱锋将比分扳平。停留了近三个月时间的榜首位置就这样拱手让给了主场2 ∶ 1战胜沈阳金德的山东鲁能！

痛失3分的国安迅速作出反应，结果却是弃用刚刚同国安签约仅仅代表球队打了67分钟比赛的罗兰德，继续寻找更加能与国安相匹配的外援！这是一次令人目瞪口呆、匪夷所思的抉择。加上第4轮就已经签入的南斯拉夫中场普雷迪奇，经过近三个月的休整，居然依旧因为伤病而无法代表国安出战。国安就这样再度陷入引援不利的怪圈之中。俱乐部方面传出消息，国安再度通过经纪人联系前国安外援卡西亚诺。

接下来的第8轮比赛，国安客场挑战当时同样身处积分榜中下游的上海申花。这次仅仅只有巴辛和塔尼奇两名外援出战的国安最终将上轮的黑色一分钟完美复制到对手身上！在上半场就一球落后，下半场70分钟左右李明又被红牌罚下的情况下，替补上场的小将杨昊在伤停补时阶段挑传禁区，心领神会的徐云龙接球之后冷静挑射得手！国安再度1：1战平对手，迎来联赛两连平。

虽然在补时阶段进球，扳平比分让人振奋，不过连续两场比赛，国安进攻不利的痼疾却丝毫没有好转的迹象。同申花一战，年轻球员主打的对手仅仅凭借锋线上奥兰多和马丁内斯两个实力派外援就足以将国安防线冲得七零八落。两相比较，国安的锋线引援问题让人一想起来就如坐针毡！结束同上海的比赛回到北京，国安再度迎来两名试训外援：前德甲科特布斯队的克罗地亚籍前锋拉巴克和前国安外援卡西亚诺。

关于卡西的再度被提及，其实京城球迷是有多种滋味在心头。这名堪称职业球员楷模的巴拉圭球员是国安球迷心中永远完美的战神。当卡西再度来京试训的消息传出，北京球迷没有一个人不是恨不得马上就可以看到身披绿色战袍驰骋在工体的他。数次回归救国安于水火的卡西就这样用自己默默的行动有力地鞭打着国安俱乐部在引援方面的业余！

第9轮国安主场迎战沈阳金德的比赛开始前，外援前锋的人选还是没能最后确定。不过早在4月初就同国安签约的普雷迪奇终于传出消息将在本场比赛中伤愈复出！最终，彼得用久疏战阵的韩旭顶替了红牌停赛的李明，同时用首次代表国安出场的普雷迪奇顶替了同上海一战的李东波，徐云龙再度顶至锋线搭档田野。

由于此战之前国安距离榜首两强山东和深圳只有1分的差距，同时近四年主场同沈阳3胜1平的不错战绩，7月14日的工体再度呈现火爆场面，期待着见证国安重回榜首的京城球迷信心满满！然而，整场比赛迟迟打不开局面的国安队却在下半场比赛被金德的杜萍抓住机会率先攻破城门。首次出场的普雷迪奇表现平平，国脚杨璞再被红牌驱逐出场。最终 10 人应战的国安不得不接受主场一球落败的事实。联赛开赛至今的不败金身被打破，同时在多赛一场的情况下积分跌落至第 4 位！

此战一输，京城一片哗然！工体上空“彼得下课”的呼喊声还在耳畔回响，彼得关于邵佳一、杨璞两名国脚状态低迷的不满，球队气氛不如从前的抱怨，以及队里对于彼得任人唯亲的批评之声就已经纷至沓来。之前因为成绩不错所掩盖的矛盾随着一场比赛的失利接连浮出水面，俱乐部终于意识到彼得对于球队的引援问题负有不可推卸的责任，开始有意地对彼得在队里的部分实权进行约束。

第 10 轮客场迎战天津泰达之前，在俱乐部的督促下，彼得终于同意同试训的卡西亚诺正式签约。本场比赛，前面一直首发的彼得嫡系塔尼奇开始失宠，从国安阵容里面消失，巴辛携普雷迪奇成为国安首发外援，久未露面的小王涛伤愈复出，火线加盟的卡西亚诺坐在替补席。最终凭借结束停赛的小李明的一记头球国安客场拼得 3 分，终于赢得第二阶段的联赛首胜。卡西亚诺的回归也最大限度地缓解了国安的锋线危机，争冠路上国安终于重回正轨！

接下来的比赛，国安凭借卡西亚诺的良好表现一鼓作气，主场 2：0 拿下山东，客场 2：1 力克陕西，以三连胜的优异成绩重回榜首！国安俱乐部也趁热打铁赶在外援申报截止之前，同曾经的国安旧将南斯拉夫后腰伊利奇再续前缘，以取代逐渐趋于平庸的塔尼奇。至此，2002 赛季的国安外援在经历了兰科维奇、塔尼奇、罗兰德、巴辛、伊利奇、卡西亚诺、普雷迪奇七人之后最终确认了以后四位为主的终极组合。

经过一轮轮空的调整之后，国安即将迎来 2002 赛季继第 6 轮的对手上海中远之后的第二波天王对决：主客场分别迎战同积 24 分并列榜首的大连实德和深圳平安。

8 月 4 日，主场，对手大连。在工体几乎坐满的 6 万京城球迷的呐喊助威声中，国安开场即同对手展开对攻，上半场前 20 分钟的比赛，国安打到对方 30 米区域的次数明显多过大连，曾一度让现场的气氛达到顶峰。不过，这种完全凭借气势的一味狂攻，在老到的大连队身上终究还是稍显稚嫩。20 分钟过后，场上的形势、比赛的节奏即逐渐被大连人掌控。上半场比赛临近尾声，郝海东漂亮的鱼跃冲顶帮助大连队取得一球领先。下半场比赛，国安继续进攻，以期扳回比分，然而却再遭重创！比赛刚刚开始大约 6 分钟，国安前场进攻被断，大连长传反攻，胡兆军妙传阎嵩，后者禁区内停球一蹴而就，场上比分 2：0！北京国安大势已去。后面比赛彼得调兵遣将，并且终于由卡西亚诺接后场长传扳回一球，不过为时已晚，国安最终主场

1 ： 2 惜败对手。

8 月 10 日，客场，对手深圳。这场比赛，深圳队进攻三叉戟之一的李毅红牌停赛，而国安队李东波复出，人员齐整。然而，深圳队由改打前锋的郑智和正值巅峰的堤亚哥所组成的前锋线却最终完胜国安。上半场比赛 12 分钟，个人能力出色的堤亚哥倚住小李明头球摆渡，王宏伟势大力沉的劲射轰开姚健的 10 指关，深圳队迅速取得领先！随后，国安三名后卫之一的韩旭受伤下场。上半场补时阶段，郑智带球突破，在三名后卫的紧逼下射门得手。国安队连续两场比赛在相同时间丢球，深圳队 2 ： 0 领先！下半场比赛，国安好不容易由王涛扳回一球。看到扳平希望之后不久，状态出色的堤亚哥再度突破国安三名队员的防守，助攻郑智将比分锁定为 3 ： 1，国安完败！

两轮比赛过后，全年联赛过半。深圳平安当仁不让占据榜首，而国安则一路跌出第一集团，沦为积分榜第五！应该说，同大连和深圳的这两场比赛其实反映了 2002 赛季国安队的真实定位。经过 2000 赛季和 2001 赛季的历练，2002 年的国安在彼得洛维奇的带领下无论是在稳定性还是在战术打法的多样性上面都取得了长足的进步。但是我们也必须承认，当时的国安相比于当年的大连、深圳等球队在实力上还是存在着差距。再加上年初引援的不利以及世界杯后杨璞、邵佳一等人状态的起伏，2002 年的北京国安确实不具备冠军球队的实力！冠军球队并非不能输球，但是只有被冠以“意外”情况下的失利才可以勉强被接受，特别是在面对联赛中最直接竞争对手的时候，即便不能战而胜之，场面上的不落下风也是必需的。而上述两场比赛，特别是客场对垒深圳的完败，则真切地让我们对当时国安的水平有了一个清醒的认识：冠军，至少也应该是此后两到三年的事情吧。

如此，重新调整好心态的北京足球重新上路。下半程的首场比赛，国安继续“同城德比”，做客奥体挑战辽小虎。原本客场出战的国安队因为大批球队拥趸涌入奥体，也找到了主场作战的感觉。自从塔尼奇走后，彼得开始尝试调整球队阵容，原来一直出任左中卫的陶伟开始改打中场，韩旭、谢朝阳等老将逐渐复出。本场比赛，最终凭借替补上场的邵佳一和小将张帅的两脚助攻，之前少有出场记录的周宁一脚诡异的弧线和继续表现神勇的卡西的两粒入球，国安队 2 ： 1 力克对手，及时止住连败颓势。随后的比赛，国安主场迎战云南红塔，徐云龙上半场补时阶段的进球最终帮助国安一球小胜对手，不仅一扫之前两度在上半场补时阶段丢球的闷气，国安也凭借两连胜的表现重回三甲。

8月25日，甲A联赛第18轮，国安客场挑战四川大河。

这又是一场留在京城球迷记忆深处的比赛！赛前，小李明和韩旭均因伤无法出战，而巴辛又在结束同云南的比赛之后回国参加了保加利亚和德国队的热身赛，国安排出的谢朝阳、巴辛、徐云龙的后防线危机四伏。上半场比赛20分钟左右，四川队黎兵甩开谢朝阳的盯防，头球先下一城，20分钟过后，卡西亚诺将巴辛的大力远射补进球门。上半场比赛双方战成1：1平。此时并没有人会想到，对于国安而言，这将是一场艰苦的比赛。

下半场比赛，四川队继续围着国安球门展开狂攻，徐云龙的后撤严重削弱了国安右路的进攻实力。比赛打到大约65分钟，马麦罗底线传中，周宁冒顶，在国安队员贴身防守的情况下，老将黎兵再度以一记霸气十足的倒钩射门为四川队建功。比分被反超后的国安队陷入混乱。随后，刚刚复出、连续三轮比赛首发出场的周宁因为不满裁判判罚被出示第二张黄牌，两黄变一红被罚出场。性情依然的大宁子终究没能抑制住自己的冲动，球队落后自己却被迫离场，郁闷至极的周宁退场时在主队球迷的谩骂声中做出了一个或许在多年之后他都会为之悔恨的举动——伸出中指，扬起右臂，愤恨地指向空中……

几分钟后，猎豹姚夏利用速度突破国安防线再度建功，四川大河3：1领先，国安雪上加霜。此时，电视机前的我们脑海中闪过的是国安数次2：0领先之后被别人反败为平连追2球的场景。对于场上还少一人的我们自己，扳平？我们不知道还有多大可能！坚持把比赛看完吧，无论结果如何，既然选择同国安一起战斗，就没有人会在失败的时候当逃兵。因为有了我们，无论胜败，国安永不独行！

全场比赛83分钟，并没有放弃的彼得用张帅换下体力明显不支的巴辛，两分钟后再度换上邵佳一和小王涛作最后一搏。四川队则相继换下高兰、姚夏、马明宇加强防守。比赛临近尾声，国安继续着积极的拼抢，四川队心态逐渐放松。第4官员举牌，补时3分钟。第91分钟，邵佳一左路拿球，强行突破摆脱对手后小角度抽射……球进！就当电视机前的我们还在为扳回一球而感到庆幸的时候，国安继续进攻。全场比赛来到补时的最后一分钟。杨璞左路拿球立到禁区，小王涛头球摆渡，徐云龙得球顺势攻门……球进！ 3：3！国安将比分扳平！

还有人问我为什么非要像个疯子一样地去迷恋中国足球吗？这一场比赛就是所有问题的最好答案了。其实，我们又何必非要苦大仇深地把中国足球搞得这么沉重呢？一个游戏，一份信仰，只要你参与了，坚持了，并且从中体会到快乐了，难道还不够吗？我爱足球，因为这是一项可以给我带来快乐的运动！它曾经给我带来过快乐，并且坚信以后还会更多！

一场荡气回肠的比赛就这样在最后的三分钟成为北京球迷心中的经典。我想我们收获的应该不仅仅是一场平局带来的积分吧，相信一定还有那份顽强的自信心！只是可惜了冲动的周宁，他的冲动不仅让中国球迷彻底领教了竖中指的含义，同时也让自己的2002赛季就此终结！这样的不冷静，也确实让京城球迷面面相觑。

接下来的比赛，国安原本应该继续第19轮主场迎战青岛，结果“英明”的中国足协为了确保国奥和中青队的集训，硬生生地将9月4日的第20轮比赛提前至9月1日，这样刚刚客场踢完四川的国安队就只能马不停蹄地赶赴重庆，继续客场挑战重庆力帆。又是一场让京城球迷记忆深刻的比赛，不过这次却同惊喜无关！或许真的是因为少了小李明和韩旭两位老搭档的掩护，此前一直表现稳定的巴辛也开始大失水准。本场由陶伟、巴辛、谢朝阳所组成的防线继上一场比赛之后再度被重庆队的邱卫国、吴庆、常辉等人三度洞穿！国安客场三球完败，令人大跌眼镜，四川、重庆的两个客场国安居然六次被对手攻破球门，此前16轮比赛仅仅有12粒失球的钢铁防线瞬间崩塌！

不过，这两场比赛的学费并没有白交。意识到球队问题的彼得开始作出改变，随着韩旭、李明等人的陆续复出，彼得同时开始重用伊利奇以加强中场防守，国安终于从此前一味的攻势足球转变为更加成熟稳定、更加适合球队自身实力的防反足球。这一变化带来的好处显而易见，从第19轮补赛开始，国安取得2胜1平的成绩：第19轮主场4：1大胜青岛，第21轮主场1：1战平中远，第22轮客场2：1力克八一。经过因国奥备战亚运会而暂停的一个月休整期，国安再迎三连胜：第23轮主场2：1擒下上海申花，第24轮客场1：0小胜沈阳金德，第25轮主场4：1再胜天津泰达。卡西亚诺6场5球状态神勇，力助国安6轮比赛5胜1平豪取16分，再度回归积分榜榜首！

此时的国安如果在随后客场对山东、主场对陕西、客场对大连、主场对深圳的四场比赛中取得四连胜，那么就将获得职业联赛历史上的第一个冠军。不过，或许是前面三个赛季积累的信心确实太过脆弱，在面对关键战役的时候，国安的青年军还不足以把握自己的命运。

客战山东，本来我们有一个非常完美的开局。开场18分钟，国安就已经凭借巴辛的任意球取得领先，即便是莫雷诺在上半场尾声阶段将比分扳平，从当时的场面分析，我们下半时也应该还有机会。只可惜，脾气暴躁的老彼得和巴辛却忽然没缘由地对裁判大发脾气，并且最终导致老彼得被罚离教练席。根据赛后的一系列报道，我们得知两人主要是对对方的进球是否越位存在异议。看上去情有可原，不过坦白讲，当时远在北京坐在电视机前的自己看到我们自己的球员、教练员在被对方扳平比分后的气急败坏，我还是对下半场的比赛有了一丝不祥的预感。不管怎么样，这种反应都不像一支冠军球队该有的风范。下半场的比赛，国安终究无力回天，并且被对方外援谢尔盖再入一球，最终1：2失利。同轮比赛，原本落后国安1分的大连客场一球取胜天津，以反超国安2分之势重新夺回榜首！

至此，或许真的有必要好好反思一下球队对于外教、外援们的管理了。彼得的执教水平、巴辛的个人能力确实都毋庸置疑，然而，赛季初对于彼得的一味放权导致外援水平参差不齐伤病频发，这些问题对于比赛的影响，以及作为后防中坚的巴辛日益增长的火爆脾气和经常擅离职守，频频压过半场助攻所体现出的“战术纪律”，我们真的就不能防微杜渐地早注意、早警告、早作处理吗？无论彼得和巴辛给北京足球留下过多少美好的记忆，我都更愿意相信一点，那就是外援和外教骨子里对当时中国足球的轻视。当然，由于我们自身职业联赛体制的业余，我们也确实很难要求别人必须重视。但是，我想从俱乐部本身来说，只要你签了约，就必须遵守俱乐部的相关规定，既然选择甲A联赛，就必须遵守中国足球所制定的游戏规则，这是最起码的职业道德。这么多年来，无论是外援、外教，或者我们自己的球员、教练员以及相关媒体和社会各界对于中国足球的轻视、挖苦，甚至诋毁和谩骂，其实太多原因都是我们从业者的咎由自取！中国足球可以承认水平低落的事实，但是我们同样有要求别人尊重的权利，这份权利实施的前提就是我们必须首先自己尊重自己！

呵呵，扯远了，其实我无意指责彼得和巴辛，在北京足球2002年的历史中，他们两位永远是我们的英雄，瑕不掩瑜！同时也无意针对任何个体，作为一个中国球迷，我真的只是希望，从足协到俱乐部，从教练员、球员到球迷，当自强！

随后的比赛回归主场，国安迎战陕西国力。面对这支2002赛季最为孱弱且伤病满营的球队，阵容齐整的国安势如破竹。继卡西开场10分钟即头球攻破客队大门之后，张帅、李东波、徐云龙、高大卫纷纷建功，邵佳一梅开二度，最终锁定7∶2的比分，国安取得大捷！同轮大连主场3∶2力克山东，继续以1分的优势排名榜首。

第28轮比赛，国安轮空。大连客场一球小胜陕西，在多赛一场的情况下领先国安5分。这样，第29轮国安客场挑战大连一役也就成为2002甲A最后的冠军争夺战！或许，这是一场在赛前对于京城球迷而言就是担忧大过希望的比赛。几年来羸弱的客战能力经过彼得的调教虽然有了长足的进步，但是相比于主场强悍的大连，取胜确实不仅仅需要运气，还需要奇迹！可惜，奇迹终究没有发生。开场之后，采用防守反击战术的国安一直小心翼翼，任凭大连人牢牢地控制着场上形势，组织着一次又一次的进攻。5分钟，10分钟，20分钟，30分钟……国安在巴辛的带领下，防守严密。可就当守在电视机前的我们以为国安或许会有机会的时候，大连外援扬科维奇挺身而出，两分钟内的一传一射，就残忍地宣告了国安一度激情澎湃的2002赛季功亏一篑……下半场的比赛，替补上场的普雷迪奇临近比赛结束为国安扳回一球，而随后卡西亚诺被红牌罚下。最后的比分2∶1，国安就这样眼睁睁地看着九年职业联赛大连队第七次成为联赛王者！怀揣着“永远争第一”梦想的京城球迷，看着对手将自己踏在脚下的欢庆胜利，陷入的只有百转愁肠的纠结……

最后的比赛，已经了无意义。国安最终在工体的收官战中2∶0战胜深圳，猛将巴辛长跪在地向京城球迷致谢，也就此同工体道别。看着这位赛季中让我们又爱又恨的拼命三郎的侠骨柔情，想着冠军的再次远去以及不知道来年还能否同巴辛相聚，京城球迷无限感慨，不胜欷歔。按照中国足协的排名制度，主客场胜负关系相同的北京和深圳抽签决定名次，魏克兴的梅花J惜败给谢峰的黑桃Q，最终国安名列当年甲A联赛的第三位。据说，根据赛前同球队签订合同时的名次要求，得知结果的老彼得还暴跳如雷，国安就这样用这一赌的失利为自己节省了10万美元的花费。其实原本深圳的净胜球就要比北京多一个，或许是赛季初没想到真的会出现如此结局，中国足协就这样用一种令人啼笑皆非的方式再次扛雷，为自己的业余再次添上浓重的一笔……

2002赛季结束，国安虽然再次同冠军失之交臂，但是红星大帅彼得所带领的队伍还是在赛场上打出了自己的战术风格和特点，完成了由以前的以乱制乱，抓对方失误寻找破门机会，到主动创造机会，坚持自己的战术体系的成功转变。特别是整个赛季的客场成绩相比过去有了较大提高，球队的整体稳定性逐渐恢复到作为一支争冠球队所必须有的表现。应该说，彼得洛维奇的带队以及米卢的慧眼识珠在一定程度上加速了邵佳一、徐云龙、杨璞等人的成长，为北京国安的未来打下了一个已具雏形的坚实基础。

（选自华文出版社《足球范儿——我们球迷这些年》，2010 年 8 月出版，作者：张海涛）

米卢现象

“2002年世界杯已经徐徐落幕，中国早就潇洒走过场，但我心里一直有个‘米卢情结’，想对他在中国的一些作为说上几句。”如果我们认真解读“米卢现象”，切实反思造神的前因后果，受益的将不仅仅是中国足球事业。

我不知道米卢以前的经历，也不知道“神奇教练”是怎么叫起来，又怎么风靡全国的。有好几个月，一打开电视，就看到米卢。现在已逐渐淡出，也还不少。印象特别深刻的是，在地动山摇的“嗨——嗨——嗨——”的颂歌中，两手像交响乐指挥那样挥舞，像百万雄师的统帅正在扭转乾坤，双脚像跳芭蕾，像花样滑冰，像踩着风火轮。那极其丰富的面部表情，常常让人想起吉卜赛艺人，有时又让人想起马戏场上的丑角。更有那亦中亦外，不中不外，谁也听不清的广告词，既有几分吃奶腔，又有几分梦呓味，甚至似乎是外星人口音。汉语普通话难学也不至于到这么个程度，看来，是特意要让受众觉得“神奇”。至于近距离乃至“零距离”的宣传文字，众星拱月的雕像，特制棋子中的“王”……无不使人感到一种固有的造神嗜好和造神能力的大会演。

米卢作为闯荡世界多年的老江湖，他没有选择韩国而是来了中国，旁人看来是容易理解的。除了待遇上韩国不如中国优厚外，韩国虽然足球水平明显高于中国，但目标定为进十六强，他也没有这个信心。而中国，虽然水平比较差，但目标只是入围，比较容易达到。更何况，作为南斯拉夫人，他比较了解中国国情，知道中国的上上下下比较好对付。

亚洲足球，除了作为东道主的日本、韩国，中国队就怵伊朗和沙特。果然抽到了好签，避开了所怵的西亚两球队。只要有关方面不瞎指挥，管头管脚，中外教练只要不是对同组对手两眼一抹黑，带中国队入围并不太难。米卢充分利用了他的原来资本——名气、见识、敢吹、外国人，得到上上下下的支持，得到前所未有的好条件。在打入围赛时，他是用心的，经验起了作用，用人、指挥也基本对头。随着入围可能性增大，颂歌越来越响，他也逐渐飘飘然。最后在大连主场对已经入围无望、士气低落的阿曼，竟差点被击败。这个值得寻味的结局，当然被为中国队庆功——实际上主要是为米卢造神的第一个高潮所淹没。从此，他的“神奇”性急剧升温，成了半神半人。他一面享受着被膜拜的快乐，同时借此大搞商业活动，大把大把的美元打进了他的这个卡那个卡里。这是周瑜打黄盖的事，只要不偷税漏税不违法，即使人家合力给他半个汇丰银行，也无不可。在他的示范下，有些队员也跟着大做商业广告。人家韩国队的教练希丁克，则坚持不做广告，因而几个著名球员，即使广告商排着队，也不做。

米卢与希丁克还有很多很大的不同。其中一条是希丁克靠教学，靠带队苦练，米卢则主要靠权术来将队伍带到世界杯分组赛。中国甲A有几个队，或者用球迷通俗说法叫几个帮，彼此之间存在应有和不应有的竞争，总是谁也不服谁，动辄“仇人相见分外眼红”。应当依靠主教练的人格力量，谈心说服，公正的奖罚选汰，将几个帮的人合在一起，团结一致踢好世界杯。实在不得已用点小权术，也可不必多加非议。可他却将太多心思费在这上面。一会儿拉这帮压那帮，一会儿拉那帮压这帮，还嫌不够，就扶植另外一帮，大搞互相制约、力学平衡，他则靠这种平衡成为绝对权威。这是将封建帝王、近现代极权者的政治手段移植到足球界了。

米卢搞权术的一个核心理论，叫做“态度决定一切”，还将这句名言印在帽子上。什么是“态度”？对什么的“态度”？从他老是变动的名单，谁上谁下，谁首发谁替补，谁该用而没有用，隐隐约约看得出，对他绝对服从、恭敬、感戴是很重要的一条。他一再强调经验重要，“中国队员缺乏国际比赛经验”，可是在“态度决定一切”的支配下，却偏偏在最后一次集训名单中，将参加过入围赛、比较有经验、状态也可以的老队员排除在名单之外，让出名额，将几位本应到2006年才可能入选的年轻队员列入。就这份名单，也还比转眼就到的赴韩比赛多了两个人。到最后期限，才将一个大家都认为应该在23人之内的老队员搭上一个人气不旺的年轻队员一起去掉。那个老队员最后被辞退时，另一个向来是主力的老队员进言，希望重新考虑，自然得不到采纳。后者又去为被辞退者送行，这本来是很平常的事。有消息说，对于澳门热身赛，也有“不同意见”——不知确否。不料，这么一来，也被认为触犯了他的绝对权威，让这个刚刚被评为“亚洲足球先生”的后卫到韩国坐冷板凳去。开头还有个借口说是此人在热身赛受了伤，不宜上场。到了第三战，此人热切要求上场，同时写文章说他伤已好了，希望上场。可米卢就是偏偏不让你上，虽然他明知中国队后防很脆弱。如果说，这个后卫还因为不小心“披逆鳞”，引起龙颜大怒而坐了冷板凳，那么有的老队员就更冤了。不但有特长，有固定主力是老搭档，配合熟练，而且在训练中也很卖力，打得出色。大约因为没有多多向米卢争取垂青，犯了“文革”中常说的“只拉车不问路”的“错误”，只让你上场一会儿，还来不及热身，就换下了，一直冷藏起来。自然也不是对老队员一概歧视。有的老队员，明明体力不好、状态也一般，大约被认为“态度好”，还可以用来搞平衡，不但场场首发，而且委以重任。有的青年队员，不但经验欠缺，技术一般，

米卢（郭大岳/摄，图片来源：新华社）

心理素质也不过硬，一上场就失误频频，或者导致失分或者被罚下，导致全局更加被动。如此用人，除了要大树特树自己的绝对权威之外，是否还有为自己留个可进可退的借口，为自己以后再来中国留后路，甚至有什么不能点破的交易，只好问他本人或老天爷了。

米卢的自我膨胀和大树特树自己的绝对权威，到了拒绝任何人的意见和建议的地步。他甚至要求翻译，“不同意见和对他的意见，不要翻译给他听”。这已经不是什么固执不固执的问题了，活活地显现出一个自以为一贯正确、绝对正确的狄克推多（专制）的心态。幸而，他主宰的只是一支国家足球队，如果换成一个国家、一个省市，那岂不是一场大灾难。其实，倘若你真正高明、真正正确、真正对自己有信心，怕什么不同意见和对你有意见？纵然一时讲不清楚，实践的结果也将得到证明。

太多的心思用来搞权术，自然就没有多少精力搞好集训。他根本不想要用昆明这宝地训练体能，没有在这里设法加强一向被认为脆弱的后防，连演练出几套以弱打强的破门战术也没有。但是，他还是被大树特树，一味“神奇”下去。实际的体能、技术、战术不可能有什么提高，他就抛出什么“快乐足球”的理论，不但要用来抵债，还要表现他理念的高超。从群众足球运动来说，这个理论有一定道理，对备战世界杯的中国足球队，也多少可以有减轻思想压力的作用。但作为集训期间的指导思想，则是错误的。与这个理论相配合，大玩什么网式足球，除了卖弄他的脚法比一些队员强而外，更是浪费时间，玩球丧志。就在他搞“快乐足球”的理论与实践时，希丁克正在韩国队搞“地狱训练”。米卢这种“神奇”理念和训练实践，结果是中国队与外国队比赛，多数队员只能打60分钟，对抗性差，球风太软，各自为战，单打独斗，缺乏顽强的意志和集体精神。热身赛被人家的替补队员打得找不着北，丢了脸面，耗尽士气，还伤了两名主力。至此，米卢还自欺欺人地说什么“到韩国才进球”。在明眼人看来，在澳门对葡萄牙的最后一场热身赛，预告到韩国会是什么结局。米卢还一再强调什么哥斯达黎加队他非常了解，没有任何秘密可言。许多人因此悄悄将全取三分划到中国队账上。更有些人盘算进前十六名，个别人豪情万丈地提出进八强的可能性。不料，肥皂泡很快撞了墙。首战就完败于哥队。接着惨败于巴西，大败于土耳其。胜一场谈不上，拿一分不能，甚至进一球都不能，而且射门次数垫底。倘不是巴西队脚下留情，而德国队对沙特又特别认真，失球数很可能也垫底。几万满腔热情去“准主场”加油的球迷，被打进冰窖，灰头土脸，欲哭无泪，找不到一点点可以引为安慰的东西。一向对中国队呵护有加的亚足联秘书长痛心地说:“这届世界杯上中国足球需要吸取的经验和教训太多了。”巴西媒体直白地评价说:“中国队是支极为糟糕的球队。”国际足联排名比赛前下降，足球界士气挨了意外的闷棍，球市“惨不忍睹”。真弄不懂，这样的“展示”，会有什么快乐？！

但是米卢自有他“最后的绝唱”。他在答记者问时，说“重要的不是结果……我们虽然没能打进一球，但比赛中给人的印象并不差”。真是“神奇”得让人不知ABC了。在世界大赛中，绝对是以胜败论英雄的，结果不重要，什么重要？难道是教练的权术、手腕？好像要印证这一点，米卢打断记者的提问，大声向助手要来他的摄像机，朝记者们拍了起来，边拍边说:“我到过世界各地，接触过好的和坏的记者，你们都是好记者，我要把你们都拍下来。”狡猾地转移了谈话焦点，展开他所擅长的公关——像给小孩子一粒糖吃，让你们不再提问，更别发表不利于“神奇”的报道和评论，都做“好记者”。他不像普通人那样，知道什么叫难为情，但那些记者会不会觉得受了点侮辱？更绝的是，他还毫无愧色，大大方方地向中国再次抛出绣球:“我希望下一次打世界杯预选赛的时候，中国还能请我来执教。”为韩国队、日本队作出显著贡献的希丁克、特鲁希埃，在很受欢迎的情况下，都无意继续执教，而米卢的绣球表明，他不但自我感觉依然“神奇”，还相信中国人怎么也走不出尚未落幕的造神喜剧，才说出如此让人惊叹的话。

尽管中国队这次世界杯入围是最省力的，上上下下给予的支持也是空前的，但米卢带队实现了这个首次，他的阅历、经验、功劳都应当给予恰当的肯定。入围以后，米卢知道已经实现有关方面所要求的基本目标，要再前进，每一步都很难，于是，他的主要心思用于收获“胜利果实”。他在人们为他搭造的舞台上，参与导演以他为主角的造神喜剧。他忙于赢得造神喜剧所带来的最大实际利益。他的足球理念、教学能力、事业心、商业心都进一步袒露出来。他的表演技巧在戴上更为耀眼的光圈后，一方面更为纯熟，另一方面也更少含蓄。他的“神奇”，除了几次带队入围世界杯之外，还在于将足球教练、商人、权迷、演员、老江湖、权术家、答问老手多种材料合而为一。他在将中国众多“人士”到上亿球迷玩得团团转之后，留下对这一片使他获得空前丰收的“神奇的土地”的眷恋，留给中国值得思考的“米卢现象”，匆匆地走了。

应该感谢他确实将中国队带进世界杯。同样应该感谢他从韩国扛回三个鸭蛋和种种不值得称道的作为，使中国足球联赛中的腐败、假球、黑哨、高收入低水平、叫人看不懂的俱乐部……没有被掩盖起来。

如果，有一些圈内人、知情人——而不是像我这个只看电视和大路报纸的外行，来认真解读米卢现象，切实反思造神的前因后果，受益的将不仅仅是中国足球事业。毕竟，足球只不过是足球，即使它是第一体育运动。

（选自2002年第9期《报告文学》，作者：潘旭澜）

健康的钥匙送给你

——洪昭光健康讲座启示录

洪昭光所著《登上健康快车》、《洪昭光健康忠告》等图书火遍大江南北，以每天一万册的速度在全国热销，使得“健康”一词在2002年变得分外醒目和重要，甚至创造了近年来出版界的一个奇迹。每天，上百个读者电话“追打”着洪教授——洪昭光为什么会有如此魅力？他的讲座和书籍到底是怎么火起来的？他那些并不深奥、只是日常生活饮食起居中如何保持健康长寿的原则和例子，为什么会如此轰动全国？

洪昭光教授的健康讲座在《北京晚报》全文刊载后，火成燎原之势。报刊争相转载，不少出版社也纷纷联系，每天，洪教授在办公室和家里起码要接上百个电话。国家体育总局党组书记李志坚建议北京出版社社长吴雨初公开出版，于是，北京市卫生局和《北京晚报》共同策划主编了《登上健康快车——讲课经典·健康行动》一书，收录了洪昭光等三位专家的健康讲座。广东教育出版社也出了本《洪昭光健康忠告》。这两本书以每天一万册的速度在全国热销，不仅在北京、上海、广州，甚至在香港的书店也登上了畅销书排行榜。洪昭光教授的新旧著作如江苏人民出版社出版的《健康快乐一百年》、南海出版公司出版的《让健康伴随着您》、湖北人民出版社出版的《生活方式与身体健康》等，也都在热销，这一系列的畅销书，使得“健康”一词在2002年变得分外醒目和重要，甚至创造了近年来出版界的一个奇迹。

我们看洪大夫的书，我们听洪大夫的讲座，没有深奥的理论，就是一般的生活起居中如何保持健康的一些原则和例子，为什么如此轰动全国呢？

洪昭光《登上健康快车》封面

洪昭光的健康讲座是怎样火起来的?

拿洪大夫自己的话说，有点像“无心插柳柳成荫”。

看起来有些突然，其实事情早就开始做了，就像滚雪球，越滚越大。

洪大夫回忆，20世纪80年代初他从美国进修预防医学回来后，在心肺中心流行病研究室时就十分关心大众健康的普及。后来他在安贞医院干部病房，发现许多病人花数万元医疗费治疗的病原来完全可以不治，也就是说，不仅不需要花钱，而且还不需要“遭罪”，于是，他查房时给病人单独“教练”，怎么得的病，怎么预防，应该注意些什么，把“底”交给病人。当一个人拥有健康时，并不知道健康的重要，对各种卫生防病知识缺乏自觉的要求，然而一旦被疾病打倒，生理和心理上有了损伤，才知道原来健康才是人生中最宝贵的财富。病人和病人家属饱尝疾病之苦，都渴望健康知识，听得认真极了。同病房的病友也都围上来听。因为讲得深入浅出，可操作性强，病人出院前，还愿意让洪大夫再讲一次。他也有意多讲一些健康知识。一开始也就是几分钟，逐渐充实内容，越来越长。病人和病人家属边听边记笔记，互相核对，然后抄出来，当成健康教科书。慢慢地，听的人越来越多。病人建议，干脆一块讲，人多点，给整个病房讲，也省得你这么累。于是，这个讲座就成了干部病房的“保留节目”，每个月，为楼上楼下的病人讲一次。许多病人知道后，都想听完课再出院。有时洪大夫外出开会，病人出院还留下电话，嘱咐洪大夫讲课时一定打电话通知他，他专门来医院听。

没想到这个并不正规的健康讲座这么受欢迎，出院病人邀请洪大夫到单位去讲，一传十，十传百，都说这个讲座太好了。于是，有人通过医院大夫，有人通过卫生部门，都来请。洪大夫到总参三部讲过一次，反响强烈。总参二部听说，也坚决要听，他又专门去讲了一次。中央组织部、中央宣传部、中直机关也都请他去讲过。有的单位要组织上千人听，洪大夫认为，健康座谈，一定要座谈的形式，人不能太多，得有问有答，好多人要听，满足不了，没听上的人意见大极了，怎么办？那好，500人，不能再多。

洪大夫非常注意这个问题。从传播的角度看，个别指导，对症下药，效果当然最好，但需要大量的人力和大量的时间。大众传播媒介覆盖面广，但又不能将特定的目标人群区分开。例如电视，因为不可能占用黄金时间，以至于收视率并不理想。而演讲在一定程度上弥补了个别指导和大众传媒的缺点，它是世界上最古老的正规教学方法之一，简便易行，用不着花多少钱。但对演讲者来说比较难，你要吸引听众，除了最生动的例子，除了要对上听众的“胃口”，还有一条，必须允许听众提问题，当场解答，这样才会使演讲达到最佳效果。所以洪大夫强调一定要面对面地交流。

洪大夫在家里也接病人的电话，回答病人的问题，反复交代，特别耐心，常常一个电话要讲好长时间。有时爱人方虹要打电话直着急，不得不在家里再安一部电话，专门给他一部电话看病。有时洪大夫放下电话，方虹问刚才是什么人呀，他就发愣，没弄太清楚，反正是病人。清华大学一位老教授住院时听洪大夫讲过一次课，就成了忘年交，不断提建议，听到民间什么好的方子都打电话告诉洪大夫，又是患者又是朋友。就是在这种“教学相长”中，洪大夫的健康讲座越“长”越“丰满”，不仅有他冥思苦想总结出来的健康箴言，有精心配制的简单易行的“秘方”，更有大量说服力极强的临床病例。

有人认为这种健康宣传再多也是“小儿科”，看不起。洪大夫不这样认为。他说，医学只有结合老百姓，才能发挥最大的作用。为了老百姓的健康，他就是要做普及工作。世界卫生组织有很多统计，美国心脑血管病年年下降，而中国却年年上升，且发病年龄越来越低。在卫生资源方面，我国主要用于医疗，尤其重于事后抢救，而发达国家却是重视教育和事前预防。在全球6亿高血压患者中，中国占了五分之一。每每想到这些，洪大夫就觉得责任重大。只要有邀请，他时间再紧也要挤出时间去宣传。作为国内外医学界知名的学者和心血管、高血压病防治方面的专家，他的讲座有很高的权威性。

洪大夫认为，健康教育要突出以健康为中心，提倡人人参加，主动参与。通过有计划、有组织、有系统的社会活动与教育活动，促使人们更多地掌握健康知识，自觉地采纳有益于健康的行为和生活方式，消除和减轻影响健康的危险的因素，预防疾病，促进健康，提高生活质量。洪大夫说："我是医生，就是要符合老百姓的需要，让老百姓懂得健康常识。只有健康，才能生活质量好。"

洪大夫的讲座"培养"出一帮"追星族"，他讲到哪追到哪，不管他在哪个单位讲，全去听，场场不落。他们说洪大夫老有新东西、新例子。确实，洪大夫每次讲座的内容都不完全一样。他给院士讲，给离退休干部讲，给老百姓讲，对象不一样，讲的侧重点就不一样。比如知识分子精神压力大，运动又少，就容易得高血压，他就重点讲高血压的预防。每次讲，他都要引用国内外最新的参考资料，不断把新东西"缝"进去。

既然是讲座嘛，就得放开，完全是口语，有时根据听众的情绪，还幽默几句。这样，他累计演讲了几百场，没有幻灯，没有多媒体，也没有一个字，完全是腹稿，但反响强烈。

那么，这个健康讲座是怎样被印刷成小册子风靡全国的呢？

那时有个口号：科技下乡。在当地政府支持下，科技部、卫生部经常组织专家们到各地进行科普宣传。洪大夫曾在多个城市作过"让健康伴随您"的报告，有的地方省委几套班子都来听。他常常是上午讲课，下午出差，回来一天又要走。2000年4月，江西方面邀请洪大夫到南昌和抚州地区作生活方式与健康老龄化和心血管病问题的专题报告。报告极受欢迎，时常被阵阵掌声打断，深深打动和吸引了前来听报告的领导、离退休老同志和医务工作者，使大家懂得了身体保健的知识，掌握了健康长寿的要领和方法。这么好的讲座，只听一遍当然不过瘾，而且人数太有限，不能这么轻易就把这位大专家放"跑"了，江西方面就"偷偷"录了音。事后征得洪大夫的同意，江西省科协、抚州地区公医委、抚州地区科协等单位共同出面，对录音进行了认真整理，印刷出来，作为内部材料，发给老干部人手一册。

江西这份录音整理稿，完全尊重"原作"，连那些语气词也都没舍得丢掉，于是在有意无意中保留住了"朴素"和"口语化"，再现了讲座现场的幽默和活跃气氛。看一遍，就好像亲临现场听到了这个健康讲座，效果自然不错。

最早把洪大夫健康讲座整理成文字稿的江西省先印了几百份，不够，又印了几千份，还不够。这个录音稿很快不胫而走，越传越厉害，先在四川等南方几个省市传播开，当地的老百姓争相传抄，又很快传到北方。山东省人大也决定印发给老同志，先印了 5 000 册，一下发完了，又加印 20 000。据说有的单位一印就是 30 000。就这样，北京也传开了，连市委某领导那里也有了一份，是从中国科学院传过去的。

在老年人群中，洪大夫的健康讲座大受欢迎。一位脑血栓病人的家属看到这个小册子，哭了，说早得到这个手抄本，我们老头也“走”不了。老科技工作者协会有一个老教授，一边生气一边抄洪大夫的讲座。原来另一位老教授得到了一本“特别好”的讲话，这位老教授看见，要借。不借，生气了，那我抄，抄都不太愿意借。最后洪大夫去讲了一次课，大家才心满意足。有位干部离休十年了，照着讲座做，天天坚持“四大基石”，每天走路两个小时，走了十年，心功能、肺功能、血色素比十年前更好了，每天都心情愉快。一位心外科副主任和老伴去爬香山，遇上另一对老夫妻，聊起来，人家很小心地从兜里掏出一本小册子，说:“老先生，我看你面善，送你一本珍贵的礼物。”心外科副主任一看乐了:“这不是我们医院洪大夫的讲话嘛。”

北太平庄街道办事处把从江西得到的录音稿印刷成册，给每一个离退休老干部发了一本。一位老干部拿回家，爱人一看，这太好了，就打电话给干休所的政委，建议印出来发给大家。干休所政委说，我这也有。老干部不断来复印，都说好。干休所决定干脆印出来吧，专门和洪大夫取得联系，要内部铅印，发给老干部人手一册。别的干休所听说，也要印。西郊机场一位老干部，从不同渠道得到几个不同的版本，到处送人，却没送出去，一问，人家都有了。

因为都是内部印刷，很多没经过作者本人，小册子的标题全不一样，有的连名字都搞错了，什么“胡昭光”、“洪耀邦”，五花八门。洪大夫认为，名啊利啊都是身外之物，他只是衷心希望人人享有健康知识。怎样才算健康，怎么避免高血压，怎么避免那些常见病多发病，老百姓迫切需要这些知识。从病人健康出发，应该把这些知识告诉老百姓，知道的人越多越好。洪大夫的原则是谁都可以印，没有原则错误，内部印就印吧，反正是健康教育，对读者也是个交代。

这个由江西在两年前整理的健康讲座稿，在《北京晚报》刊登前，据不完全统计，民间已经有了 68 个不同的版本。至于这样的“手抄本”到底印刷了多少册，已无从统计。

就是这样的传播速度和传播范围，还是有局限，远远不能满足老百姓迫切的健康需要。成都一家报纸和安徽一家老年杂志都与洪大夫联系，迫切要求印出来，说读者需要。

1995年，《北京晚报》“健康快车”专栏与北京市卫生局合作，开始举办“健康大课堂”，作为“健康快车列车长”之一的洪大夫不仅在报刊上发表了100多篇科普文章，编写了10多本科普小册子，还积近40年的临床经验，并博采众家之长，形成了独特的演讲风格。八年过去，“桃李”满天下，“健康快车”也已经成为世界卫生组织在中国健康促进项目的子项目。

2002年“五一”节，《北京晚报》在读者强烈要求下，把洪大夫的讲座记录稿分几次全文刊发，以此作为送给劳动者的礼物。这是洪大夫的健康讲座第一次公开刊登，不少人早早到报亭排队等着买晚报。洪大夫的爱人方虹感觉就是从《北京晚报》全文刊载后，开始“闹腾”得越来越厉害，连他们自己也没有想到。那么多年，除了到处讲，大的报纸也经常约稿，电视里也系统地讲过很多次，可是远没这个公开刊登的讲座火爆，火爆得让你都招架不住。

2002年春节，一位读者把洪大夫讲座的复印件送给广东教育出版社，马上被争相传阅。传阅者不仅自己收藏，还纷纷复印寄给远方的亲友。广东教育出版社决定立即去北京，与洪大夫联系出版事宜。因为有媒体的热情参与，这时的传播速度就更快了。上海《文汇报》也全文转载，连连加印，还是不够，最后编辑手中的报纸也都被要光了。洪大夫的上海同学打电话来说：“你那个报告在深圳传开了，到处都是。”新加坡、马来西亚、澳大利亚以及中国的香港、台湾也有，美国那边的华人报纸也开始登载，互联网上更是铺天盖地。医院一位领导到北京市开会，有人说：“你们洪大夫的那个讲话，我是从美国网站弄来的。”

更多的媒体和更多的人慕名而来。

医生三件宝：语言、药物和手术刀

洪大夫从来没有对病人发过火，他同情病人的痛苦，就是病人有过火的行为，他也能充分理解。他当副院长时处理医疗纠纷，一个中学生死在医院，都中午1点多了，家属仍不走，洪大夫就陪着。从上午8点一直到下午6点，他上厕所，病人家属就站在厕所门口堵着，怕他溜了。病人家属把洪大夫的胳膊都抓出血印了，他能理解，为病人着想。爱人方虹把饭送到办公室，洪大夫板着脸叫她端走。怎么这么凶？从来没有过。洪大夫回家后马上解释，说人家孩子死了，病人家属这么痛苦，我能吃饭吗？洪大夫认为，病人到医院是弱者，一定要抱有同情心，怎么处理当然有原则，但一定要同情。

洪大夫说，我从医40多年，有什么感悟没有？我感悟两个字，“简”和“爱”，大道至简，大医至爱。2 500多年前的医学之父、古希腊名医希波克拉底就提出调动病人机体的积极性，他说医生有三大法宝：语言、药物和手术刀。“语言”放在“药物”和“手术刀”的前面，说明“语言”的重要。每个医生首先应该是心理医生，看到病人心里去。语言的力量占一半以上，不是有一句俗话说“良言一句三冬暖”嘛。医生的一言一行，关系到病人的生命，一定要平等、信任、鼓励。

要成为好医生，除了努力钻研技术外，还要有一颗爱心。没有爱心，别当医生。爱心管什么？能治好病吗？洪大夫认为，医学关心的是人的健康，医生的工作就是服务人。医生要先会做人，才能做医生；不会做人，做不好医生。要回到医学的本来面目，古人说，无德不成医，就是这个意思。生命领域里未知数太多，同样的病在不同人身上，反映出来的现象就不一样，所以不能光钻医学。病人不是机器，也不是木头，随便敲敲打打就成了。有人光是死读医书，见木不见林。医生看病人，不仅是自然科学，还要有人文科学和艺术在里面。人得病，不光是病，有方方面面的原因，一定要从实际出发。

医院是医护人员对危重病人进行复杂检查、药物治疗和外科手术的地方。第一所医院是在公元前3世纪由印度佛教僧侣创建的。到中世纪，基督教团体在欧洲的许多城市也建立了医院。很长时间，医院是为那些因为贫困而不能在家中得到照顾的人设立的。因为种种原因，医院的声誉一直因其死亡率过高而受到影响。洪大夫特意举出南丁格尔的例子。

1854年至1856年克里米亚战争期间，英国战地的住院士兵死亡率达到50%，居高不下，主要是死于恶劣环境的感染。24岁的英国女护士费洛伦斯·南丁格尔克服种种阻力，到战地救护。一个护士，没有处方权，就凭一颗母亲般的爱心，创造了现在还在使用的无菌技术，使伤员死亡率从50%下降到2.2%，最后降至1%。可见，春风阳光般的爱心比抗生素更重要。南丁格尔作为近代护理学和护理教育的奠基人，被英国尊为民族英雄。1912年，第九届红十字国际大会上，将她的生日定为国际护士节。以她的名字命名的南丁格尔奖章，成为鼓励各国护士的国际护理界的最高荣誉奖。这也是联合国非常重视的奖项，每两年颁发一次。我们国家从1983年参加第29届评选以来，到1995年，已经有17位优秀护士得到过这一荣誉。

洪大夫认为，在与疾病的斗争中，医生和病人是同一个战壕里的战友，面对的是共同的敌人。医生的爱心是最为重要的。对病人如亲人、熟人、病人，还是视为路人，甚至不当人，那是大不一样的。药一样，医生态度不一样，效果就完全不一样。如果医生“盛气凌人”：听你的听我的？病人没看好病倒添了病。如果医生进行健康教育普及，门诊病人自然会明显减少，形成良性循环。而且，对病人进行健康教育有减少医疗纠纷的潜在功能，如果医护人员不详细向病人介绍他们所要接受的医疗过程，很可能会造成病人及家属的不满。通过健康教育，除了让病人同意所给予的医治外，还能让其了解病的危险性，并且知道怎样预防。在美国的“病人权利法”中，特别强调病人的知情权。病人如果在一种开放诚实而且人道的情况下接受医疗，就能降低发生医疗纠纷的可能。人都是感情动物，你对病人独特的需求和利益给予了更多的关切，比他自己想得还周到，尽了最大的努力，在这种情况下，病人和病人家属怎么可能和你翻脸？万一起了纠纷，也有足够的证据证明病人接受过指导。

洪大夫说：“我这个人不算聪明，只是爱读书。不光医学，对人文科学也感兴趣，像中国古代文学、诗词，都很喜欢。电视里动物世界、自然探索，也爱看。凡是有用的知识，就抄在纸上，静下心来反复琢磨。有思想深度的历史人物，看他怎么发展，琢磨他为什么会有这样的发展。看得多了，眼界就比较开阔，与别人想的不一样，经常能看到别人不太看到的地方。”洪大夫认为，对于人的一生来说，做人很重要，不管你干什么，只有先会做人，才会做事。而要做好人，必须要有丰富的文化底蕴和历史知识。如果一个人对自己国家的历史文化都不了解，那么他也就不会爱国，即使爱国也是很肤浅的。一个人对祖国的历史、文化和传统了解得越多，越能知道国家的演变发展，特别是近百年来我们中国所走过的艰难历程。无数志士仁人为了我们祖国的强大，不惜流血牺牲，才有了我们今天的幸福生活，我们怎么能不对国家、民族和人民充满更深切的爱？

洪大夫在家，非常注意心态的放松。他喜欢看书、养热带鱼、摆弄花草。他会买一个盆栽上草莓，或者弄个盆景，院子里弄点青苔贴上。这两年没工夫，才不弄盆景了，但还是要养花养草。不仅在家里，办公室窗台上也摆着几盆常青的花草，都是老百姓家里常见的花花草草。方虹说，有一天哪里也找不到他，回来一问，人家去土城看树和草了。洪大夫认为，搞搞园艺，对健康大有好处，举手弯腰，全身肌肉都要运动，国外还专门有园艺疗法。他健康讲座提到的步行，他自己也认真去做。你宣传这些，你首先要身体力行。晚上开完会，都10点多了，他也不忘到外面走上半小时。爱人方虹不放心，每天晚上陪他走，聊聊天，回来感觉精神特别放松。这时还不能睡，还要赶稿子。当然，如果晚上睡觉太少，第二天抓紧零星的时间补回来，反正觉不能不睡够。

最好的运动是步行

一项研究成果表明，每天步行40分钟，对消除紧张感、改善情绪十分有利。长期坚持步行，与慢跑的效果相同，可以使你达到最佳的耐力。调查证明，有耐力的运动员活得更健康、更长寿，而且神志更清楚，身体、精神和心灵都能保持健康。

为什么普普通通的走路有这么大的好处呢？

人在原始时代是四肢支撑走路，进化了，前面的两只脚变成了两只手，只剩后面的两只脚负责走路，“逼”着腿肌发达。经过漫长岁月，人体全身肌肉的三分之二集中在腰部以下的两条腿上。可惜逐渐发达起来的腿部力量随着社会文明和进步，却在明显衰退。与古代人相比，现代人走路越来越少。首先表现在懒得外出，一天不要说走一万步，就是走几百步，对有些人来说也相当困难。自然界中，很多野生动物腿的衰老与死亡直接联系，因为你跑不动了，弱肉强食，自然你就成了别的动物口中的食物。对人类来讲，双脚是支撑人体健康的两根支柱。你活动量减少，导致腿部的衰老，造成心脏输血功能的减弱。而步行是负重运动，能强健骨骼并减少老年患骨质疏松的危险，还能帮助心脏工作，促进血液向心脏流动，增加肺的活力，提高血管的机能，降低血压和血液中的胆固醇水平。心脏、肺和循环系统都健康了，那身体也健康了。所以说，脚是人体的第二个心脏，应该尽可能多地“开动”你的双脚。

（图片来源：新华社）

作为人的自然运动形式，步行是理想的业余运动，好处太多太多。只要是正常人，都会，又没有时间和场地的限制。因为与平时“走路”差不多，所以不会有任何勉强和吃力。走路用不着竞争，又没有危险性。行走时，将自己平时步行的方法稍稍调整，尽可能使步子幅度达到身高的二分之一。步行锻炼与随意行走或漫步不同，选择适合你自己的步行速度。开始，左右两脚的间距不要拉得太开，迈步时膝盖伸直，脚后跟着地，后背挺直，下颚后缩，脚尖朝前，笔直前进，当两臂大幅度摆动时，保持身体前倾，以一定的节奏行走。任何年龄及处于任何健康水平的人都可以通过步行来锻炼，一年四季都可以。除一双适于步行的鞋外，不需要任何特殊器械。把步行作为你生活方式中愉快而有规律的一部分，会显著增进你的健康和幸福。只要你天天步行，你就会惊喜地发现，气闷、心悸越来越少了，“累”似乎也无影无踪了。既减少了脂肪，获得了健康，又不花钱，还不费力，何乐不为呢？

步行是发源于美国的健身运动。早在20世纪20年代初，美国医生怀特博士第一个提出步行运动对健康有特殊的益处，因为人体的解剖和生理结构最适合步行。他的权威著作影响了几代人。这位美国心脏病学会的奠基人，曾担任几任美国总统包括艾森豪威尔的保健医生，创造性地把步行作为心脏病人和心梗后康复治疗的方法，并主张健康成人应每日步行锻炼，作为一种有规律的终身运动方式。怀特博士自己每天步行，从不坐电梯，住在12层楼上，也一样步行。他说，运动是最好的安全剂。

1956年，美国创建身体健康与运动总统委员会，旨在鼓励所有的美国人开展健身运动。主要目标之一是提高美国年轻人的健康水平，其中一个主要计划是“总统挑战”计划，促进和鼓励6至17岁的学生参加心血管健康和肌肉耐力、力量、柔韧性与灵敏性比赛。该委员会利用广告、文章、特殊活动和奖励手段提高大众对坚持体育锻炼重要性的认识，它也鼓励学校、工商业、政府部门、娱乐机构和运动与青年组织为各种年龄的人开展和维持健康的运动计划。现在，体育锻炼已经成为美国人普遍的生活方式。尤其是步行发展成为全民的健身运动，参加步行的人“爆炸”式增长，越来越多的平时缺乏运动的人、肥胖的人、体力不济的中老年人选择了“走路”。

步行最大的问题是坚持，不能急于求成。要遵循三条原则，有恒，有序，有度。任何步行计划最重要的是要有规律地坚持，循序渐进地，按各人具体情况进行适度运动。一定要注意适量，过度可能造成心血管意外或猝死。根据美国运动医学的研究，控制体重的最佳锻炼方法包括每周至少三次的有氧运动，每次至少20分钟，逐步增加步速和次数。

近几年，日本也掀起步行的热潮，成立了步行协会。1964年东京奥林匹克运动会期间，日本提出口号，一天步行一万步，这是人体每天运动量的最低限度。

我们中国呢？在洪教授的热情“煽动”下，中国各大城市也开始了“步行热”。

有人说，现在开始步行是不是太晚了？洪大夫告诉你，什么时候开始步行都不晚。

人类进入自我保健的时代

世界卫生组织按照医学的发展历程，依次排列为临床医学、预防医学、康复医学、保健医学、自我保健医学。20世纪50年代，在世界卫生组织倡导下，形成生理、心理、社会医学的模式，使人类的健康观发生了重大变化。到60年代，人们认识到健康是人类的基本权利。70年代，人们认识到卫生保健的发展有赖于社会经济的发展，同时又能促进社会经济的发展。到80年代初，人们终于认识到卫生保健不再是医务部门的事情，而是整个社会的奋斗目标。医疗服务从单纯的治疗转向防治结合的综合服务，从单纯生理服务转向心理、生理、社会的全面服务，从单纯的技术服务转向社会性服务，使医院的服务对象不断扩大。其中一项重要内容是开展广泛的健康教育工作，使医院成为社区健康教育的中心。医学模式的转变，标志着人类在健康观念上的一次飞跃，使人们认识到自我保健是医学发展的必然趋势。也就是说，21世纪是大健康的时代，是自我保健医学大显身手的时候了。

自我保健是大卫生观，大卫生观可概括为四句话：卫生系统从封闭变为开放，卫生与社会经济发展同步，做到“健康为人人，人人为健康”，国家、社会各部门把健康和幸福作为共同的目标。大卫生观认为，健康不是别人的恩赐，不是某个人的专利，而是人类的普遍活动。

真正的美丽来自健康。

健康享受每一天，这是人类最美好的追求。

根据生物学原理，哺乳动物的寿命是其生长期的5倍至6倍，因此人的寿命至少应该是100岁，最长150岁，现在公认人的正常寿命是120岁。洪大夫说，可是好多人40多岁就不健康，50多岁患冠心病，60多岁死了，比科学预言的少活了50年。中国目前有高血压患者1.1亿，肥胖、高血压、脂肪肝、动脉硬化的发病年龄越来越低，提前得病、提前残废、提前死亡成为当今社会的普遍现象。为什么生活好了，人死得反而更快了？就是因为缺乏健康知识。美国的富人和穷人比，高血压、冠心病、肿瘤的发病率明显低于穷人，寿命也长，就是因为美国的富人受到了较好的健康教育，自我保健意识强。而我们许多人对非传染性疾病的一级预防及投资缺乏兴趣，认为人吃五谷，怎么会没病没灾？疾病嘛，头痛医头，脚痛医脚，吞下一颗药丸，病痛就可以消除，健康不就重新回来了吗？医疗也是轻于防，重于治，你要什么药，我开什么药，打发一个算一个。病家医家都把希望寄托在医药上。

任何再高明的科学技术，都不可能使病人回到病前的状态，就像一张白纸，揉过后再不可能恢复到原来的平整一样。所以不让人得病的医生那是最好的医生，洪大夫就决心做这样的医生。这也就是他热衷于健康教育的原因所在。洪大夫说，健康问题最根本的是一个观念问题。我们要充分认识到，现在这么多的病，归根到底就是生活方式不文明造成的。如果我们坚持文明健康的生活方式，就可以不得病。重视基层保健、重视预防是我国卫生工作的成功经验。但十年动乱使卫生事业遭受很大破坏，表现在健康投资过少，1983 年我国卫生经费占国民生产总值还不到 3%，人均 15.5 元，而在发达国家，卫生经费最低的英国 1980 年就已经达到 5.7%。在相当长时间里，我国卫生资源仍将十分短缺，但现在短缺的卫生资源却大多用于医疗，从长远观念和控制慢性病的角度看，这是很不利的。不能再舍不得花一块钱去投资健康而用 100 块钱去抢救。我们应该以发达国家的教训为戒，积极开展健康教育，加强基础保健，发展社区卫生服务，用较低的卫生投入获得较高的效益。

在对一些大城市 9 000 余名门诊病人的高血压调查中，专家发现，35 岁至 45 岁这组中年人知晓率、服药率最低。这组人群正是上有老下有小负担最重最应该关心自己健康的人群，反而最不注意自己的健康。动脉硬化植根于青少年，但发展最快的时期是中年，男性在 30 岁至 39 岁，女性在 40 岁至 49 岁，是一生中动脉硬化最快的十年，也是防治心血管病的最佳年龄。洪大夫说，其实，高血压是只纸老虎，比其他的心血管病更容易制服。据美国报告，要让高血压发病率减少，有效方法是，少吃盐，控制体重，增加运动，戒掉烟酒，加上心理平衡。太简单了，只要你注意，就可以做到。这样，我国的高血压就可以减少一大半，加上对儿童高血压的早期识别，对中青年高血压早期预防，效果会更好。

现在开始提亚健康人群，就是介于健康和疾病之间的人群。怎么让亚健康人群不变成病人？只要老百姓得到了卫生文明和自我保健的知识，改变不良的生活方式和行为，就可以做到，这是最基本最有效最节约的办法。上海市对一组 250 例心脑血管疾病的高危人群进行了两年的健康生活方式和行为指导，使心血管病的并发症发生率分别下降了 20% 和 18%。北京曾实施了一个健康促进项目，对 330 万人口进行七种慢性非传染性疾病的干预，包括吸烟、酗酒、不合理膳食、久坐的生活方式、身体超重等，对居民行为危险因素进行逐月监测和教育。仅对其中9 700多名高血压患者的教育管理，一年就节约了医疗费100多万元，其治疗效率提高到90%，血压控制良好率达58%。

健康教育是一切卫生工作的基础，投资最小，收益最大。据专家预测，心血管病预防花1元钱，医疗费可以节省8.59元，如果全北京市200多万高血压患者都能受到健康教育的指导，预计每年可减少医药费支出2亿多元。全国呢？据统计，中国的卫生资源消耗6 100多亿元人民币，间接损失更多。其中4 000亿左右用于慢性病。如果通过我们的健康教育，减少一半的发病率，就可以节省2 000亿，还用不着投多少资，个人、家庭和社会都会幸福，真是天上掉“馅饼”的大好事。

可是事情并不这么简单。健康活动往往涉及多部门、多学科、多渠道，由不同的专业、不同的工种和不同的人员分头作业，共同完成。健康的最终效益是建立在知识、信念、行为的转变上，最终效果是人们健康状况的改善，生活质量的提高。这哪是一朝一夕或睡一觉就立竿见影的事情，成果往往要几年、十几年甚至几十年才能表现出来。由于观察周期长，造成结局评价困难，往往使人们对健康教育的作用产生怀疑。在这个急功近利的时代，谁不想立竿见影？谁愿意自己栽树，辛辛苦苦忙半天，让别人乘凉？功劳算谁的？我国健康教育的前期工作是受卫生宣传模式的影响，一些人认为健康教育不是一个专业，什么人员都可以做，不一定需要高度专业性的技术。还有健康教育的体制问题、管理问题也争论了好多年。

据统计，上海的病人平均住院日是21天，美国则是7天。改革开放以来，外国的新药、仪器中国全都有，也能做基因。差距在哪？就在观念，人家是关注健康，我们是关注疾病。

看来，改变观念是最重要最迫切的事情。

道路是曲折的，前途是光明的。

从80年代开始，世界性的健康促进和健康教育事业迅猛发展，它对保护人类健康的战略意义，逐渐得到人们的公认，并作为初级卫生保健的基本内容，列入各国的卫生发展战略。中国的健康教育，在90年代作为一门新兴学科，起步不久，全国爱卫会和卫生部多次明确说，所有的医学院校应力争在短期内对各类专业增开健康教育课，加速培养健康教育的专业人才，发展我国的健康教育。

健康是人类追求的永恒主题，是社会经济发展的资源。中国极其有限的卫生资源承担了占世界人口22%的人口的卫生与健康问题。中国卫生工作方针在建国初期为迅速改变旧中国遗留下的极端落后的卫生面貌、为传染病的防治取得了巨大成就，死亡率由1949年的25‰下降到1990年的6.28‰。建国后不久，陆续消灭了霍乱、鼠疫、天花、回归热、斑疹伤寒、黑热病等严重危害人民健康的烈性传染病，其他传染病的发病率也大幅度下降，人口平均寿命由建国前的35岁上升为70岁。而新型“传染病”却不受气候和文化的制约，以传播信息一样的速度从一个国家传到另一个国家。新型“传染病”指通过生活方式或不良行为如吸烟、酗酒、情绪紧张、婚外性接触以及环境因素引起的疾病。美国卫生总署90年代初一份报告中指出，美国所有死亡的三分之二与食物和饮食有关。人们的生活方式与行为对疾病的影响不可低估。过去许多人认为，慢性非传染性疾病，只能头痛医头，脚痛医脚，不认为可以预防，因此对慢性疾病的初级预防及投资缺乏兴趣。

洪大夫认为，慢性非传染性疾病是可以预防的，它涉及个人行为和生活方式的改变，需要全社会的支持。洪大大说，健康有三个层次：个人健康、家庭健康和社会健康。其中最主要的是家庭健康。家庭健康了，个人身心才能安宁，事业才能成功，生活才能幸福。每一个家庭健康了，社会健康才有基石和保证。家庭健康取决于生活方式，而生活方式又取决于女主人，家庭的健康要靠双方共同呵护。总之一句话，健康的钥匙就握在你自己手中。

洪昭光健康忠告——

按照生物学原理，人应该活到120岁，但提前得病、提前残废、提前死亡成为当今社会的普遍现象。病越来越多，决不是物质丰富了，收入多了，钱多了，是因为卫生保健知识没跟上。其实预防也很简单，可以减少得病，提高生活质量。从这方面讲，复杂的高科技不如简单的预防来得好。

大道至简，大医至爱，适者永寿，仁者无敌。

健康需要天天积累，健康需要人人关爱。

健康是你自己的事，健康的钥匙在你自己手里。

最好的医生是自己，最好的药物是时间，最好的心情是宁静，最好的运动是步行。

酒是一把双刃剑，少量的酒是健康之友，多量的酒是罪魁祸首。

吸烟的害处已经举世公认，越早戒越好。

肥胖是衰老的象征。腹部肥胖，是疾病的信号。

肥胖是一个很严重的社会问题，与其吃减肥药，不如合理膳食加适量运动。

三个半分钟：醒过来不要马上起床，在床上躺半分钟；坐起来又坐半分钟；两条腿下垂在床沿又等半分钟。

三个半小时：每天早上起来运动半小时；中午睡上半小时；晚餐后行走半小时。

对于高血压患者，要注意四点：定时作息，适应自然，注意清洁卫生，戒除不良习惯。

老人防意外六不要：一不要做猛烈转头动作，二不要烫澡，三不要豪饮冰水，四不要饱餐和酗酒，五不要空腹跑步，六不要蹲便。

养心八珍汤：慈爱心一片，好肚肠两寸，正气三分，宽容四钱，孝顺常想，老实适量，奉献不拘，回报不求。把这八味药放进“宽心锅”里文火慢炒，不焦不躁；再放到“公平钵”里精磨细研，越细越好。三思为末，淡泊为引，做成菩提子大小，和气汤送下。清风明月，早晚分服，可净化心灵，升华人格，物我两忘，宠辱不惊，不以物喜，不以己悲。这“养心八珍汤”有六大功效：第一，诚实做人；第二，认真做事；第三，奉献社会；第四，享受生活；第五，延年益寿；第六，消灾去祸。

一个人心态好，世界上一切都变得很美好。

一二三四健康法：一个中心，以健康为中心。

两个基点：糊涂一点，潇洒一点。

三大作风：助人为乐，知足常乐，自得其乐。

四项原则：合理膳食，适量运动，戒烟戒酒，心理平衡。

天天三笑容颜俏，七八分饱人不老，相逢借问留春术，淡泊宁静比药好。

三自一包，百岁不老。三自：自己关爱自己，自己教育自己，自己解放自己。

一天一包养心八珍汤。

（选自2003年第5期《北京文学（精彩阅读）》，有删节，作者：舒云）

清点中国人的心理安全

你有安全感吗？你关心过自己的心理安全吗？为什么越来越多的人面对压力无所适从？为什么越来越多的人开始寻求心理医生或心理专家的帮助？也许你不存在这方面的焦虑，但不管怎么说，现在应该清点一下我们的心理安全了。

背景：

● 17岁的初中生张某由于没钱见赵薇，且不能和赵薇交朋友，便服毒走上绝路，后经抢救无效，于2002年2月24日凌晨离开人世。

● 2002年3月5日，青岛某公园的职工王某为泄私愤而用鼠药将两只国家一级保护动物马来熊和五只鹿毒死。

● 2002年3月，清华大学学生刘海洋先后用火碱和硫酸两度伤害无辜的黑熊，震惊社会，媒体分析，这跟他的心理畸形发展不无关系。

●在导致意外死亡的原因中，列前三位的是：自杀、车祸、溺水。

有一个有趣的现象值得思考：全世界都知道，改革开放后的中国经济飞速发展，人民生活步步提高，对心理学的研究、普及和应用也蓬勃兴旺；可是，心理疾患却可能成为21世纪国人健康甚至生命的“头号杀手”，人们越来越多地在谈论心理安全感。这是否表明中国人的心理状况“每况愈下”？

其实，这是任何一个社会在走向发展的阶段中都会表现出来的正常现象，它并非中国所独有。同时，心理问题普遍受到关注，这也是社会文明进步的体现。

可是，由于我国特殊的历史过程，最初的许多心理问题被掩盖了起来。随着中国社会经济体制改革日益深入，社会经济快速发展，竞争不断加剧，原有社会支持网络逐渐削弱，以及社会治安问题复杂化，导致社会各种心理刺激因素急剧增加，公众的安全感下降，心理问题、精神问题日益突出。于是就出现了这样的现象：虽然国民经济和心理学都发展了，中国人的心理问题却随着社会的发展而不断增多。

竞争导致的焦虑影响着广泛人群，即使在校园也不能幸免。

有一种流行的观点：现在的“中国人活得很累”。前途上的、同事之间的、家庭内部的，这些问题压得我们喘不过气来。我们要为生计而辛劳，为下岗而焦虑，为离婚而苦恼，要时刻关注股票涨跌，还要为孩子上学求亲拜友。尤其是一个成年人，社会责任感、家庭义务、父母天职……总之，一大堆事情都要我们去身体力行，稍有耽搁，就会有“大厦将倾”的危险。于是你就要硬着头皮撑着。撑久了，当然就很累，就会焦虑，就会有心理障碍。看到社会上出现的一些不安定现象，你也会感受到自身的安全和财产受到威胁，你的心理安全感当然也受到一定程度的影响。

世界上什么人才没有精神压力呢？只有天真幼稚的儿童和无知的傻子。因为他们没有责任和义务的负担，他们是无忧无虑的，不用去想明天将发生什么，也不用为今天的生计发愁。所以，他们的心理感觉应该是最安全的。

人类社会已经发展到后工业文明时代，进入了高科技和网络时代，不管是市场还是人才，各个方面都竞争加剧，作为具有社会属性的人，所经受的压力肯定要比过去大得多，甚至常常免不了陷入某种困境：工作失误、竞争失利、失恋、离婚，以及天灾人祸等等。

成人世界里的一切，必然会影响到孩子们身上。只是这种影响和折射有时是直接的，有时是间接的。

现在的幼童只要一进小学校的门，就基本结束了绚丽多彩的童年生活。除了偶尔一两节的体育课之外，天真活泼的孩子们整天被“固定”在椅子上，手不许乱动，不准交头接耳乱说话，不准扰乱课堂秩序，不准走神……老师费心巴力地讲，他们在底下使劲地听，苦苦地写。你累了？烦了？不想学了？没门儿！作业没完成，老

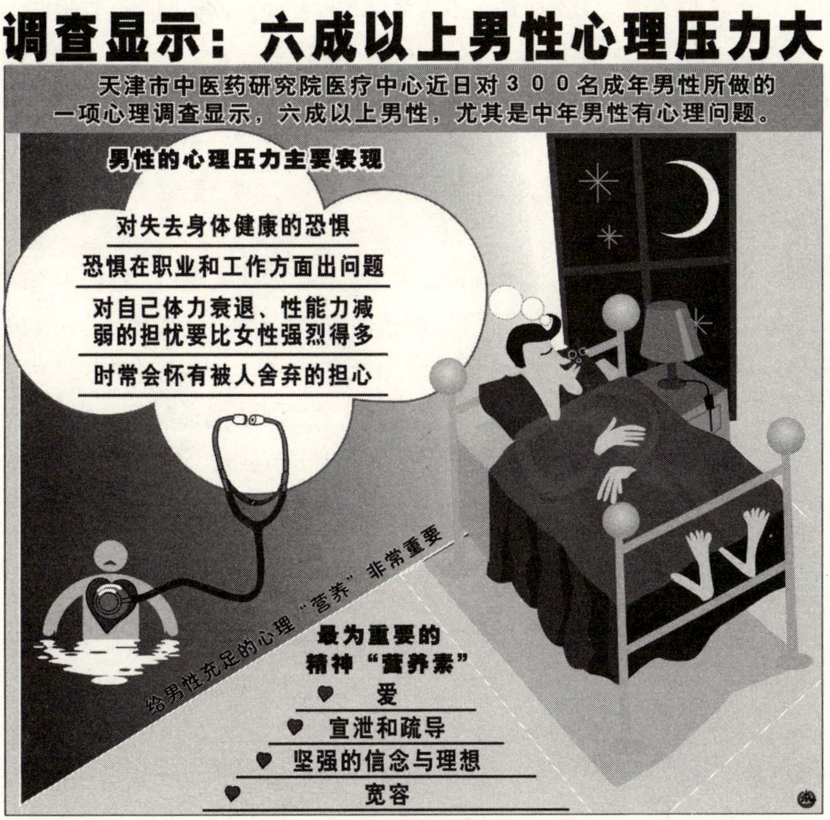

（陈琛/编制，图片来源：新华社）

师这关过不了，考试不及格，父母这关更过不了。何况还有许多校外因素困扰着学生们。

压力越大的青少年，精神的脊梁也越容易弯曲。某校有一名13岁女生，上初中一年级。她经常用刀片割自己的手，直至流血。初中毕业后，她被分到一所较差的高中，她的爷爷又设法将其转到了一所较好的学校。没想到，女孩变本加厉地伤害自己。不仅如此，她还不读书，不做作业，甚至常常打群架，动手伤人，在作文中大骂老师、同学和爷爷、奶奶。实际上，女孩是接受不了自己是差生的现实，才用伤害自己和闹事来发泄心中的压力。

中小学生这种心理压力造成许多不良情绪，致使他们欺侮同学、打架斗殴，甚至发生自杀或杀人等暴力事件。

14岁的初二学生刘某与另一少年发生争执。那名少年找来几个人将他制服，并称要刘某一只耳朵。那个少年掏出一枚硬币说，抛落之后，如果“字”面朝上，就割他的耳朵，不是就饶了他。少年连抛三次都是“字”面，便称是天意，遂将刘某耳朵割下了一半。

同样，山西省襄汾县的古城中学也发生一起初中生伤害事件。这所中学的陈某因与同学发生矛盾，用稀释硫酸制造了一起致使20人受伤、13人被毁容的惨剧。

据2001年一项调查显示，我国30%左右的中学生存在心理异常表现，15%有各种心理疾患，10.5%的学生面临校园暴力的威胁。在“如影随形”的压力之下，众多青少年常出现生理疾病，这些压力的“副产品”主要有疲倦、睡眠不好或失眠、腰酸背痛等。年龄越小的孩子，尤其是10～15岁的孩子，越能肯定自己所感受到的压力。

感受到压力的不仅仅是中小学生，大学生的心理疾患表现也很突出。30%左右的大学生中有不同程度的心理问题，其中低年级学生尤为突出。据统计，因各种心理疾病而休学、退学的大学生人数已占总体退学人数的50%左右。这些染上心理疾病的青年学子，多半是以高分考入大学的，得病的主要原因是高中阶段的课业负担重、精神压力太大，加之本身性格内向，没有正常渠道释放压力，导致精神崩溃。

学生是这种情况，那么作为学生的老师又怎样呢？其实，教师与学生的心理压力是成正比的。教师的压力来自不同的方面，他们自己也是社会上的职业工作者，本身也要面对生活的问题和下岗的威胁。而学生们的压力又反馈给老师。人家把孩子交给你，如果你教得不好，校长和学生家长都会对你有意见。况且，绝大多数学生中间发生的事情，都少不了要由老师出面解决。

教师存在的心理问题表现在多方面，如自卑心态严重、嫉妒情绪突出、焦虑水平偏高等。69%的被检测教师有较强的自卑感，与同期毕业进机关的同学相比，他们觉得社会地位、经济实力相差甚远，与下海成“大款”的昔日同学相比，也觉得“寒酸”。

对于心理存在障碍的原因，近五成受检测的教师认为是“工作太累”，其中37%的教师反映每天工作时间超过八小时。

检测还发现，教师心理健康的水平与近年来发生的教师体罚学生暴力事件增多也有关系。这种现象发展下去将造成对教育环境的进一步污染。

压力最大、覆盖面最广的，还是下岗对生存状态的威胁。

那些已经下岗的和将要下岗的职工可能是最没有安全感的。他们面临的是生计的大问题，似乎命运不掌握在自己手里。

贫困人口的生活问题，是一个世界性的问题。在现阶段的中国，由于社会转型而产生的巨大冲击，下岗、失业构成了城市“新贫困”人群。虽然各级领导都对这个问题非常重视，及时调整政策、制定方案、提高最低生活线标准，但是，不管怎么说，下岗的威胁确实成了一个严重的社会问题，也是人们心理上最大的压力之一。

“入世”，意味着中国人民的经济生活将发生重大变革。我国进入 WTO 之后，过渡期的机遇与挑战并存，失业的压力仍将很大。人才市场里，用人单位的招牌上最常见的一条要求是“35 岁以下”。稍加分析，我们不难发现：一个孩子大约 8 岁开始上学，小学 6 年，中学 6 年，到大学毕业已经是 24 岁了，而人才市场上的招聘条件往往还要求“有一定的工作经验”，于是应聘者的年龄就要在 28 岁左右。这么一算，一个人想要到人才市场找工作，他只有几年的有效时间！一旦到了接近 35 岁时，你就要想办法找个安稳的地方“忍”住了，否则，很难说会不会被“淘汰出局”！

孟秋霞在女儿刚刚一岁半时就与丈夫离了婚，从此自己一个人带着孩子，日子过得紧张而劳累。屋漏偏逢连阴雨，1997 年，她所在的工厂不景气，连年亏损，再也办不下去了。已经脱产当了“干部”的孟秋霞不得不回到家里。家里没个男人，母女俩的生活本来就很艰难，这一下岗，断了生活来源，真所谓雪上加霜。

社会转型时期的种种压力，再加上她个人自身的特殊情况，她身上所集中体现的压力实在太大了。好在她经受住了考验，她在重重压力下，一遍遍重新审视自己，一再降低自己的生存目标，从现实出发，最终决定自己去学习做“凉皮”，靠卖凉皮来供养女儿上学。果然，她成功了。她用自己辛勤的劳动和柔弱的双肩，撑起了整个家庭，最后女儿也考取了大学。

人到中年，承担着更多的社会责任，其压力也从自身向外转化。也就是说，中年人的压力更多的不在自身，而在与他自身利益相关的家庭，他的妻子儿女，他的工作和经济收入。他们往往自己生病并不在乎，可是如果孩子生了病，就会让他们急得头疼，一颗心总放不下来。失业的压力恐怕对他们来讲是最大的，他们害怕失去经济来源，怕家庭生活维持不下去。其次，他们还怕离婚，怕感情出现问题。中年夫妻在感情上不像年轻时那么炽烈，有不少夫妻竟然闹到离婚的地步。

在这种状态下，谁能没有心理压力？俗话说“好死不如赖活着”，可是在一部分得了抑郁症的人看来，死比活着更好。近些年来，我们时常发现有的人“不明不白”地自杀身亡，他们有的是青春年少的学生，有的是情场失意的情痴，有的甚至是某大公司的总经理，当然，也有下岗工人。

据专家统计，我国每年有20万人自杀。资料表明，中国每年有70万人死于各类伤害，列前三位的死亡原因为自杀、交通事故和溺水。每年20多万自杀身亡的人中，绝大多数是15岁至34岁和60岁以上的人。据世界卫生组织估计，我国每年这20万自杀人口是全球自杀者总数的五分之一，其中，农村人口和妇女的自杀率要分别高于城市人口和男性。心理安全的问题，关系到每个人生存与发展的大问题。就业难，工作压力大，精神紧张，人们在社会上就感受到更多的经济压力和现有名誉、地位的危机，家庭生活水平受到影响后，人们就更加重视孩子的文化教育。这样一来，全社会众多的人在心理安全感上都会有不同程度的缺乏。

这是计划经济向市场经济转变的进程中必然出现的社会问题。

不尽如人意的治安状况和频频爆出的安全事故，加重了对心理安全的威胁。

改革开放20余年，一批又一批的人富了起来，从平房搬进楼房，又从楼房搬进别墅，看着让人从心底里啧啧称羡。追求富有，图谋发展，在膨胀的欲望驱使下，我们的身边怪事连连。

前一段时间，一种极具毒性的假冒注射液进入某地市场，药监局发出“通缉令”，迅速查处了这批假冒注射液。

药物造假的受害者是病人。作为一个病人，他们本来需要同情和治疗，可是如果假药存在，病人不但不能治好病，反而事与愿违，引来新的祸患，甚至搭上性命，这该如何是好？在药物上造假，是更加可怕而可恨的！

孰轻孰重

近年发生的多起中小学生轻生事件震惊社会。是什么让刚开始萌芽的鲜活生命戛然而止？

（冯印澄/作，图片来源：新华社）

仅这还不够，街头卖的一些食品，也让人心有余悸。造假者"发明"了许多办法，把化学添加剂搀在各种食品里，馒头、豆腐、腐竹……添加些化学添加剂似乎已经很平常。前些时候，某省卫生监督部门在节日食品安全整治工作期间，查获一批"毒狗肉"、"毒咸鱼"等食品，食品里竟然含有氰化物！另外还有甲醛和农药。为了钱，这些人连起码的人道也不讲。他们不但给别人带来恶果，更重要的是，给社会造成极为恶劣的影响，这种影响和损失是无法估量的。造假者的心确实狠毒，然而，他们也是有其心路历程的。

如果说前面所述是间接侵害了人们的人身权益，而下面的例子，却是直截了当冲着你腰包里的钱而去的。

在饮料中放入麻醉药品致人昏睡然后掠人财色的作案手段已广为人知，但现在，也有人不用饮料，照样"麻"你没商量。这些作案人用一种"香水"往人的脸上喷，令人逐渐"失神"，"黑手"趁机拿走你身上的钱财，不由你不怕。这种人被称为"迷晕党"。

与之相应，骗子的骗术也有提高。你听说过利用"捐献精子"的招牌骗钱的吗？广东就有人以"捐献精子"之名，许诺所捐献精子若能让不孕富婆怀孕，可获得3万元～5万元人民币的酬谢。真是唾手可得的好事情！一些想走捷径求财的人，纷纷稀里糊涂地被骗交了680元钱的"体检费"，然后就再也联系不到对方了。那几万元酬谢，仅仅是个极具诱惑力的诱饵。

诈骗钱财有其时代特征，现代科技也给一些高智商的骗子提供了新的骗术。至

2001年11月底，全国55家发卡单位，已发银行卡3.58亿张。“一卡在手，走遍神州”已成为一个时尚。但信用卡给我们带来便利的同时，风险也相伴而来。骗子有“三大骗术”：一是高科技作案，如在ATM机上安装微型摄像头，利用盗卡器等高科技作案；二是利用人们麻痹、轻信的心理作案，如用假卡或空卡掉包、贴“通知”，声称接总行计算机病毒监控中心紧急通知，ATM机系统受到病毒侵害，为保证用户资金安全，用户必须把资金转移到指定账户上，才能升级抗病毒程序，但只要用户把资金转入该账户，立即会被犯罪分子提走；三是用别人的身份证等有效证件作担保、申请账户进行诈骗。

辛辛苦苦赚到的钱，一瞬间就成了盗贼的囊中物，个人财产的安全受到严重威胁。

罗列了这么多社会上的不安定现象，集中在一起，就更让人觉得缺少安全感。现实就是现实，我们首先要承认现实，然后才好去面对它。中国人现在所遇到的问题，的确是值得我们深思的，因为这是我们每个人心理安全感的焦点问题。

心理重压是各种疾患的祸根，也是21世纪威胁人类的最大杀手。

要知道，并不是所有患心理障碍的人都是那些穷途末路的人，这一现象值得注意。许多大有前途的人也常常患抑郁症而死。美国著名抑郁症专家史得威教授在80年代末曾作过如下的评论：那些工作认真、勤奋、有前途、有潜力的人最容易患抑郁症。牛顿、达尔文、林肯、丘吉尔这些影响了人类历史的人，都有抑郁症。台湾著名女作家三毛，在48岁事业鼎盛时期自杀身亡，引起海内外一片震惊。许多专家从以往病史、死亡动机和征象分析，判断她是患上了严重的抑郁症。抑郁症的发病率在我国相当高，而且这种病症危害极大。

心理压力能引发许多疾病，诸如癌症、关节炎、心脏和呼吸器官的疾病、偏头痛、敏感症以及其他心理和生理上的官能障碍。这些疾病的病因、病理较为复杂，但一般都与心理、情绪、社会环境及生活方式等因素密切相关。不久前，世界卫生组织在一份报告中称：“工作紧张是威胁许多在职人员健康的因素。”这一结论明确指出了过度劳累对人体的危害。随着经济的高速发展，生活节奏的不断加快，太累、太疲劳已是人们日常生活中的“流行词”。心理疲劳正在成为现代社会、现代人的“隐形杀手”。

“从宇宙到人，没有压力轻飘飘。”心理压力的有价值论者如是说。

其实，世间万物都是有一定压力的。地球相对于太阳系，太阳系相对于宇宙中其他星系等等，都是靠一定的引力来维持其状态的。所谓引力就是压力。任何一个星球都不是独立存在于宇宙之中的，它们或多或少都依赖于跟宇宙其他部分的关系，这就是既互相挤压又互相排斥的互为依存关系，它们之中缺少了一个，就会改变其原有状态。

再看看我们自身，可以说没有一个人不是生活在一定的压力之中——人体的内压与地球表面的大气压力几乎成正比，因此人类才能舒适地生存在地球上。这是大自然的无偿赐予。人类离开地球大气层的保护，首先遇到的还不是缺少氧气的问题，而是会立刻因压力失衡而死亡。因为大家都知道，太空里的压力非常小，人如果没有太空服作为保护措施，就会立刻“爆炸”蒸发。

在人类切身感受到了物理上的压力的同时，人类还感受到另外一种压力，这就是精神上的压力，即心理压力。心理压力是无形的，但它主要还是由于受到外界的影响而产生。

由于人类有形象和抽象的复杂思维，在这些思维过程中，人类会把许多事物相互比较，因此就产生许多差异。这些差异互相作用，压力也就随之而来。人类在感知两个以上的物体时，在比较过程中找出差异，这些差异在人的精神世界里就会产生互为影响的压力。比如说圆有圆的优势，方有方的好处，圆相对于方来说，方就形成了圆的压力，同样，方相对于圆来说，圆也形成了方的压力。依此类推，高与矮、大与小、多与少……按照这个逻辑，只要有两个或两个以上的事物，都会产生压力。而两个以上的人，也当然要产生压力。人类自古以来都是群居生活的，也正是靠了群居生活，靠了集体的力量，才能战胜无数巨大的威胁和危险，使人类文明延续到今天。这就是社会化的功劳。甚至，许多动物的生活也是靠社会化而存在的。因此人类社会生活从一开始就有压力存在，并不是从你降生之后才有这种压力的。

人类在各个历史时期的压力都有不同的表现，有时候甚至出现重复和倒退，出现循环往复。当然，同历史一样，虽然有些表面上看是“重复”和“倒退”，可是每一个循环都是在前进的过程中更上了一层楼。

在中国的唐朝，以胖为美是时尚，于是当时的瘦人就会有心理压力。到了现代社会，人们又过于追求纤瘦，于是胖人又有了心理压力。而今，人们提高了对自身的认识水平，开始提倡自然美，提倡健康美，于是人们又渐渐认可以运动健康为美的新标准，不再盲目地为自己的体形和体重而担忧。这个过程说明，各个历史阶段的人在一定的社会条件下都有其不同的精神压力。也就是说，人的精神压力是受外界的比较和刺激而引起的，同时也因外界的不断变化而变化。但是每一个变化，都跟历史前进的步伐一样，总是在不断进步着。

既然压力无处不在，无时不在，因此绝大多数压力都是有用的，甚至许多压力必不可少。世界上如果没有了压力，不管是物理上的，还是精神上的，人类肯定早已不复存在了。因此，压力是有用的。在物理上，简单来说，高压锅能够在加热状态下产生内部压力，可以更快地煮熟饭。而人类是进化的产物，在漫长的进化过程中，人类不仅按照与环境相适应的原则改造了外形，同时也为利于生存而建立起生理上和心理上的防御系统。这个防御系统的一个重要武器就是恐惧和压力。正因为人类有了恐惧和压力，才能避开各种危险，或主动出击，以确保自身安全。如果人类没有感受恐惧和压力的能力，那么就不会有安全防御机制机能来保护自己，更不能使自己防患于未然。比如远古时代，如果人没有恐惧和压力，就不能在大自然中求得生存，就不会跟野兽拼死搏斗。那么后果将是另一种悲惨。这就是心理压力的有价值论。

从人类自身安全着想，人有心理压力还是比没有一点儿心理压力的要好。如果一个人真的一点儿心理压力也没有，对什么要紧的事情都漠不关心，终日昏头昏脑，毫无人生目的，没有追求，到头来，将一事无成。

当心理安全感受到冲击时，你选择拼搏还是退缩?

所谓生活质量，一般从物质生活、名誉和幸福度这三个方面去衡量。比如赚钱多少，直接影响到全家人的生活水平，而名誉在一个人所体现的自身价值上，也是必不可少的。这两方面缺少了其中之一，他的生存质量就会受到威胁。还是拿下岗做例子。一个人下岗了，首先势必会影响他的经济收入，其次，由于失去工作，他必须重新奋斗，获得他先前的名誉地位。由于前两个条件的水平降低，那么他的整体幸福度就自然而然地跟着下降。中国目前正处于社会转型期，下岗伴随着社会重组，应视为正常的社会现象。反过来，一成不变则是相对的、暂时的。每个人都要能上能下，这是社会的要求。所以每个人都应该改变观念，发挥出潜能，努力改变自己的现实，创造自己的一方天地。于是精神压力就会变成推动个人和社会前进的动力。

48岁的梁凤梧原是重庆毛纺织染厂的普通纺织女工，八年前，工作了二十多年的她和爱人同时下岗，两个人生活费累加后也只有300元，还要赡养瘫痪的老母和抚育正在上学的女儿。梁凤梧当女工时，曾获得“新长征突击手”、“‘三八’红旗手”称号，还曾被评为重庆市劳动模范，当选过重庆市政协委员。这位女工说，下岗初期，她心乱如麻，无所适从，苦闷迷茫了一个多月。随后，她托亲拜友，奔波于职业介绍所，想重新找一份工作，但她面对的是一次次被拒绝。

不惑之年的梁凤梧意识到自己既无青春优势，也无适用的专业特长，于是她从一米见方的商场租赁柜台开始，脚踏实地地开创自己的事业。梁凤梧相信：靠双手劳动求生存求发展是每一个劳动者致富的必由之路。

开始做的第一笔生意是销售服装，一个月下来不仅没有赚钱，反而还亏了一大笔，卖不出去的一大堆过季服装使举债筹集的资金被牢牢套住。悲观失望再次重重袭来。但她没有倒下。梁凤梧转向经营日化用品。由于化妆品经营成本可大可小，受季节变化影响不大，她的经营规模逐渐扩大，终于获得成功。如今，梁凤梧已经开办起5家便民连锁超市，为80多名下岗女工提供了就业机会。

从摆卤菜摊到开创社区服务有限公司，43岁的张玉英已经走过了四年多的再就业之路。她尝尽了人生的酸甜苦辣，感悟到人生最可宝贵的价值，也开创了自己实现再就业的广阔天地。她说：“下岗，是重新确定人生位置的开始！”下岗后，张玉英瞄准中年女工擅长家务这一特点，在家政服务上下工夫，让家务劳动社会化。现在，张玉英任董事长的社区服务有限公司已经诞生，一个涉及再就业技能培训、社区生活品配送服务、休闲娱乐服务、医疗保健服务和敬老护幼服务等社区服务的庞大计划正在她的思考中成型。

梁凤梧和张玉英心理上的不安全感消失了，取而代之的是更加坚强和自信。她们就是以进为退，精神压力变成了动力。因此，心理压力也跟其他哲学命题一样，都是有着两重性的。在这进与退的抉择中，她们不仅仅是选择，而且是进步，这是人生道路上的一大进步。

尊重心理科学，增强心理承受能力，以积极进取的心态调整自己的心理情绪。

在我国，解决人们心理问题有两个渠道，一是就诊“心理医生”，一是访问“心理咨询师”。“心理医生”作为医生，是有处方权的；而“心理咨询师”则没有处方权，他们接待的一般也不是患者，而是正常人中间有一些心理上的问题，或是没有问题，而专为做心理保健的人，主要不是靠药物来进行治疗的。据笔者所知，国内外更多倾向于用心理咨询的方式解决人们的心理问题。

可是，中国人最怕谈及个人隐私，怕到连心理咨询师都不愿意见的程度。人们为什么会这样呢？首先是因为人们对自己的隐私有过度保护倾向，不愿意让一个陌生人知道自己更多的事情；二是因为许多人对心理健康的知识不甚了解；三是认为心理疾病就是精神病，是见不得人的事；四是认为有些心理疾病可以自己克服，不用心理医生的帮助。其实，心理疾病也和其他疾病一样，越早发现和治疗，效果越好。

人们常常问：我从心理咨询师那里能得到什么？还有许多人将心理治疗视为神秘的过程，不但心理咨询师很神秘，治疗场所也很神秘，病人的秘密当然就更神秘了。其实，心理治疗不该被神化，不该只放诸心中膜拜，这将影响疗效。心理医生也好，心理咨询师也好，他们不可能给来访者解决生活中的物质问题，但是他们的咨询却是实实在在的、有形的。心理咨询或治疗是一个咨询者和被咨询者互动的过程，通过一定的交谈获取信息，然后采取相应的措施来矫正人们心理情绪上不舒服的感受。

心理医生或心理咨询师分析及探索患者的心理层面，如成长过程、人际关系等，找到关键所在，从而对出现的问题加以矫正。当然，这需要经验及时间。

俗话说，“黄鼠狼专咬病鸭子”，心胸比较狭隘的人最容易患心理疾病，他们遇到一点儿打击就受不了。可是你越是心胸狭隘，你就越是容易感受到压力，同时你对压力的心理承受能力也越小，去解决问题的能力也就越小。这时，你就需要心理医生给你进行指导了。

人要胸怀宽广，头脑中不要总是拘泥于眼前很近的事物，不要只以家庭为生活圈子，最好多关心一下国家大事和国际形势，让自己的家庭跟上社会潮流，不至于落伍。这些都可以使你心胸更加宽敞，有助于调整自己的心态，使你在社会上与人相处更具有广泛交际的亲和力，你的事业也就更加顺畅地发展起来。想一想，谁愿意跟一个整天愁眉苦脸的人在一起工作或生活呢？自我情绪控制好了，就能增强社会适应能力，就能在社会上应付自如。

有安全感也是一种幸福。没做过贼，心里踏实。心中没有鬼，不怕鬼叫门。而小偷则不然，连在大街上走路都提心吊胆，一听见警车响，一看见穿制服的警察，就心惊肉跳，赶忙下意识地要逃跑。可想而知，他们虽然偷到了钱，可是日子并不好过。

情绪是个体对客观事物与主观需要关系的反映。个体对事物体验究竟是积极的还是消极的，在于怎样认识事物。而事物有时有两面性：是与非，好与歹，得与失，你中有我，我中有你。正所谓“横看成岭侧成峰”。因此，当个体认识客观事物时，要注意从多方面看问题，如果从某一角度来看，可能会引起消极的情绪体验，产生心理压力，这时只要能够转换一个视角，常会看到另一番景象，心理压力也迎刃而解。同样是半瓶水，有的人看到的是还差一半，有的人看到的是已有一半，这前后不同的认识会大大改变人的情绪体验。

生活中烦恼的积累可以造成“高压”，远甚于一个单纯的外伤。不管是什么导致了压力，找出它来才可以针对它做些什么。这当然是心理医生或心理咨询师的责任。而普通人应该学会看心理医生，不能让病态状况蔓延下去，以免形成更大的麻烦。

在面对困境时，我们首先要面对现实，认识自己遭受挫折的原因，发挥人的主观能动性和情感的自我控制能力，从而战胜困境，成为生活的强者。挫折给人生带来害处，但同时还带来“福音”，关键要看能否正确地对待它，勇敢地驾驭它。第二，要学会在危机中寻找机遇，全面地分析形势，看事情还有没有转机，有哪些出路可走，能否另辟蹊径等等。第三，了解自己的优势与不足，总结失败的经验与教训，最后再做出明智的选择。同时，要适当地排遣和化解挫折导致的不良情绪，如外出旅游，换一下环境，走亲访友，比如，与朋友谈心、向朋友倾诉就是一个好办法。

在生活节奏加快、竞争加剧的今天，我们学一点儿解除心理压力的方法是很必要的，这样可以预防“心病”缠身。目前，人们调节情绪的方式大多是采取“抑制”、“转移”等方法，但心理卫生专家不主张人们无限制地抑制自己的情绪，因为过多的抑制积累多了，将产生新的精神压力和心理负担。

不为生活的烦恼所淹没才是心理健康的真谛，而心理健康也需要对生活中的种种失意和挫折予以不断的升华、转移和理解，辩证地去认识，积极地调节个人的心境，从而寻找人生的快乐。

另外，做个善良的人，多做善事，也是消除心理压力的好办法。善良不仅仅在于言行。真正的善良存在于念起念灭的倏忽之间。祖祖辈辈以杀人为生的刽子手，若是在行刑前想到磨快屠刀，让受刑者少一点死前的痛苦，那一念就是善良。善良是一种能力，它能让你心胸开阔、大度、容忍力强，这样，心理承受压力的能力当然也就更强。

古代中医运用“笑疗”（逗笑疗法）治愈疾病的事例很多。金代名医张从正曾经运用滑稽逗笑的心理疗法，使一位精神失常、食欲极差的患者不药而愈。据载：举人项关令的妻子因受激烈刺激而精神失常，不思饮食，不时呼叫怒骂，欲杀左右，半年中数位医生治疗均无效。后请张从正诊治，张主张采用逗笑办法治疗。翌日，张氏带两位涂成五颜六色花脸的老妇到患者面前，特意装扮滑稽动作，患者看到后猛然大笑不已。第二天，张氏又嘱二老妇在病人面前作滑稽杂耍，患者看见后又哈哈大笑。接着，张氏暗使另两妇人在患者面前狼吞虎咽进食佳肴，并不断声称味道好极了。患者目睹此情景，同时又嗅到美食香味，当即索取美食。如此数日，患者怒气渐消，饮食趋于正常，病也告愈。

在英国，曾有“一个丑角进城，胜过一打医生”的谚语。此话虽过于夸大，但丑角的表演对于精神类疾病的医疗保健确有裨益。据说，1999年，丹麦、挪威、瑞典、冰岛四国51位医师在哥本哈根举行会议，专门讨论幽默对医疗保健的意义，认为幽默引发的大笑，使人的紧张情绪和肌肉放松，减少忧郁和不安，同时还能活跃血液循环，激发免疫机能，提高对疾病的抵抗力。此外，在诊疗中运用幽默，还可减少或消除患者的某些恐惧，使其能更合作地接受诊疗。因此他们创立了“幽默治疗学会”，倡议尽可能把幽默应用到医疗保健之中。可以肯定，“笑疗”的确有着广阔的前景。

音乐是一种艺术，也是一种非常有效的辅助心理治疗的手段。当然，你必须正确地选择曲目，比如失恋、失意的人，应该听振奋人心的曲子，抛开所有的烦恼和痛苦，这是最好的选择，如果不慎听了一些爱意绵绵的曲子，可能会使你心理上的烦恼越发加重。

伦敦心理治疗师伯尼·伍德称，使观众如痴如醉的电影剧情可以治疗一直隐藏在心底的创伤。他认为，电影治疗法是医学中的一项突破。这项疗法对男性或有难言之隐的病人尤其有用。

英国利兹大学讲师兼电影专家玛吉鲁斯也发现电影能对学生产生类似效果。她说:“学生看过电影后，便会向我倾诉心事——而以前他们不会。”她又说，“电影治疗法最成功的地方，是可以让那些不常开口的人尽诉心中隐情。”

排解不良情绪的途径和办法很多，每个人都应学会寻找适合自己生活规律的“良方”。

信赖——安全感的前提。

随着社会的发展与进步，人们的物质、文化生活水平不断提高。人们在生活和工作等一系列社会活动中，越来越多地感觉到维护自身生命财产的重要性和必要性。在现今社会状况尚不太稳定的情况下，如何找到更加保险的“安全感”？我们的安全感从哪儿来?

我们要学会信赖，要学会信赖他人，敢于信赖他人。信赖他人，也就是信赖社会，信赖自己。人与人之间有了信赖关系，才会有安全感。而要相信他人，首先应该相信自己，从树立自己的自信心开始，勇敢地面对一切不良现象。

从大处说，我们要信赖自己的国家和社会，相信正义永远在人民手里，任何邪恶都不能兴风作浪，为所欲为。有了这个大前提，有这样的信念作为基础，你会从心底里产生安全感。你有了安全感，那么，威胁就会离你而去。

从小处说，你应该相信你的左邻右舍，跟他们友好相处。你对你的邻近居民越是了解，你在家也就越有安全感。

即使是在公共场所，你也应该信赖周围的人。例如，你在公共汽车上被小偷偷了钱包，如果你信赖在场的所有公民都有正义感，都会痛恨小偷，你就会毫不犹豫地大声宣布你遭遇了行窃，请大家协助追查。在你正义的呼声中，大家的正义感被你唤醒，于是就会响应你的号召，群起而攻之，一举把小偷捉住。反之，如果你对周围的人缺乏信赖，再加上天性怯懦，即便是被小偷偷了钱，也不敢声张，害怕小偷报复，也害怕别人不帮助你，那么，你的钱算是白让小偷给偷了，同时还助长了小偷的威风。

曾经出现过这样的现象：一个人被歹徒伤害，因为歹徒很凶，致使周围的人没有一个上前伸张正义。这是社会的悲哀。请思考一下，假如被伤害的那个人是你，别人也不管你，你将是怎样的感觉呢？该管的不管，谁知道明天遭遇歹徒的会不会是你呢？在任何时候，人民群众都是站在正义一方的，关键是要齐心协力，勇于斗争，相信他人和自己的正义感能够战胜极少数的歹徒，这是每个有社会属性的人都应该具备的心理素质。

当然，这并不是说在任何时候都要勇敢，盲目的勇敢是无谓的牺牲。我们不主张蛮干，遇到问题时，还要量力而行，不能逞强好胜，心血来潮。你明明不会游泳，偏要下河救人，岂不是白白送死？犯罪分子如果真的拿着武器在抢劫，你非要赤手空拳上前与之搏斗，那不叫勇敢，充其量只是有勇无谋。

同时，信赖又是建立在一定条件基础之上的。因为信赖是有度的，有限度的信赖才能让人感到安全，感到心安理得。人民币有造假，所以在买东西的时候，售货员会拿着你的纸币认真摸、仔细看，或者要在验钞机上试一试。这让人感觉很尴尬。可是，为了防范，这样做是有必要的，于是人们就都习惯了。信赖归信赖，但是不能没有防范。我们的朋友有了困难，互相之间常常要借钱帮忙。对这个问题的处理一定要慎重。也许超出你的能力范围，让你感到为难，也许一不留神你跟朋友几十年的交情蒙上阴影，因此朋友之间最好不要有金钱上的借贷，由信赖而借的钱，其代价是朋友的情谊。这个世界上还有什么能够比朋友情谊更重要的呢？

学会自我防范，增强保护自己的意识，你将充分享受心理安全感带来的幸福。

社会在进步，物质文化生活水平在提高，人们也越来越感到保护生命财产的重要性。社会需要安全感，个人更需要安全感。如何保障呢？防范在先，安全在后。防范措施做得好，我们心理上就会有安全感。必要的防范措施很多，但最主要的还是要靠我们自身和法律的力量来防止侵害。

自我防范包括两个方面，一是防范意识，二是防范技能。二者不可偏废。比如，一个人防范意识十分强烈，却没有防范技能，在生活中表现为处处小心，事事注意，结果却往往作茧自缚，使自己成为与社会隔绝的人；而具有较强防范技能却防范意识淡薄的人，则可能表现为家里门窗紧固，外出携带物品从不离手，可是一旦遇到诱饵骗局，却可能身陷其中，上当受骗。

社会是由一个复杂的群体构成的，存在着许多相互冲突、相互斗争的不同思想。不同群体之间的价值观念有着根本的区别，因此要深刻认识和理解人的多重性。好人和坏人既没有严格的区分标准，也没有可识别的外部特征，甚至一个公认的好人会做出连一个公认的坏人都做不出的坏事，而一个公认的坏人也可能做出一般好人所无法做到的好事。所以要具体情况具体分析。

我们一再强调法律是保护我们合法权利的盾牌，比如《刑法》保护我们生命、财产等方面的权利，《民法》保护我们各项民事交往的权利，《经济合同法》保护我们在经济交往中的权利等。学习和掌握这些法律，绝不仅仅是法官、律师等法律界人士所必须的，也是社会全体公民所必须的。除了防范自然侵害，我们主要是防范来自社会的侵害。比如来自个人行为的、来自企业法人的和来自国家机构的侵害。其中，对来自个人的侵害，主要应该注意保护人身权利和财产权利，还要注意保护自身的政治权利以及经济交往权利。自我防范作为一种行为，必然要涉及社会和他人，因此就必须符合法律规范。曾经发生过这样的事件：一个人为了防范盗窃，竟然在自家院墙上设置了电网，结果使一名捕捉蜻蜓的儿童不幸触电身亡。这是因防范失当而违犯法律的一个著名案例。再如，某人因怀疑他人行窃而强行对其搜身、扣押财物，限制那个人的人身自由，这已经侵害了他人的权益，最终受到法律惩罚。

自我防范还应遵循道德标准，像无端猜忌他人、怀疑他人甚至诬陷他人有侵害自己的行为，或自我防卫时不顾他人的权益，以自我防范为名，影响或侵害他人，这些行为均属于超出了道德标准的行为。自我防范应以无碍他人为原则。

应该熟悉常用的社会紧急救援机构的电话号码，如“110”、“119”和“120”等，如果可能，还应该熟悉几个邻居家的电话号码，俗话说，“远亲不如近邻”，一旦有紧急情况，作为友好近邻，肯定都会愿意帮忙。

对于有工作的人来说，应该熟悉《劳动法》的有关规定，并尽可能了解国家有关劳动就业问题的政策，以便保护自身权益。即便是下岗人员，也应该考虑自己是否享受到应有的待遇。应聘招工，要看试用期时间多长以及患病后的医疗保障和下岗后的养老保障等，还要考虑到劳动合同签订时所依据的客观情况发生变化后怎么办。女性职工在被录用时，除国家规定的不适合女性的工种或岗位之外，还要弄明白自己有什么特殊待遇可以享受，如孕产期和哺乳期的福利待遇等。

心理安全关系到每个人的生存状态和生活质量，我们对自我心理安全的清点，是飞速发展的时代的需要，是人们充分认识社会的必要。每个人都关系到整个社会的安全，社会需要安全，而每个人也都需要有一个安全的社会。

（选自 2002 年第 5 期《啄木鸟》，有删节，作者：伯镛）

莫斯科七昼夜

——亲历莫斯科人质事件

2002年10月23日，50多名车臣蒙面武装匪徒在莫斯科东南部一家剧院劫持了800多名观众为人质，其中包括75名外国人。这就是当时震惊世界的莫斯科劫持人质事件。机缘巧合，中国作家杨匡满亲历了这一事件，并以一个中国作家的身份对事件作了记录。

俄罗斯第三大城市新西伯利亚机场的国内候机厅不大，还显得有些陈旧和空落。俄罗斯的航班准点率极高，旅客周转快，这或许也是不急于修缮和扩建候机厅的原因。当然，1990年以来经济大滑坡，目前也只是恢复期，没钱恐怕是最主要的。

是尤里驾着他的旧丰田送我来机场的。尤里是新西伯利亚中国武术的教练，已有47岁，可看上去得刚刚30出头，这在往往显老得早的俄罗斯人中很罕见，我想这跟他多年习武并恪守中国式的健康生活方式有关吧！他多年师从原黑龙江武术馆馆长、既当过《北方文学》小说编辑后来又当《精武》杂志主编的马福林。老马在塔斯社工作多年，现已在新西伯利亚定居，一般是半年做水果集装箱生意，半年在俄罗斯大地或回国漫游，间以读书和写小说，这在中国闯荡俄罗斯的商人中可谓凤毛麟角。老马今天也来送我，和我同行的是《中国工人》杂志的老郭。本来老马要全程陪我们去莫斯科的，可正被一个新到的生意上的合作者、其实是只想到俄罗斯发横财对俄罗斯什么都不懂的土包子缠得焦头烂额，于是只好让我们自己去。老郭60年代大学毕业，如今只会一句“哈拉少”。我多少还能对付几句，于是老马让我给老郭当“翻译”，说好翻译费一天20美元。那20美元当然是老马掏，而且是戏言。于是我这个半聋半瞎的，带一个全聋全瞎的去闯荡莫斯科了。

这一天是 2002 年 10 月 24 日。10 月 23 日深夜和 24 日早晨我们没有看电视新闻，对莫斯科发生的事情还浑然不觉。如果按原定计划，我们该在 20 日或 21 日出发的。老郭和那个生意人、也是他的老乡晚到了西伯利亚，于是我们的行程也只好推迟。

飞机是下午 2 点 30 分起飞，我们 12 点 30 分就到了机场，按莫斯科时间还是早晨 8 点 30 分。俄罗斯人都是 10 点上班，也就是说，大多数人或许正在睡梦里。大厅里没有几个人，柜台还没开始办登机手续呢。

大厅里有两台悬挂在空中的电视机，正播新闻。尤里盯着看了一会儿，跑过来比划着对我说，莫斯科出事了，是“切钦伊”劫持人了。尤里说得快，我的俄语“丫丫呜”，只知道车臣恐怖分子又起事端，往下就听不懂了。我不知道起初为什么把“切钦伊”译成了“车臣”，或许译者是个山东人。

我问尤里：有没有人死了？尤里说没有。我松了口气。

安检之后，和老马和尤里挥手告别。候机室里陆续到了六七十人吧，但仍然安安静静。我上三楼酒吧去买了一瓶矿泉水。酒吧除服务员外空无一人。

用短笛吹奏的美国影片《爱情的故事》的主题曲，在候机室里轻轻回荡；一只不请自来的麻雀悠然地飞着，时而停在一处已破的顶棚旁边；没有人去注意它，除了我。

旅客提前半小时就登机，飞机提前五分钟就滑向跑道，俄罗斯的航班就这样准时。我的邻座是一位在商店搞经销的小伙子，我们客客气气地交谈了几句，也就各看各的报，各睡各的觉了。我问空姐有没有《真理报》。空姐说没有。我忽然发现自己是个老古董，问得让人好笑。其实即使有《真理报》，我又能看懂多少？做做样子而已，中国人不是文盲，也像俄罗斯人一样爱读书看报。于是我随手拿了一份英文的《莫斯科新闻》，那更是一种自我安慰。我只看懂了两张并排的普京和俄国沙皇亚历山大三世的照片。报上还没有车臣人劫持人质的报道。

跑道上居然有阳光。我来西伯利亚之后，已经历了三次以上的大雪和数不清的阴雨绵绵的日子，西伯利亚的秋冬之交总是这样。这难得的阳光让人有好心情，何况我们正飞往莫斯科。

五小时之后，图 154 稳稳降落在位于莫斯科西南郊的道玛杰特瓦机场。这是俄罗斯的国内航班的机场，如今也包括一部分飞往原苏联国家的航班。莫斯科太大了，共有四个机场八个火车站。

新华通讯社莫斯科分社的老周来接我们。老周和老郭是大学同学，有同班同室之谊。原本要接待我们的一位侨领还在哥本哈根没回来，我们干脆就住新华分社了。

莫斯科居然也有阳光。晚秋的林带正渐渐由金黄转为褐黄，落叶覆盖着路边的黑土，更衬托出白桦树的那种洁白；而紧靠在白桦树背后的，是既高大又有纵深感的红松林，就好像威猛的骑士护卫着娇小的白雪公主。

老周说："莫斯科秋天天气不好，昨天刚下过雪。你们来，这阳光也难得。"

可老周接着说："昨天晚上刚出大事，几十名车臣恐怖分子在市中心一个剧场劫持了 800 多名人质。"老周已退休，是作为"家属"来新华分社的，顺便帮忙做些工作。他不懂俄语，再具体的情况他也说不清楚了。他夫人黄慧珠是分社社长。

我这才意识到我们来莫斯科不是时候。劫持 800 多名人质，这可是美国"9·11"事件后最大的恐怖活动了。

正值莫斯科时间下午四五点，阳光时隐时现，散淡而清冷。草地和松树点缀着昨夜的雪，接连不断的广告牌从机场路直通向城市中心。即使城市中心也时见大片的林地。广告差不多都是外国公司的，广告牌点缀着秋天的树枝和尚未凋零的叶片。汽车的河流交叉着、拥挤着、奔突着也谦让着。

我在 1986 年 5 月出访匈牙利时曾路过莫斯科，并住了三天。16 年过去了，莫斯科的汽车多了不知多少倍，当年莫斯科没有广告，只有"光荣属于党""一切为了祖国母亲"一类的红色大标语。莫斯科确实变了。

新华分社就在市中心，一处闹中取静的地方。两层工字型建筑加上小院。黄社长很快来看我们，并对自己没能去机场接表示歉意。同时黄社长说，从昨天夜里起，分社已进入非常时期，记者 24 小时轮流值班，不断往国内发稿。分社总共十来个人，除开后勤、通讯、英文俄文编辑，能上一线的记者也就五六人。

小黄（我们开始称她小黄）介绍了事件的基本情况：昨夜莫斯科轴承厂的工人文化宫上演音乐剧。9 时多，音乐剧第二幕刚刚开始，突然闯入 40 多名蒙面手持冲锋枪且身上绑着炸药的车臣匪徒，其中还有女匪十多人。他们将 700 多名观众及 100 多名演职员和剧场工作人员全部绑架，而许多观众在一开始还以为是导演的创意呢。恰好《国际文传电讯》的一名女记者奥丽加·切尔尼亚克和她丈夫在看剧，她用手机在第一时间向编辑部发出消息，于是这消息立即传遍并震惊了世界。目前俄罗斯军警已迅速包围现场，但绑匪态度强硬，表示不与俄罗斯政府谈判，只与国际红十字组织谈。绑匪要求俄罗斯军队一周内从车臣撤军，如不答应将开始枪杀人质；绑匪还威胁说，文化宫内已埋了炸药，如果俄罗斯军队进攻，就引爆，与全部人质同归于尽。至于绑匪的炸药和枪支，是借文化宫即将装修为名，早就陆陆续续运了进来。

小黄的介绍让人毛骨悚然，也让人热血沸腾。如果按老马原先的日程，老郭应于 10 月 18 日飞到新西伯利亚，然后我与他于 10 月 20 日飞往莫斯科。那么，按我的兴趣和性格，我是很可能要去看这部音乐剧的。这究竟让我后怕呢还是遗憾呢？

我说："我当过八年记者，我能否跟你们记者去一下现场？"

小黄说："不行的，很危险，那些绑匪是很残忍的。再说你没有记者证，进不去的。你们还是在分社附近走走，也要注意安全。"

小黄马上要再去现场，回来还得发稿，说完就匆匆走了，留下了一个职业女性干练的身影。她看来已 50 出头，江浙口音，似乎集斯文与果敢于一体。分社的小伙子都称她黄老师或者小黄阿姨。

天阴了起来，阳光竟那么吝啬。于是我和老郭便由黄社长的"家属"老周陪同，赶紧出去采购明天的面包牛奶。分社食堂只管午餐和晚餐。在俄罗斯，早晨是 10 点上班，下午 2 点常常是午休午茶，连邮局一类服务性行业都是如此。我在新西伯利亚跟老马一起去交电话费，就跑了三次。在俄罗斯，"休息"是神圣不可侵犯的，更不用说周六周日，人人都去郊外了，你是找不到人的。

我想这一周肯定不一样。普京总统不会休息，俄罗斯政府不会休息，莫斯科的军警不会休息，所有的媒体包括我们的新华分社都不会休息。

新华分社掩映在稀疏的欧洲杨和白桦树荫中。这一幢奶黄色的两层小楼原先是幼儿园，周围只是小马路，显得十分清静，这在莫斯科市中心很难得。整座院子和大门由莫斯科警方派多名警员 24 小时警卫。当然，分社是要付费的，费用已涨到一个月 2 000 美元。小黄说，为了大家安全，也值。

暮色降临，空气又湿又冷。今夜和明天又会阴雨绵绵。

时差加上亢奋，我在电视机前守到 11 点。

尽管睡前服了安定，我还是在莫斯科时间凌晨 2 点醒来了。我干脆又打开电视，半躺着。俄罗斯电视台从《国际文传电讯》披露消息时起，已 24 小时跟踪劫持人质事件。有事件现场直播，插播评论，还有一个"自由论坛"，可以对此事件的处理各抒己见。从画面上看，轴承厂工人文化宫周围街区已由军警封锁，但住在街区附近的行人秩序井然。有数十人举着亲人的照片，还有举着标语的；有被劫者亲属在警戒线边接受记者采访的。

俄罗斯政府已发表声明：车臣武装分子如果释放全部人质，警方将保证他们的生命安全，并让他们到第三国。

电视画面上也出现了布莱尔、布什的镜头，显然是对此事件的谴责。

画面上出现普京总统召见几个官员的镜头，显然是商讨事件的对策。

画面上出现男女绑匪的镜头。男的手持冲锋枪，除一人外均蒙着黑面罩；女的腰里捆着一圈炸药包，握着手枪，也都蒙着黑面罩。那个唯一没有蒙面罩的，就是绑匪的头领。他的身份已经清楚，他叫莫夫萨尔·巴拉耶夫，现年25岁，是臭名昭著的车臣叛军头目、2001年6月被俄政府军击毙的阿尔比·巴拉耶夫的侄子。

有一具尸体被抬出剧院。

在事件没有进展的情况下，电视也插播一些广告，还有军事题材的影片。

就这样，我在半睡半醒中，在亢奋之后的压抑和等待中，等来了一个秋雨的早晨。

老周和小黄的住屋就在走廊的另一处拐角。两口子早早过来，问我们跟家里通话了没有。我们昨天在街上买的电话卡是俄文的，话筒那头的语音提示那么快，当然听不明白，小黄就帮我们代拨。俄罗斯的电信业比不上中国，街上公用电话很少，不像中国几年前就到处都有国际直拨的服务。小黄说，要再不通就到她办公室去，给家里报个平安。

看得出来，小黄又是一夜没怎么睡，因为一线记者的消息随时报来她要随时签发。我问她同绑匪的谈判可有进展。她摇摇头说，这大概是普京执政以来最困难的时候了，马上又面临大选。但她相信普京是不会退让的。普京没有也不可能答应绑匪要求，只说政府将尽最大努力保证人质安全。

小黄告诉我们，我们外交部已发表声明谴责恐怖分子；正在美国访问的江泽民主席也致电普京，对事件表示关切，重申我国反对恐怖主义的立场，并相信普京能解决此事件。

窗外的雨时下时停，天始终阴沉着。真是个不幸的周末。莫斯科人和全俄罗斯人都已熬过了36小时了。普京总统正准备启程赴墨西哥参加亚洲太平洋经济合作组织第十次领导人非正式会议，并于会议间歇会见美国总统布什，在发生人质事件后，已决定取消此行，亲自坐镇莫斯科指挥，而改由总理卡西亚诺夫代他前往。

小黄又要去发稿。她劝我们就在院子里走走，外出也别走远，还关照我们别忘带护照。

只好这样了。老周陪我们去附近的名叫“白房子”的地方，那是莫斯科市中心很大的商场。我注意到这里副食品、水果几乎应有尽有，比起16年前我路过莫斯科时商店里空空荡荡的样子，确是大不相同。这里的蔬菜也比西伯利亚要多好几个品种，除了俄罗斯人看家的卷心菜、洋葱、土豆、胡萝卜和价格很贵的黄瓜、西红柿外，居然还有白萝卜和菜花。小菜中还有莴苣。当然绿叶菜还是没有，这跟俄罗斯人的饮食习惯有关。比如油菜，不光俄罗斯，欧洲人都是不吃的，即便到了春天油菜花遍地。新华社分社的人在自己院子里开了几块巴掌大小的菜地，撒上些油菜籽，那也是解解馋而已。

在“白房子”，各种洋酒也是应有尽有，甚至有中国“伏特加”——俄罗斯人把白酒都称为“伏特加”。价格当然让你吃惊。

在“白房子”附近还有家具店，装饰、布置都极典雅，很有文化气氛。就是价格，至少是中国同类产品的3倍～5倍，而俄罗斯的木材价格是众所周知的。

沿途，我们还看到多处兑换美元的，墙上高高挂着黄牌子，上面写明买价卖价。也就是说，可以公开自由地换来换去，经营者只赚取差价。在西伯利亚，还有个人在闹市街头做美元生意的，比银行还划算，也没听说给人假钞的。警察也从来不管。

雨又飘起来。我们没带伞，匆匆赶回分社，正好赶上午饭。分社食堂的菜是固定的一荤一素一汤，炖肉或炖鱼，炒白菜、洋葱或炒土豆；要是从越南菜农那里买到油菜，那对大家是一件兴高采烈的事了；汤则多半是酸辣汤。我忽然觉得在国外工作的不易，危险不说，生活上是够简单够清苦的。于今在国内，你要是在什么报纸电台工作，怕的是什么？怕的是别人请你吃饭，七大盘八大碗把胃都吃伤了，所以才有“与其请人吃饭，不如请人出汗”的说法。说实在，到俄罗斯三天之后，真盼望有人请你吃饭！

不过每次在食堂进餐就是一次小聚会。隔几个小时，总会有新的消息。一线记者回来换班，正好请他们多侃一侃。

零星传来的消息是：

绑匪虐待人质，一绑匪强迫人质趴下，站起来，又强迫人质趴下钻凳子；

绑匪提出释放75名外国人质，但必须由这些国家外交官出面，而各国外交使节未能与绑匪达成释放外国人质的协议；

一名人质胃病急性发作，但绑匪不准医治，至11点，已有400名人质程度不等地需要医治；

绑匪要求于12时在红场举行反对车臣战争的集会；

中午时已有8名儿童被释放，儿童均受惊吓；

剧院人质靠小卖部的一点食品饮料，目前已严重短缺，有关送水和食品的谈判未有进展；

释放外国人质问题可望于几小时内解决，但绑匪出尔反尔，不断改变自己条件；

绑匪已同意医生进剧院进行必要的治疗；

绑匪扬言，如果不答应他们的条件，他们将于26日起枪杀人质；

……

小黄也在食堂出现，并要帮我们这两个客人刷碗。我连说使不得。这样的非常时期让新华社社长给我刷碗？我只是再一次表示，希望跟分社记者去一次现场，哪怕离现场近一点。小黄依然没有答应。小黄新带来一个不好的消息：绑匪逼迫人质集体签名反对车臣战争，还让人质用手机给亲友通电话，要亲友出来游行，向政府示威；一部分人质的亲友已经这样做了，他们举着“普京，还我父母”“停止车臣战争”的标语牌去了现场，还有去红场的；今天红场临时封锁了。

而据莫斯科华文报纸《龙报》的消息：

25日凌晨3时～5时，恐怖分子允许人质中的儿童与家人通电话，并让孩子们转告家人，如果这些家长们25日中午12时能在红场举行集会示威，他们将把孩子们放出来。25日11时30分时，红场上陆续出现了参加集会的人群，其中还有俄罗斯著名的导演和演员。

又有消息说，当时红场附近已戒严，其原因不明。而百姓们则认为这样的集会并不是为政治目的，他们是为孩子的生命抗争。

另据报道，在25日中午12时25分左右，人质中的8名儿童已被无条件释放，他们中最小的6岁，最大的12岁。目前，这些儿童正在接受心理医生的帮助和治疗。

这么说，相当部分人质在胁迫之下都站到绑匪那边去了？

雨变成了雾。莫斯科秋季连正午都有这样的雾？我躺在床上，脑子里也是一团雾水。

小黄怕我们寂寞，派她的司机伊戈尔送我们去游览市容，老周自然也是要作陪的。小黄向伊戈尔关照了几句，又匆匆走了。

红场和克里姆林宫是去不成了。我们过乌克兰饭店，沿莫斯科河，能远远望见克里姆林宫旁的尖塔，有一种酸酸的遗憾也是酸酸的满足。

车直奔列宁山上。列宁山本来是一个观景的好地方，可雾蒙蒙之中，山上山下什么也看不清。倒是有两三对穿着结婚礼服的年轻人，和他们的亲朋好友，在那里又说又笑又唱。俄罗斯青年的婚礼就这样：三四辆小车，八九十来个好友，鲜花，教堂，无名烈士墓，就齐了；远不如中国今天的青年人那么奢华那么讲排场。

我想他们肯定已知道身边刚发生的震惊世界的人质事件，不管其中有没有他们的同学、他们的朋友，生活还得照样进行，爱情还得照样进行；该亲吻的亲吻，该结婚的结婚。从他们身上看不到担忧更看不到惊慌。

列宁山上卖旅游纪念品的一些小摊引起了我的兴趣。俄罗斯工艺品中，套娃堪称一绝，大概从俄罗斯回来很少有人不买套娃送人的。我家里已有了几个套娃，可还是忍不住要多看一看。我一眼就发现套娃也有了新花样，不光是漂亮的俄罗斯小女孩，还“与时俱进”，出现了领袖人物和作家的套娃。比如说，有普京像的套娃，里边由大到小依次是叶利钦、戈尔巴乔夫、勃列日涅夫和列宁，这是按时间顺序的，列宁像反而最小；比如说，有毛泽东像的套娃，里边由大到小依次是江泽民、邓小平、周恩来、朱镕基，这又不知按什么排列，在中国人看来有点没有规矩了；还有普希金像的套娃，里边由大到小依次是托尔斯泰、陀思妥耶夫斯基、契诃夫和屠格涅夫，这从时间顺序上似乎也乱了套。反正你说它纪念品也行，玩具也行，看着好玩，只是对领袖人物有些大不敬。

更可笑的是，套娃中竟然有一个拉登的，我没有打开看也没有买，里边依次有谁也就不知道。我毕竟是反对恐怖主义的。可事后我有些后悔，该打开看一看的，看在俄罗斯普通人心目中，除开拉登，还有哪四个恐怖主义头目。

列宁山上的莫斯科罗蒙诺索夫大学，笼罩在更浓的雾中，以致你都仰视不到它那辉煌的塔尖。但它巨大的身影依然感染着你。它前面宽广而静谧的大道和士兵般肃立的树木依然感染着你。在二次大战刚刚结束的年代，当时的苏联政府就建筑了如此规模的大学城，其魄力，其对科学和教育的重视，让世人赞叹。

伊戈尔又把我们带到胜利广场。这是1995年为纪念反法西斯战争胜利50周年而建的，占地面积极大，包括纪念碑、展览厅和广场。濛濛雨雾中，纪念碑上挺立的武士剑尖向下，直刺脚边的怪兽。

我们从碑前下台阶时，正好遇到一位长得跟列宁一模一样的人，似乎要跟我们说话。我正想上去问点什么，老周拦住了我说，他要跟你照相，是要钱的。我恍然大悟。在中国，不也有演领袖的特型演员，别说跟你照相，上台挥挥手都要出场费的吗？于是我反而向他挥了挥手，喊一声“弗拉基米尔·伊里奇”，就走开了。

还是不停的雾。从前只知道伦敦的雾，原来还有莫斯科的雾。“文革”中读过一本留苏学生写的油印的长篇小说《雾迷莫斯科》，那时自己很“左”，觉得它小资味十足。那故事记不得了，可那雾却记住了。

此刻，那800多名人质，可也在雾中？

我们沿着阿尔巴特街，又参观了斯巴斯基大教堂。雨濛濛中不知不觉已近傍晚。

刚刚回到分社招待所喝了口水，小黄跑来说：“看来，不满足一次你的要求也不好意思，这样吧，你们赶快跟我上车去现场，不过千万别乱跑，一定要带好护照。”

黄慧珠终于满足了我“请战”的要求，我高兴得几乎是跳起来。

我赶紧拨通了北京的电话，告诉家里我要跟新华社记者一起去现场，我会注意安全的，不用为我担心。而中午时分我已拨通了新西伯利亚的电话，我的朋友马福林不但不为我在莫斯科担心，反而羡慕我有这样千载难逢的机会。他甚至说自己真希望就在人质中，也是个性情中人哪！

我三下五除二套好衣服，提上数码相机就下到分社门口等车。还是伊戈尔的车。上车时，小黄再一次问：“可带好了护照？”

10分钟后我们就到了事发地点。如果步行穿小路，也就30分钟。我看了一下街名，是杜勃罗夫斯卡娅街。当然，街口，整个横截面都已被警察封锁，虽然没有明确的封锁线。

而实际上已形成两道线，第一道非经特许谁也进不去，第二道几乎已是新闻大战的冲锋壕：好多锅盖状的卫星接收器、卫星发射车辆，记者们的各种远程大炮——长镜头，炮口都对准前方，细雨濛濛的前方。看来记者们和人质一样，40多个小时之后，也已疲惫不堪。站着、坐着、聊天吸烟的，什么姿势都有。似乎一切都很平静。难道是大战之前的平静？俄罗斯官方只允许自己安全部门的记者进到第一道线拍摄，我想这是对的，以免给其他记者特别是外国记者造成不必要的伤亡。

第二道警戒线之外，两排足有几十辆上百辆的大轿车整整齐齐地停在杜勃罗夫斯卡娅街上。可以想见，这是随时准备接应人质，接应伤者或死者的。估计它们在此待命已经很久了。自然还有警车、消防车和急救车。可见莫斯科政府已作了多方面的准备。

小黄同警察交涉着，出示她的证件，没有结果。而此时，正好有一批举着标语牌的示威者，也就十来个人吧，正从警戒线边往外走。示威者也一声不吭，他们似乎也缺少底气，抑或是累了？

反正从这条街上是看不见现场了。小黄说："我们从另一边绕过去。"于是我们紧跟着她，穿过两座居民楼，走了一个直角形绕到另一条小街。果然，这条小街人少多了。小黄指着前面："看！那就是轴承厂工人文化宫。"我想，这条街或许就是后来报上说的梅尔尼科夫街了。它同杜勃罗夫斯卡娅呈十字交叉。

我顺着她的手势，可不是，尽管暮色降临，更兼细雨濛濛，那一块巨大的灯箱广告，占了整个文化宫前面一半的面积。哦！这就是24小时电视直播里反复出现的那个镜头。文化宫有三层楼那么高，灯箱广告也有三层楼那么高。苏联时代有这样的传统：大工厂都有很排场的文化设施，绝不亚于城市的剧院。这传统也影响到50年代的中国，比如哈尔滨轴承厂、齐齐哈尔重型机器厂，它们的工人文化宫都在市里是数一数二的。这就是为什么音乐剧《诺尔德·奥斯特》会在一个工人文化宫上演，又有那么多外国人来看的原因了。

雨似乎越下越大。透过雨帘和那些刚刚落叶的枝条，我凝望着暮色中那绿中带黄的巨大霓虹灯广告，也就是凝望着那个文化宫。我与它之间的距离，大约也就80米~100米吧。我和小黄夫妇正想拍几张照，哪怕是模糊不清的照。这时，一个手持冲锋枪、身着迷彩装、戴着头盔的士兵走了过来，以不可商量的口气要我们走开。我这才仔细观察了一下周边情况：这条通往剧场的小街已停放了七八辆军车，许多戴头盔的士兵已坐在里面，静静地待命。正前方，大约离剧场30米处，又有一道岗，也有士兵把守，不让任何人走近。小黄说："昨天我还到了那道岗，今天更严了。"我们旁边，也还有两辆新闻转播车停在那里，看不出是什么电视台的。我们要对这两辆转播车拍照，居然也被士兵严加制止。小黄出示她的记者证，也没用。小黄说算了算了，要我们赶紧离开，不要同他们争。小黄是对的，非常时期可以采用非常手段，你不服从，妨碍公务，拘留你几天你是没话可说的。

我忽然想到，这大概就是俄罗斯的反恐利剑——特种部队"阿尔法"！莫斯科华文报纸这样介绍"阿尔法"：

"阿尔法"别动队的历史要追溯到1974年7月。它最初的名称是A小组，隶属于克格勃，1991年改为现在这个名称，隶属于俄罗斯国家安全局。现在它有成员约700人，其中包括一支250人的精锐部队和几支较小的分遣队。别动队成员个个武艺超群，既有百发百中的狙击手、胆大心细的爆破手，也有业务纯熟的无线电报务员、技能高超的解密专家，还有攀岩高手"壁虎"和水中蛟龙"蛙人"。每名"阿尔法"队员都能熟练驾驶各式汽车、飞机、轮船、坦克、装甲步兵战车，擒拿格斗、攀岩涉水、投弹射击、跳伞越野也样样精通。

1993年，俄罗斯民航一架伊尔86客机从矿水城飞往莫斯科途中，被一名叫扎哈里耶夫的中年男子劫持。"阿尔法"别动队闻讯出击，趁夜色从飞机底部的货舱进入客舱。一场短兵相接，劫持者束手就擒。

1997年，又一起劫机案发生，"阿尔法"别动队临危受命，劫机者被捕，142名乘客安然无恙；十余天后，"阿尔法"又挫败一起劫持瑞典外交官的人质事件，恐怖分子被击毙。

两次车臣战争中，"阿尔法"更是锋芒毕露。

1995年6月14日，车臣匪首巴萨耶夫率200余名武装匪徒，乘车潜入俄南部城市布琼诺夫斯克，将近1 000名政府工作人员和医务人员等劫为人质，要挟俄政府停止进攻格罗兹尼。"阿尔法"别动队奉命来到车臣战场，歼敌任务异常艰巨也非常危险，好在最后联邦政府采取了退让政策，才使几十名特种队员免于牺牲。

1996年，车臣另一匪首拉杜耶夫率领600余名匪徒冲入基兹利亚尔市，把3 000名医生、护士和市民绑为人质。"阿尔法"别动队担任强攻突击队的第二梯队，负责最后解救人质。经过殊死搏斗，人质终获自由……

同“阿尔法”别动队一样担负反恐任务的还有 1991 年 8 月成立的“信号旗”别动队。它原隶属于苏联克格勃反间谍局，1991 年和“阿尔法”别动队一起转属俄总统保卫局，1993 年年底解散，后又重建，现隶属俄国家安全局反间谍局。

“信号旗”别动队共有队员约 350 人，主要任务是反颠覆破坏、反恐怖，保卫重要目标和首脑人物的安全，确保国家大型活动的顺利进行。该别动队所辖的“韦加”特种反核恐怖分队是为了打击核恐怖主义而建立的精锐组织。该分队不仅聘请了反核恐怖专家担任顾问，而且其成员也个个都了解本国和世界主要国家的核反应堆结构、工艺流程等。自组建以来，“信号旗”也功勋卓著……

西方媒体评价：俄罗斯的别动队毫不逊色于美国的“捷尔塔”特种部队和英国的 CAC 部队，而且在许多方面都超过了他们。

——谁也难预料人质事件的后果，但现在，普京手中毕竟握有打击恐怖主义的两把利剑，普京不会手足无措的。

我望着这条小街，真是有点依依不舍，可也只能如此。前面就是两栋居民楼，而前一栋楼的斜对面就是剧场。居民楼前还不时有人往这边走，男女老少都有，看来就是楼里的住户。行人也没带什么行李之类准备逃难，一个个都很从容不迫的样子。难道他们不知道自己就在一群亡命徒的枪口和炸药前面？我忽然深深感到莫斯科人的镇定，俄罗斯民族的镇定。这可是一触即发的战争啊！难怪拿破仑和希特勒都败在莫斯科，都败在俄罗斯。

小黄说：“你们看到了，就这些了，只好这样了。”

就在我们正要离开杜勃罗夫斯卡娅街的时候，有两辆豪华轿车从我们身边缓缓驶向警戒线。小黄说：“可能是某个政要去同劫匪谈判。”事后我们从报上知道，那个人可能正是前总理普利马柯夫。

晚饭依然在分社食堂。事态没有进展，吃饭的人比前两餐多。小伙子们七嘴八舌地发布着新闻也开着玩笑，有时还得回答我们两个“外来人”近乎常识性的问题。

新闻可依然没有轻松的：

约 14∶10，俄罗斯官方否认想与车臣首领马斯哈托夫联络，只是决定那些在车臣有影响的人物应当发挥作用来解决人质问题；

约14：20，绑匪已列出97名人质名单，外国人中有美、德、英和原独联体国家的人；

约14：25，昨天被打死拖出来的死者身份已确定：叫奥丽卡·尼古拉耶夫娜，莫斯科人，1976年生，是一位卖香水的商店服务员；

约14：30，绑匪要求紧急与印古什前总统电话联系（事实上绑匪一开始就用手机同外界甚至中东某些国家的人联系），与此同时，给人质送水和食品的谈判也没有进展；

约14：45，德国外交部确认有两名德国公民被劫为人质；

约14：50，绑匪特许以前以报道车臣战争出名的女记者安娜·巴里特科夫斯卡娅进入剧院，有一名医生同去；

约15：10，俄罗斯一位副总理与被劫人质家属见面，讨论解决事态的可能性；

约15：15，劫匪对巴西记者称，他们任务已完成，如果车臣战事无改变，他们及人质哪儿都不去；

约15：20，红十字会驻俄代表与劫匪谈判，要求进入剧院医治病人，劫匪暂时只同意与外国红十字会员接触；

约15：30，一些参加红场附近集会的人被警方扣留，护照被没收；

约15：50，俄罗斯联邦安全局局长在同普京会面后说，如果劫匪释放人质，他们的生命安全将得到保证；

……

记者们说着说着，就给普京当参谋出主意了。有的主张：要趁劫匪同意送水送食品的时候，把"蒙汗药"送进去，梁山泊好汉不就常用"蒙汗药"吗？有的主张：特种部队应当先打"迷魂弹"，不管好人坏人，统统让他们先晕过去再说。我是第二种说法的拥护者，恐怕也是倡导者。反正坐着说话不腰疼。

作为一家之长，小黄说："看来这事件还得拖一段时间，大家要有准备。办公室的同志辛苦一下，去买些水果点心，大家多注意身体。今天是周末，大家也放松放松。"

分社的周末，当然也是年轻人的周末。可在秋雨霏霏的今日，在被西方媒体称为"普京的9·11"的今日，除开去现场值夜班的，他们也只能跟平时一样，聚到会议室里，唱唱卡拉OK，或边吞云吐雾边打打牌。本来他们还可以去看电影、看歌剧。他们中也有人同我一样，本来很想去看那场名叫《诺尔德·奥斯特》的音乐剧的。

我醒来的时候，窗外的雨渐渐变成了雪，大约是6时30分，天还没有亮。

电视画面里，事态似乎在严重发展：

出现了坦克的镜头、剧场里有人奔跑的镜头，还有时断时续的枪声和一声爆炸；

大客车旁停放着黑色的尸袋，不断有伤者被拖出来、架出来，由红十字车送往医院；

有人被双手反铐，显然是被捕的；

门口大厅里有灯光，长镜头里人影奔忙；

第一次出现演出大厅内的镜头：一排红色座椅上，车臣女枪手人困马乏的样子，像是睡着了，可依然蒙着黑色面罩，腰间缠的炸药包闪着银光；

有人刚出剧院，记者蜂拥而上；

……

电视解说的速度太快，我只听出已经打起来了。于是想到既然打了，结果是好是坏也就快了。但画面里一时还没有特种兵在演出厅的镜头。

天渐渐亮了，我赶紧穿好衣服站到走廊里。我多么盼望有分社的人出现，我好马上问问情况。可走廊里空无一人。我忽然意识到：一定是前方记者一个电话，他们都去现场了。我也追悔莫及：昨晚该再跟小黄说一声，一旦有事叫上我。

我只好回屋，却把房门开着。电视里的新闻镜头在滚动播出。

大约10点，小黄心急火燎地跑来，她显然是刚从现场回来。小黄的兴奋溢于言表，连讲话的速率都更快了。她说："6点钟绑匪开始杀人，特种部队马上冲了进去，先打了催眠弹，然后抵近绑匪头部射击，绑匪都来不及引爆炸药。现在战斗已经结束，只用了40分钟。绑匪除少数几个逃脱，其余都被打死了。特种部队无一伤亡，人质也只死了十来个。普京这一招非常漂亮！普京已经下令俄罗斯军队加紧进攻车臣叛匪。"

小黄又说，特种部队放出风来，准备凌晨3点发起进攻，意在拖垮并麻痹对方；特种部队把架势放在剧院正面，却从后墙先炸开一个洞，然后前后左右一齐突击。

小黄说完自然去发稿了，把我们晾在那里兴奋得团团转。楼道里没得转了又转到院子里，完了再转回楼道里。

小黄说的死亡数字，自然是解救人质的战斗刚结束那一时间的统计数字，以后死亡数字不断地上升，这也是可以理解的。

从电视画面的现场来看，军方只允许一家俄罗斯电视台的记者进入现场拍摄。两位解说员已经轮流解说了50多小时，都已显出疲态。我想，所有的现场情况包括数字，也都由俄罗斯方面提供，因为别的通讯社无法得到第一手资料。

午饭居然有炒油菜。据大师傅说莫斯科只有越南菜农种油菜。这是我到俄罗斯20天来第一次吃到绿叶蔬菜，实在是美味不过的享受。我想这是分社奖励前方记者的吧，我是碰巧沾了光。

这一餐吃得自然很轻松。我想，至多再有一天，小伙子们可以不用熬夜了。因为这是一个流血的上午，更是一个人民和正义战胜了邪恶的上午。

午后，终于同原先要接待我们的莫斯科中俄文化交流中心、也是老北京饭店的总经理李宗伦先生电话联系上了，他也是昨夜才从哥本哈根回的莫斯科。这样，小黄就派了辆车，把我们送到位于列宁大街158号的礼花宾馆去。新华社肯定会对事件作许多后续报道，小黄他们三五天内是清闲不了，陪不了我们的。她为我们创造了一个终生难忘的机会，从我来说，已经感激不尽了。

雪又转为雨，莫斯科的深秋真怪。

礼花宾馆真远。不如说，莫斯科太大，列宁大街太长。它在城市的西南角，离道玛杰特瓦机场倒不算远。如果从列宁大街再往前，还有一个伏努科夫机场，我记得50年代我们国家领导人去苏联访问，飞机就是降落在这个机场。

礼花宾馆高24层，在莫斯科的饭店中属三星级，所以凡出租车司机都知道。老北京饭店的餐厅就位于它的24层，而18层则是它的客房部。

李宗伦先生以大米粥和包子加各色小菜招待我们，这才是到家的感觉。这也是20天来最合口味最舒服的一次晚餐了。

关于李宗伦先生，老马已同我简单介绍过。他当知青时在山西插过队，吃过的苦可想而知了。凭着在表演方面的天赋，“文革”结束后他上了解放军艺术学院，那自然是百里挑一千里挑一的人才，在电影里出演过领袖人物。他在北京上夜校自学俄语，80年代末，他到莫斯科卢那察尔斯基戏剧学院导演系进修，留在了莫斯科。

可以说，从一开始，在全俄罗斯像他和马福林那样有文化背景的商人也罢倒爷也罢，真正是少得可怜。这也是他能在俄罗斯这样复杂纷乱的经济环境和完全不同的文化背景中能最终站住脚跟并有所作为的原因罢。2001 年 7 月，国际奥委会在莫斯科投票决定 2008 年奥运会举办城市，李先生是“莫斯科华人后援团”的总指挥，说他为北京申奥成功立下汗马功劳是不为过的。

李先生也实在是忙，在餐桌上，不断有中国人也有俄国人找他。也不断有中国各省的什么商业考察团来吃饭。他还不得不应酬一下。所以，他把我们托付给客房部的从内蒙到莫斯科大学留过学的小刘，让她关照我们。今天是周六，明天是周日，都是俄罗斯人神圣的休息日。

在餐桌上，我们已得知事件中死亡人数已上升至 67 人，另一个说法是光是人质就死亡了 67 人。究竟哪个数字对？回到 18 楼房间，周围的人都不认识，只好看电视了。小刘一再关照：“进门后一定要把门插好。”这让我心里不免打鼓，真不如在新华社，安全不说，有看不明白的，还可以随时请教别人。

我依然将电视锁定在新闻频道。

电视上出现了普京穿白大褂看望伤员的镜头。

电视上出现了一个恐怖分子混在人质中被抓住的镜头，还有混在记者中被认出来的，可见当时场面之混乱。我不禁问自己：如果恐怖分子挨着我站着，我能认出来吗？

电视上还出现了特种兵搜捕嫌疑犯的镜头。

而在晚上 7 时 30 分，俄罗斯新闻台的黄金时段，播出了一部苏联时期拍摄的故事片。我注意到以后接连几天，电视台每天都插播苏联时期的影片。

在既旷达又悠扬的俄罗斯民歌中，一辆由清一色白马组成的三套马车，迎着风雪在原野上狂奔……我会永远记住俄罗斯新闻电视台的这一片头。

还是阴雨天。气象预报温度在零下 1 度到零上 1 度之间。

拉开窗帘，我无奈地望着外边。窗户的隔音不好，礼花宾馆位于列宁大街和另一条大街的十字路口，汽车噪音可想而知。我的对面，远远的，也是一栋近 20 层的大楼，它占地面积更大，更有苏联时代那种建筑的气派。它前面停放着三四架大型战斗机，还有几辆坦克。我查了一下地图：这难道是莫斯科的国防博物馆？要是真是，趁雨间歇的时候去参观一下，再到旁边的大片树林里走走，也是这星期天不错的选择。

我在走廊里问女服务员：那可是博物馆？女服务员答：那儿不是博物馆。我只好纳闷。两天后我才知道，这栋大楼原来是原华沙条约国总指挥部，现在改成了俄罗斯军队的总参学院。有几个中国留学生在那里学习，每天跑过马路，到“老北京”吃饭。李老板念他们是战友，只象征性地收两个美元。

自给家里通话，告诉她们我要去事件现场之后，已有两天与家里没有联络。我用电话卡在房间打，去24楼餐厅打，都不通。这就怪了。我的小女儿如果接不到我电话，她会睡不好觉的。

心神不定之中，我约老郭趁雨小去附近商店。

出得宾馆门，才发现宾馆大厅里比昨天加了一道岗。第一道还是原来的保安，而第二道，也就是进入电梯间的那道，站着两位腰佩手枪的警察，抽查进入饭店人的证件。

事件不是解决了吗？我想是搜查在逃的。早新闻里，各路口都有军警在搜查可疑车辆。而10月26日出版的《龙报》以“俄有关部门加强对外来人口的检查”为题发表消息称：

> 本月23日晚在莫斯科发生的车臣恐怖分子大规模劫持人质事件，就像“9·11”事件使世界发生重大变化一样，无疑会对俄政治、经济生活产生重大影响。同样，对在俄经商、学习的外国公民也将会产生一定影响。
>
> ……莫斯科政府在23日召开的反恐会议上正式作出决定，近期对在此居住的外国公民进行大规模检查，检查的重点是来自高加索和独联体各国的公民。来自这些国家和地区的非法移民，一经查出，立即将其遣返出境。为此，莫斯科州政府已拨出专款，用于遣返行动所需的专机。
>
> ……据市政府发言人说，市区范围内机场、火车站、地铁等公共场所及其他一切重要设施已加强了对可疑人物的检查。
>
> ……莫斯科近年犯罪率居高不下，其中有40％的犯罪活动是外来移民进行的。

其实，10月10日我在西伯利亚就遇到过警察盘查。那天下午，我一个人在老马住的居民楼，有人按门铃。门口出现穿便装的一男两女，一位女的威严地一亮证件，那姿势跟《神探亨特》中的美国警察一模一样。他们进门就要看我的护照。恰恰老马拿我的护照去警察局办落地签了。俄罗斯的落地签除了相当于使馆同意你入境的签证外，还要在你住的地方报“临时户口”。我急中生智，拿出我的一本诗集，上面有我的照片，还有老马的翻译丹尼亚为我翻译的一首诗夹在其中。看来这还是起了作用。护照不在，但我的身份不像是歹徒而是确确实实的中国诗人。我进一步说明我想看看辽阔的俄罗斯大地，然后写诗。警察们的态度好了，看来没有将我带走的意思。一位女警察甚至念起了我的诗。但他们临走时说，明天还要来，看我的护照。

莫斯科持枪军警盘查的重点是高加索长相的人。据报载：24 日～25 日两天拘捕了 30 名劫匪同党，而不久又从一辆汽车中搜出一枚威力强大的炸弹和莫斯科库尔斯克火车站的结构图。

礼花宾馆显然是“外来人口”的集散地，现在又值非常时期，因此，加强警卫在情理之中。

出了大门右拐，我想或许能找到商店。百米之外便是居民区。我问一位正在清扫道路的女工:“哪儿有卖食品的商店？”女工很客气地往后一指。我问:“不远？”她说:“不远。”果然，不几步就看见了商店的霓虹灯，而且是 24 小时店。这在西伯利亚还不很多见。

我大喜过望。进得店里，果然各种食品饮料都有，还有几样蔬菜。门口摆一台游戏机，这倒新鲜。

其实我们就想买一串香蕉和一盒果汁。一位管理员模样的人望望我，说:“不工作。”我一阵奇怪：不是 24 小时店吗？我转向另一位女服务员说:“我只要香蕉。”她倒是给我拿了，还给我拿了橙汁。

出得门来，我还在奇怪那人为什么不想卖给我。

待到回宾馆，第二道口的警察居然又加了人，三个人了。一位年轻点的翻了翻我的护照，看样子是不明白，又交给旁边的老警察。老警察给他指指点点，然后说了句“请”。

真有一种戒严的感觉。回屋打电话，还是不通。我的心情坏透了。家里还不知道我是死是活呢！

老郭来邀我去他一位江西老乡小赵家吃午饭。小赵是国内一家大公司派出的，她女儿也正好在莫斯科大学留学。雨天没地方可去，只好随他了。反正在国外凡中国人都是老乡。

小赵打出租车接我们。他们公司在外交公寓租了一套三居，条件还是不错的，也安全。

今天是星期天，小赵女儿回来打牙祭，她的一男一女两位同学也是同乡也一起过来了。年轻人结伴出来留学，家人总是放心一些。三个年轻人在国内都考上了大学，分数也不低，可学校、专业不理想，于是干脆一起联系了莫斯科大学，读经济管理系。莫大也是世界名校，出过五名诺贝尔奖得主，仅次于哈佛等两三所西方名校。

主人为我们准备了六个菜，居然有豆角和木耳。这不仅在莫斯科，在全俄罗斯也是豪华的宴席了。但席间的主题依然沉重。

我从大学生口中知道，24日中午第一个被劫匪枪杀的奥丽卡·尼古拉耶夫娜，那位卖香水的姑娘，她是自告奋勇去做劫匪的工作，她说她相信自己能说服劫匪不这样做。她还做人质们的工作，要大家有信心，一定会解决的。她真是太善良了！也太勇敢了！一点没有人性的劫匪宣称她是俄罗斯安全部门派来的，当即把她枪杀了。

我说，应该给她塑一尊铜像。

人质中有他们经济系的同学。25日晚，有一个成绩不错的女同学，从剧院打电话给老师说："亲爱的老师，我们要永别了，我可能走不出这个剧院了。老师，谢谢你为我做的一切！"剧院里还有好几个经济系毕业的学生。

大学生们还讲到：劫匪提出，一个议员进去可以换10名人质。马上就有议员挺身而出。而人质们也都很镇静，表现出视死如归——这是进去的那位女记者报道的。我一时无语，因为这很让我感慨俄罗斯人民和他们的人民代表的素质。26日的华文报报道，莫斯科市市长卢日科夫事发后就迅速赶到出事地，向劫匪提议，自己做人质，替换被劫持的妇女儿童。

大学生们也讲到，老师在课堂上问：人质中怎么没有中国人？一位中国留学生答道：中国人都去赌场了。

——对这一点我倒是不敢苟同。倘若那天李宗伦或马福林或杨匡满在莫斯科，还有新华社的记者，我们中会有人去看去听音乐剧的。纯属偶然而已。几天前在新西伯利亚，我不是刚由丹尼亚陪着，去听新西伯利亚交响乐团演奏瓦格纳和莫扎特的曲子吗？

我向他们问到莫斯科的光头党，因为在我印象中跟纳粹差不多。我还跟其中的男生说:“遇上光头党，你得保护女生呀。”两位女大学生笑了:“恰恰应该反过来，是我们女生保护男生。因为光头党不打女的，也不打老人和孩子，专打三两聚在一起的中国人，他们觉得中国人赚了俄罗斯人的钱。”我若有所悟:“这么说，光头党有些义和团的味道了？”大学生们未置可否。

席间还有一位天津来的农艺师。他曾在离莫斯科600公里的奔萨考察，那里的土地租金就跟送你似的，原先集体农庄的设施修修就能用。他们天津胜利集团准备在俄罗斯大规模投资，种菜，建粮食加工厂和肉类联合加工厂。现在已在莫斯科以南100公里处买下了300公顷菜地，明年起开始上30多个品种。他还说道，俄罗斯农村的人非常朴实，对中国人非常友好。

我们坐了一段地铁再回礼花宾馆。莫斯科的地铁举世闻名，我16年前已领教过。可这一次稍有不同。它固然保持着它的辉煌，但同时依稀显出了它的陈旧。地铁乃至整个莫斯科，就是这个庞大国家的象征。

三匹白马迎着风雪狂奔……

电视里出现军警们收拾残局的镜头。各种随身带的包，车钥匙，绑匪逃走来不及带的东西，剧院前无人认领的车辆；医院前，在念住院人的名单；有记者采访幸存者，问有何感觉，一个小伙子答说“挺好的”，我想，那么死者家属呢？

明天将举国志哀，悼念死难者，宣布事件结束。据报上说：普京上任以来，已有四次举国悼念——“库尔斯克号”，伊尔库茨克空难，由于瑞士地面人员造成的德国上空的撞机事件，以及这一次。而这一次是普京最难的一次。

李宗伦夫妇在楼下等我们。很难得，雨停了，阴沉沉的天开了一丝缝。

李先生驾车陪我们去《莫斯科华人报》社。这主要是为老郭，他想写一批在俄的中国人，从历史上的直到今天。

车上了列宁大街，我们要从莫斯科的西南角斜穿整个城区到东北角的人民宾馆。那也是中国人开的饭店，有两家华文报在那里，中国人的什么皮货市场、小商品市场也在附近。

没有雨，我才注意到列宁大街上隔一段就有音乐剧《诺尔德·奥斯特》的大广告牌。李先生说:“我要是早从丹麦回来，很可能去看的。”

一路上，许多建筑物挂着俄罗斯的三色旗，以示对死难者的哀悼。

一个多小时才到人民宾馆。我这才感到老马要我在莫斯科采访七八个或十来个华人的计划是太浪漫了，何况他们各自都还在为生计奔忙。《莫斯科华人报》社在人民宾馆11楼，编辑部就一间屋两台电脑；李先生还补充说:“三个人两个笔杆子，一张报就撑起来了。”这张报是80年代当过天安门派出所所长的温锦华先生创办的。当然是赔钱的，报纸多是免费赠送。编辑部旁边是个中餐厅。而《龙报》也在这栋楼里。《莫斯科华人报》创办不到四年，已出400多期，每期24版，够气派的了。从国际新闻到中国、俄罗斯新闻，从《邓小平在被监督劳动的日子》、《开国将帅的故事》到在俄创业华人的特写、留学生诗歌，甚至国内名家的杂文，应有尽有。看来温老板还是球迷，24个版中有两个版是足球，什么孙继海在英超进球、李金羽在国内射手榜上独领风骚、谁谁谁殴打了裁判之类的消息，都不会错过。

趁着老郭抓紧时间翻报纸，李先生给我介绍了许多闻所未闻的事。中国人要在俄罗斯站住脚跟，要摆平许多方面。比如黑社会，你不能得罪它，黑社会不少人以前是克格勃，本事大素质高，搞好关系他就保护你。中国人中也有黑社会。黑道也有黑道的规矩，不乱来的。李宗伦因而在莫斯科有四个称谓：大使馆叫他李先生，商界叫他李总，文化人叫他李老师，黑社会叫他李哥。李先生说还得联络好警方，甚至特种部队，李先生跟他们也有合作。贿赂这些年在俄罗斯是很普遍的，所以军火能运进莫斯科，连原子弹都能走私。给拦路警察塞一张美元，警察问:“你车上装的什么？”答说:“几袋水泥。”警察挥挥手，炸药就运来了。这使我想起老马讲的，一家中国公司在哈萨克斯坦收购废钢铁，一个老百姓说他家里还有，公司人去一看，竟然是枚导弹。原来是苏联解体时，军队匆忙撤走，老百姓便把军需品甚至军火都搬自己家里来了。

当然，这次人质事件肯定会促使俄罗斯政府加大惩治贪污贿赂的力度。据报载，事件进行中有人不断向车臣劫匪通报警方行动情况，也就是说，劫匪在军警中物色了内奸。好在俄“阿尔法”特种部队计划极其保密，目前内奸也已抓获，此人即是在附近值勤的警察。还是据报载，有人事先给劫匪提供了文化宫的建筑图。这一切，说穿了都与贿赂有关。

我忽然想起昨天在24小时店那个主管不愿卖我东西的事。我问李先生:“莫非我像高加索人？像车臣劫匪？”李先生看了我几秒钟说：“你那顶深咖啡帽子，颜色再黑一点，你的脸型再长一点，就差不多了。”我恍然大悟。莫斯科人对车臣人的戒备也是自然的，特别是现在，个别劫匪还没有归案，甚至可以说还隐藏在城市的某个角落，说不定就从你身边走过。10 月 26 日《龙报》上说：俄罗斯特维尔州居民已组成民兵，要消灭居住在当地“银色”村庄的 900 名车臣人。参加者已被拘留，但州行政长官说，目前很难控制居民的反车臣情绪。

今天出版的《龙报》以“俄罗斯人质危机流血收场　750 多名人质获救 118 名人质丧生”为通栏大标题，报道了人质事件的最新统计数字。也就是说，有更多的人在医院死去。50 多小时水米不进加上精神折磨，很多人已虚弱不堪。和丈夫一起被绑架的《国际文传电讯》记者奥丽加·切尔尼亚克获救后说，绑匪尽量不让人睡觉，大厅亮着灯，没完没了地播放宗教音乐，谁要睡觉就举枪警告……《龙报》报道说，有 50 名恐怖分子被击毙，其中男性 32 人，女性 18 人，另有 3 名恐怖分子被抓获；特种部队目前还在文化宫附近的街道和居民楼里进行搜捕。

这样说来，恐怖分子几近 60 人了。这让人不寒而栗。

《莫斯科华人报》登了普京的电视讲话。弗拉基米尔·普京说：“我很抱歉，没有解救全部人质的生命。今天我去医院，在同一位受害者交谈时，他对我说：‘这没有什么可怕的，恐怖分子是没有未来的。’他说的是对的，恐怖分子没有未来，而我们有。”

普京总统在另一次电视讲话中还说：“如果任何人试图用此类手段反对我们的国家，俄罗斯政府将以适当手段对恐怖分子及其意识形态和财政金融方面的后台采取报复行动，不论这些恐怖分子及后台藏身在哪里。”

听说有些西方媒体批评普京使用了毒性很大的化学气体，车臣非法武装头领甚至说是俄罗斯政府杀了人质。对此，普京的医学顾问维克·托福米内赫声明：没有使用沙林或有毒气体。在慕尼黑接受治疗的有两名德国人质，德国医生也证实只是镇静麻醉剂，不会对神经系统产生影响。

在莫斯科的华人普遍认为，普京尽力了，是劫匪逼得普京别无选择。在如此凶残的匪帮面前，试问，有哪位政治家敢拍胸脯说保证不死一人？

回到“老北京”，第二道岗又增加了警察，进电梯间的门也只容一人通过。所有的人都必须出示护照，不光是对我这样有点车臣面孔的人了。人人平等，我也就坦然了。严加盘查反而使我有了安全感。

雨又开始淅淅沥沥地下起来，真该诅咒莫斯科这鬼天气!

中午都来不及吃饭，我冒着雨，再去宾馆后边小区那个24小时店。这一回我有经验了。未进门，先把我那“类车臣”的毛线帽脱了。我笑眯眯地向服务员要牛奶、酸奶、果汁、点心。完了说:“我是中国作家，不是‘切钦伊’，我就住礼花宾馆。”服务员也笑了。

晚饭的时候见到莫斯科中俄文化交流中心总顾问徐庚熙先生。原来他就是老马向我介绍的“俄文比中文好”的老华侨。其实他已入了俄国籍。俄罗斯不是移民国家，这是不多见的。他60年代起就在俄罗斯电台做编辑工作，那俄文水平自不必说，说汉语反而像新疆人。徐先生不仅仅是入了籍，又是莫斯科的劳动模范，而且他又有记者证。凭这两项中的一项，他乘坐公共交通车，包括地铁，都是不要钱的。这很让徐老自豪。

可是徐先生也被警察拘留过。谁让你长着一个黄皮肤的中国脸呢？徐先生当然很从容，他说了一句俄语。警察愣住了:“这么纯正的口音！”徐先生加了一句:“要不要打一个电话问问？”警察说:“不必了，你可以走了，祝你一路平安。”

这让我想起前些年新西伯利亚有个“倒爷”，搞了个假俄国护照，被警察逮住了。一句话问下来，他就不会说了。警察一阵嘲笑:“你连俄语都不会说，还‘伊万·伊万诺维奇’呢！”俄罗斯不是加拿大温哥华，不会英语没关系，考驾照都可以用汉语。

徐先生下面的介绍使我吃惊不小：这礼花宾馆的老板就是车臣人。车臣人在莫斯科开饭店的不少。所以，这里也是车臣难民的收容所。你想，老乡来了，老乡有困难，你不帮他一下？也是人之常情。当情大于法的时候，也就容易出事。所以，这宾馆目前是安全部门监控盘查的重点。今天莫斯科警方在这一片增加了六个人，特别对住进来的人一个个查。

我几乎倒吸了一口气。难怪到哪儿都有人提醒你带护照，不然会带来麻烦。

徐先生还说，在莫斯科有好几万车臣人。他指着“老北京”的一个服务员:“你看，她也是车臣人。”我一看，那不是天天给我们上菜的阿伊莎吗？头发有些金黄，长得跟新疆人很像。阿伊莎是车臣难民，李宗伦收留了她，100美元一月，还有小费，比一般领退休金的人收入高出两倍。阿伊莎总是很满足的样子，见人总是笑眯

2002年10月24日晚，数百名各国记者仍坚守在莫斯科东南部的轴承厂文化宫附近报道人质劫持事件的最新情况。

眯的。

看来，车臣人不全是恐怖分子，而且绝大部分不是。他们也希望过和平的日子、富裕的日子。车臣人性格热情豪放，当然也骁勇强悍。普希金的诗里就有“车臣人在海边磨刀霍霍”的句子。

那么，车臣问题的来龙去脉是怎样的呢？《龙报》一篇文章介绍了一些背景资料——

车臣是俄罗斯联邦领土，位于高加索山脉北侧，与格鲁吉亚为邻，面积约

2002年10月24日晚，十余名俄罗斯内卫部队官兵来到莫斯科东南部的轴承厂文化宫附近一道警戒线换岗。（张维革/摄，图片来源：新华社）

15万平方公里，人口超过100万。首府格鲁兹尼是在1818年建立的格鲁兹尼城堡基础上发展起来的。车臣人骁勇善战，信奉伊斯兰教。19世纪，沙俄经过半个世纪的高加索战争于1895年把车臣并入帝国版图。二战期间，苏联政府以车臣人同德国侵略者合作为由，把许多车臣人强行迁出家园。当时有38.7万多车臣人被驱逐到中亚和西伯利亚。直到1957年1月9日，苏联最高苏维埃才决定恢复车臣—印古什共和国的建制，归俄罗斯联邦管辖。

1991年9月6日，即在苏联发生“8·19”事件不久，苏联空军少将、车臣人杜达耶夫依靠武力推翻了当地的苏维埃政权。10月，车臣举行共和国总统和议会选举，杜达耶夫当选总统。11月，即在苏联解体的前夕，杜达耶夫颁令成立“主权国家”车臣共和国，并很快组织了车臣国民卫队。从此，以杜达耶夫为总统的车臣既不签署1992年的俄联邦条约，也不参加1993年的俄议会选举，在“独立”的道路上越走越远。

俄罗斯当局为了维护国家统一和领土完整，于1994年12月出兵车臣。但是车臣武装一直拒绝放下武器，致使这场内战持续了20个月之久，杜达耶夫在这场战争中被打死。1996年年底，即车臣非法武装在俄境内先后制造两起重大劫持人质事件后，俄军被迫撤出车臣。1997年1月，马斯哈多夫当选车臣共和国总统后，仍然坚持车臣是“独立国家”，1997年5月，俄联邦与车臣签署和平与相互关系原则条约。但是，车臣领导人始终未放弃其“独立”主张。

为彻底解决车臣问题，俄联邦当局于1999年出动10万大军，对车臣展开封锁和军事打击。经过空中轰炸和地面围剿，大股车臣非法武装被消灭，俄军几乎控制了车臣全境。但是，剩余的非法武装化整为零，部分残余潜入格鲁吉亚潘基西峡谷。他们在车臣内外采取游击战术，频频进行暗杀和恐怖活动。特别是最近几个月，车臣非法武装分子活动猖獗，袭击俄军哨所，炸毁军车，击落俄军直升机。今年8月，俄军一架米-26直升机被车臣武装分子击落，造成100多名军人丧生。

西方国家长期拒绝承认车臣分子是国际恐怖主义，还常用“起义者”或“人质劫持者”来称呼他们。实际上，车臣分子同塔利班有密切联系，比如当过所谓“总统”的扬达尔比耶夫就于1999年～2000年两度去阿富汗。西方国家这种暧昧态度在“9·11”之后才有所改变。但就在今天，10月28日，所谓“世界车臣人大会”却要在丹麦哥本哈根召开，俄罗斯方面为抗议此举，普京声明将取消赴丹麦参加欧盟—俄罗斯峰会的活动。迫于压力，丹麦拘留了车臣首领的亲信扎卡耶夫，但以证据不足为由拒绝引渡。然而，车臣问题的国际背景仍然存在。俄警方截获的劫匪打往车臣、土耳其、沙特的许多国际长途电话就是证据。

而在劫匪的“寡妇敢死队”中，不光有车臣的，也有来自中东的妇女。车臣非法武装出奇招也是毒招：从自己丈夫被打死的女性中招募敢死队员。她们出发时不知道自己去哪里，敌人是谁，只知道去参加圣战和为丈夫报仇。俄罗斯素有尊重妇女的习惯，所以俄军警对车臣妇女完全没有防范心理。由此也可见，究竟是谁杀了那么多人质。至于这“寡妇敢死队”的具体人数，一说十几人，另一说二十几人，我想这已不重要了。

据报道，有十几个国家驻有车臣代表机构。俄罗斯最近已向土耳其、卡塔尔、丹麦等国提出，要求他们关闭车臣恐怖分子在当地的代表机构，并引渡犯罪嫌疑人……

雨依然下个不停。原本老郭要我陪他去圣彼得堡，也同小刘说了让她帮忙买票。可我想，目前是旅游的时候吗？是旅游的季节吗？没有安全感也不方便，我的俄语不足以应对复杂情况。我一个半聋半瞎的带一个全聋全瞎的，心里实在没有底!

算了，莫斯科都这么大，俄罗斯不是一两天、一两个月甚至一两年能看得完的。

李宗伦夫妇临时要去上海参加一个艺术活动，这后两天就把我们交给了老徐。老徐已经头发花白，六十七八了吧。可李宗伦警告说，他走起路来，你们赶不上的。

对俄罗斯人的走路之快我倒已习惯。俄罗斯人走路个个腰板挺直，速度近似竞走；只是办起事来像散步，慢慢悠悠。

老徐家在东边。他在红场附近的某处等我们。昨晚他向“老北京”的司机斯拉瓦作了交代，斯拉瓦翻译成汉语便是“光荣”。

斯拉瓦发动了几下他的老伏尔加，不着火。斯拉瓦赶紧带我们到大路口，截了辆车，对司机说了些什么，又要我掏了100卢布给司机，自己就走了。我想，万一他没交代清楚呢？心里打了阵鼓。事后老徐说，斯拉瓦会负责的，应该信任他。

不要说在莫斯科，在全俄罗斯都没有几辆挂牌的出租车，任何一辆车只要主人有空，愿意，都可以载你。你说好去哪里，他说好价，你就上车吧。从西伯利亚到莫斯科，我还没有碰到“宰客”的，尽管没有计程器，到目的地了你会明白司机的要价很合理，并不因你是外国人、外地人而蒙你。这一点，俄罗斯人的诚实给我留下了深刻印象。

这是一辆俄国产的“日古利”，司机红光满面，头发却全白了，门牙也豁了好几个。看样子他有60岁了。我同他攀谈起来。

我问他生活怎么样。他说，一般，不怎么样。他从前在莫斯科河的船码头工作，10年前就退休了，一个月1 000多退休金自然不够，于是开出租车。老伴在家，女儿在医院工作。

我说："女儿在医院，收入一定不错吧？"

他摇摇头："医院收入不高。"

我说："你这辆车可是够老的。"

他有些得意："40年了。"

我想起在西伯利亚，我都见过快50年的公共汽车还在开，那么，他说的40年显然不是虚的。

我忽然想到问问他对普京的看法。

老头伸出一个大拇指："哈拉少！"

我说："那么叶利钦呢？"

老头把右手手掌伸平，做了个抹脖子的动作。这是我没有想到的。叶利钦不是主动交权了吗？

我转而一想，必是叶利钦时代人们的生活降到了最低点，叶利钦在车臣问题上姑息养奸，得罪了老百姓。据报载，早在1990年，也就是苏联没有解体时，叶利钦就轻率地向地方政权许愿："你们吞得下多少自治权，我就喂给你们多少自治权！"这就助长了车臣的分裂倾向。1992年，叶利钦更让驻军拨武器给车臣当局。这样，杜达耶夫在叛乱之前已有武装分子1.3万人，还有大量坦克、火炮、装甲车和反坦克、防空兵器。

于今是自食其果了。

我问："那么戈尔巴乔夫、勃列日涅夫、赫鲁晓夫呢？"

面对我这一长串提问，老头晃晃脑袋，右手食指往自己脑袋边划了几个圈，做了个"待我想想"的动作。可到我们下车也没有回答。

红场到了。老徐在等我们。这两天参观列宁墓的几乎都是外国人。同16年前不一样的是，以前红场可以随便进，随便拍照，现在周围都有警戒线。进入之前必须将一切背包寄存，连相机也不例外。而且还像机场安检那样检查参观者。所以，不仅列宁墓不能拍，红场也只能在警戒线外拍，只能拍它的某个角了。

列宁依然安睡在水晶棺里。快80年了，一点没有变。暗暗的光显示出墓地的庄严肃穆。墓地后边，那些陪伴列宁的人们，用大理石塑造的人们，同列宁一起注视着你，注视着今天的莫斯科，今天的俄罗斯。

老徐带着我们穿过中央商场，他一路不是走而简直是跑，我不得不招呼他等一等老郭。

就离红场不远，有当年的共产国际办公大楼，邓小平、蒋经国读过书的东方劳动大学，还有前苏联老战士协会。东方劳动大学其实就在我们到过的斯巴斯基大教堂的马路对面，如今已改成地质化学学院，共产国际的大楼也改作他用。但这部历史仍然不单是活在书本里。在东方大学的大铁栅栏前，我们跟警卫说邓小平在这里学习过，警卫听说十分高兴。

时间已过中午，除开老莫斯科徐庚熙带伞，我们两个人被淋得差不多了。

我们就在大学附近的一家咖啡馆里用午茶。一份绿茶，两份红茶，两张鸡蛋苹果派薄饼，加上小费，900卢布，近300元人民币。薄饼不是意大利那种比萨饼，不过是一两张封面纸那样薄得不能再薄的面饼。这就是莫斯科的价格。莫斯科人目前喝绿茶很时髦，所以一杯绿茶的价是很贵的。

喝午茶时我心不在焉。今天无论如何要跟家里打通电话，我已知道只有客房部办公室有程控电话，可以用电话卡，让小刘帮帮忙，应该没问题。我要告诉家里：我想提前回西伯利亚，西伯利亚更安全些。那儿还有尤里、谢辽沙、米沙、尤拉……这帮弟兄是很“哥儿们”的。我将从西伯利亚转机，那儿离北京其实很近，四个小时就到家了。

斯拉瓦修好他的伏尔加是第二天早晨了，老徐关照他送我们去俄罗斯社会科学院东方研究所。按老规矩，老徐在那儿等我们。去东方研究所是老郭的计划，我帮忙拍拍照而已。

今天斯拉瓦情绪不错，原来车上有他女朋友。俄罗斯姑娘漂亮的很多，斯拉瓦这一位也不例外。不但漂亮，性格也开朗，见面就问好，很愿意说话。我们就东一句西一句地聊。在哪儿工作？生活怎么样？家里都有什么人？出过国没有？会不会英语？喜欢民歌还是喜欢“迪斯科”等等。待我问到昨天我问老司机的问题，斯拉瓦就抢过来回答了。

“普京非常正确！”——斯拉瓦不容置疑。

“那么叶利钦呢？”——我问。

“不好！”——斯拉瓦也不容置疑，只是没有做抹脖子的手势。

对其他几位前苏联领导人，斯拉瓦居然跟老司机一样，没有表态。或许他太年轻，跟他们不沾边。

我忽发奇想：那么日里诺夫斯基呢？喜欢他的人不多吧？

斯拉瓦的回答让我意外——很多人喜欢他。

我若有所思：俄罗斯失去了当年超级大国的地位，可俄罗斯人的优越感甚至贵族心理还在，如今又碰上这样的事情，于是一部分人，恐怕主要是年轻人，喜欢民族沙文主义者日里诺夫斯基，这是有原因的。

东方研究所多年没有装修，显得很破旧，连地砖都有不少破碎的。门卫却很严，一直把我们送到要找的办公室，有人接待了才走。这或许也是非常时期才这么做吧。老郭主要想了解蒋经国在苏联的情况，看看有什么新资料，哪怕是过去没有见过的照片。

接待我们的学者都七八十了，有的当年研究过大跃进民歌。可蒋经国是20年代在那里的，那时东方所的学者们也还没有出生吧。于是彼此互赠了两本书，随便谈了一小时，也就结束了。年代太久远了，那时没有电脑，很少有录音照相，谁会想到保存几张纸呢？

老徐拦了辆车送我们回礼花宾馆。开车的小伙子30来岁，很精神也很儒雅。他有个儿子刚两岁，夫人很漂亮，因而显得很知足。车也是好车，意大利“菲亚特”，七成新。

我拿与斯拉瓦、与老司机同样的问题问他，得到的回答也是同样的。我想，这就不是什么巧合了！

说好50卢布到礼花宾馆的，我多给了10卢布，算是给他儿子的。

据一项民意调查，普京解决人质危机后，他的支持率更高了。尽管人质死亡人数11月7日又上升至128名，但毕竟80%以上的人获救了。在恐怖分子、分裂分子面前，只有用铁腕，没有别的选择。付出一定的代价也是在所难免的。

可喜的是不少车臣上层人士已经看到了叛乱的恶果，如车臣警备副司令亚莫达耶夫等三名准将就于2001年倒向中央。目前车臣经济正在恢复，有20万难民回到了家园，政府安排了10万个工作岗位，学校也已复课。而在我离开莫斯科不久，我从电视上看到普京正同车臣的各方面代表商谈实现车臣长久安定的方针大计。

回到礼花宾馆大厅，我主动地早早地拿出护照，这一回警察做了个“请”的手势，没有看。莫非他记住我了？莫非我今天西服领带，不像“切钦伊”了？

下午2时30分的飞机，同来时一样。小黄夫妇来送我们，还是伊戈尔开车。我问伊戈尔：“你夫人一定很漂亮吧？”伊戈尔说：“一般吧。”但我看他很高兴。小黄说：“他爱人可漂亮了。”

还是到道玛杰特瓦机场。七天的冷雨，使得路边的森林颜色更暗了一些。莫斯科明明白白是进入冬季了。这惊心动魄的七昼夜，在我人生中将永志不忘。

路边的褐色的落叶铺了一层又一层，它们将和黑土融为一体，去滋养明年的树林。明年的树林一定更绿更高。

那些点缀在松树间的小红果树是什么呢？像无数小蜡烛，又像无数小火把，在冷雨中闪耀着。我在西伯利亚的森林边也常常见到这种小红果树，只是不知它叫什么。小黄说，这就是野山楂，有一首苏联歌曲《山楂树》，唱的就是它。

原来就是它！我在新西伯利亚农业科学院同他们院长和几位院士一起合唱过。彼得·冈察洛夫院长说：“我们唱的是一段历史。”

一切过去了的都已是历史。我们怀念过去是为了实现更好的未来。我想，那无数的小蜡烛，无数的小火把，还有迎着风雪狂奔的白马，那便是俄罗斯民族不屈的灵魂啊！拿破仑和希特勒百万大军兵临莫斯科城下都没能让她屈服，她会怕几个小毛贼和什么“寡妇敢死队”？

据莫斯科媒体近日报道，俄罗斯政府和军队高层决定将要恢复类似苏联时期军队中的政治机关，并配备像苏军政治委员那样的负责俄军思想教育工作的军官。

另外，尽管演职人员在人质事件中有牺牲，俄罗斯戏剧界已决定，音乐剧《诺尔德·奥斯特》不久将重新公演。

……飞机起飞了，很快穿过云层。云层之上，阳光居然那么灿烂。在我眼中，是从未有过的灿烂啊！

（选自2003年第2期《中国作家》，作者：杨匡满）

后记

上世纪末，文汇出版社曾出版了18卷本的《20世纪中国纪实文学文库》，在读者中产生了广泛而深远的影响。现在推出的《21世纪中国纪实文学大系》正是上世纪“文库”的延续，是对21世纪中国客观、真实的记录。由于某些原因，我们在这套丛书的编辑思路及框架设计上作了如下调整：

一、为了使记录更加及时、更为精准，决定以“一年一部”的节奏，每年出版一部记录上一年重要事件及相关人物的“年编”，力求内容齐全，文字准确真实。

二、考虑到《20世纪中国纪实文学文库》收尾在1999年，本套丛书特将2000年一并收入，以弥补上世纪“文库”之不足，体现内容的完整性。

三、为了凸显文学价值，每一部年编都对当年中国纪实文学的新特征作了梳理和评析，并力图作出前瞻性的研究。这样，每一部年编在“一书一述”的基础上，又增加了“一书一评”的内容，其兼具“史料”和“文学”双重价值便成为可能。

在本套丛书的选编过程中，著名文学理论家钱谷融教授不顾九十多岁的高龄，欣然应允担当本丛书的顾问；著名文学评论家杨扬教授，则为本套丛书的编辑、出版提出了诸多建设性意见，并花费了大量时间阅读文本，带领他的团队撰写了一篇又一篇有关纪实文学的评论文章；上海市新闻出版局的阚宁辉副局长和许乃青处长对本套丛书的编辑、出版作了许多重要指导，并给予了很大的鼓励；新华社上海分社副社长叶国标、图片中心副主任金丽莉为本套丛书的图片提供给予了巨大的支持；文汇新民联合报业集团信息中心的姚高东主任和图片中心的高峰主任，则为本套丛书图片的选择提供了有益的建议……在此，对于每一位对本套丛书的编辑、出版予以帮助的前辈、领导和朋友，我们谨表示深深的谢意！

今后，我们每年都会编辑、出版一部《21世纪中国纪实文学大系》的年编，我们将加倍努力，及时推出能够让读者朋友喜爱的读本，为中国的出版事业贡献出我们的绵薄之力。

（编　者）

致作者

编选者在编选本书时，已经获得部分作者授权，谨在此表示衷心的感谢。

同时，因时间仓促，作品来源辗转，故仍有部分作者未能取得联系。在此，我们深表歉意。请未取得联系的作者及时与我社联系，我们将按照国家有关规定支付稿酬，并奉上样书。

文汇出版社

2012 年 8 月 18 日

联系地址：上海市威海路 755 号 18 楼

邮　　编：200041

联系电话：021-52921234 转总编办

图书在版编目（CIP）数据

21世纪中国纪实文学大系. 2002卷：百年一梦 / 桂国强主编. —上海：文汇出版社，2012.9

ISBN 978-7-5496-0604-7

Ⅰ. ①2… Ⅱ. ①桂… Ⅲ. ①纪实文学—作品集—中国—当代 Ⅳ. ①I25

中国版本图书馆CIP数据核字（2012）第178961号

21世纪中国纪实文学大系（2002卷：百年一梦）

丛书主编 / 桂国强
责任编辑 / 陈润华
特约编辑 / 江林新　于　成
装帧设计 / 周夏萍

出版发行 / 文汇出版社
上海市威海路755号（邮政编码200041）
经　　销 / 全国新华书店
照　　排 / 南京展望文化发展有限公司
印刷装订 / 上海宝山译文印刷厂
版　　次 / 2012年9月第1版
印　　次 / 2012年9月第1次印刷
开　　本 / 720×960　1/16
字　　数 / 250千
印　　张 / 17.75

ISBN 978-7-5496-0604-7
定　　价 / 32.00元